海南黎族
传统聚落文化调查
与保护探索

INVESTIGATION AND CONSERVATION
OF TRADITIONAL SETTLEMENT CULTURE
OF HAINAN LI ETHNIC GROUP

海南省博物馆　编

中国出版集团　东方出版中心

图书在版编目(CIP)数据

海南黎族传统聚落文化调查与保护探索 / 海南省博
物馆编. -- 上海：东方出版中心, 2024. 12. -- ISBN
978-7-5473-2618-3

Ⅰ. K288. 1

中国国家版本馆 CIP 数据核字第 2024JA0423 号

海南黎族传统聚落文化调查与保护探索

编　　者　海南省博物馆
策　　划　陈义望
责任编辑　韦晨晔
封面设计　余佳佳

出 版 人　陈义望
出版发行　东方出版中心
地　　址　上海市仙霞路 345 号
邮政编码　200336
电　　话　021-62417400
印 刷 者　上海万卷印刷股份有限公司

开　　本　890mm×1240mm　1/32
印　　张　10.5
字　　数　210 千字
版　　次　2025 年 9 月第 1 版
印　　次　2025 年 9 月第 1 次印刷
定　　价　78.00 元

《海南黎族传统聚落文化调查与保护探索》
编委会

前 言

保护海南黎族传统聚落文化的
价值和意义

　　海南黎族传统聚落位于海南岛中南部、以五指山为中心的热带雨林。由于黎族没有属于本民族的文字，大多具有鲜明地域特点的黎族文化都沉浸在拥有千年历史的黎族传统聚落之中。其中又以船型屋、金字型屋等建筑群最为典型。作为黎族历史的见证者，这些传统民居在外观形态、空间构成、营造技艺、复合意象等方面独具特色，不仅承载了黎族先民对自然的认知及原始的审美观念，而且彰显了黎族人民世代绵延的朴素生态智慧，既是目前能够捕捉到的黎族传统聚落文化的重要载体之一，也是中华民族宝贵的精神财富。随着乡村振兴战略的实施和美丽乡村建设的兴起，海南黎族传统聚落的发展既出现了新的机遇，同时也面临着部分黎族传统聚落文化遗产核心价值被淡化、传承现状堪忧的挑战。

　　海南黎族传统聚落文化保护工作和申遗进程的推进，其一，有利于为海南热带雨林注入文化内涵，以文化建设带动雨林生态保护。通过挖掘黎族传统聚落文化的生态内涵，有利于将"绿水青山就是金山银山"的生态文明理念和"美丽乡村"的发展理念融入民族地区发展进程，让黎族人民从民族文化与热带雨林的交织互动中，充分认识到保护环境就是保护生产力，积极投身于热带雨林生态保护工作中，形成人人参与、基层创新的生态保护新格局，并将生态优势转化为发展优势，携手创造、共享生态保护带来的经济效益和社会效益，促进海南自然生态保护综合管理水平提高，实现自然与文化的可持续发展，为全球生物多样性保护与环境治理提供"海南经验"和"海南样板"。

其二，有利于铸牢中华民族共同体意识，助力文化强国建设。海南黎族传统聚落文化承载着历代海南黎族人民的智慧结晶和精神风貌，沉淀着黎族与岛内其他民族交往交流交融的历史进程和社会贡献。在独特的热带岛屿和热带雨林自然环境下，海南黎族传统聚落文化生动诠释了中华传统文化的博大精深、展现了中华民族的生命力和创造力，是中华文明绵延传承、多元发展的有力见证。

其三，有利于推动海南文化强省战略落地，进一步提升海南国际影响力。保护好、传承好、发展好海南黎族传统聚落文化遗产，对内，可以文塑旅、以旅彰文，带动海南少数民族地区经济社会发展；对外，可进一步夯实海南文化底色，促进海南国际旅游消费中心建设。这不仅有助于提升海南全岛文化资源深度和厚度，进一步凸显海南热带岛屿文化特色，而且可以积极推动文化强省战略落地，为海南经济社会发展培育文化养分、贡献文化动能。

其四，有利于为世界文化遗产增添热带海岛人文色彩、丰富世界文化遗产多样性。中国作为世界遗产数量居于全球第二位的遗产大国，推动世界文化遗产保护事业发展，既是对《世界遗产公约》的庄严承诺，也是为全人类守护自然珍宝和文化瑰宝的重要事业。海南黎族传统聚落文化遗产相较现有世界文化遗产而言具有其自身独特价值。黎族传统聚落仍能显现出早期黎族社会的形态特征，其人地互动关系、生活习俗特征和村落物质遗存等体现了人与自然完美适应的传统生活方式，是热带地区岛屿性部族聚落的典型代表，具有一定的全球代表性。

　　本书在系统梳理了海南黎族传统聚落文化形成与发展的基础上，运用深度访谈、文献资料分析、案例研究等方法较为全面地呈现了海南黎族传统聚落文化的保护现状和问题，包括船型屋、金字型屋等黎族传统建筑的保护与修复，船型屋营造技艺、黎族传统纺染织绣技艺等的传承与发展以及黎族同胞对本民族文化的认同感等多个方面，并通过对我国其他村落类文化遗产优秀经验的梳理，为海南省黎族传统聚落文化日后的保护提出了可供借鉴的对策建议。其完成对黎族传统聚落的维护、管理以及对黎族传统聚落文化特色的挖掘具有积极意义。

目 录

第一章

海南热带雨林孕育的
黎族传统聚落

　　海南黎族传统聚落由海南岛独特的热带雨林自然环境孕育。热带雨林大多分布在南北回归线之间，如南美洲亚马孙河流域、非洲刚果河流域等地。由于我国的地理条件，热带雨林资源在我国极为稀缺，主要分布于热带季风气候区北缘。因海南岛全部位于这片区域之内，故而也被认为是中国"最完美"的热带雨林。其独特的自然环境和丰富多样的物质资源，对黎族传统聚落的形成与延续有着重要且深远的影响。可以说，海南黎族传统聚落文化是在热带雨林的自然基础上繁衍而生的民族区域文化。它以热带雨林为土壤，以聚落为分布，以船型屋、黎族织锦等为见证，原始与现代交相呼应，人与自然和谐共生，呈现出有别于其他民族文化的独特价值与风貌。只有熟悉了海南的热带雨林，才能进一步认识世居海南的黎族人民淳朴的生存智慧，了解黎族传统聚落鲜明的民族特色、民族风貌、民族文化，从而更加深刻地理解黎族传统聚落文化保护的重要性与迫切性。

第一节　海南独特的热带雨林生态环境

　　海南岛特有的热带雨林生态环境，是黎族传统聚落得以形成、生存和传承的根本依托，也是黎族传统聚落文化得以保存和延续的重要基础。因此，想要深入地分析和理解海南黎族传统聚落文化，首先要对海南独特的热带雨林环境有所了解。海南热带雨林是我国分布最集中、类型最多样、保存最完好、连片面积最大的大陆性岛屿型热带雨林。从地理特征看，海南热带雨林山川交错，河流纵横，素有"海南屋脊"的美誉。海南热带雨林在植被方面，大致可分为热带雨林植被和热带季雨林植被两大类。再细分，可分为红树林、稀树草原、低地雨林、热带针叶林、热带落叶季雨林、山地雨林、山地常绿林、山顶矮林等。从动物资源来看，海南热带雨林中的野生动物种类繁多，同时存在着不少珍贵的濒临灭绝的物种。因此，无论相比于我国其他地区，还是相较于世界其他热带雨林地区，海南热带雨林都有其别具一格的特色。也正是海南热带雨林的这种独特性，方能孕育出独一无二的、璀璨的黎族传统聚落文化。

一、地理特征："海南屋脊"

　　海南热带雨林东起海南省万宁市南桥镇，西至东方市板桥镇，南及保亭黎族苗族自治县毛感乡，北达白沙黎族自治县青松乡，地理坐标位于北纬18°33′16″—19°14′16″，东经108°44′32″—110°04′43″。

这片被称为"世界最北"的热带雨林有着其独特的地形地貌特点，主要体现在山脉的走势以及河流的分布。以五指山、黎母岭等东西走向为主的海南热带雨林中的山脉，是海南岛中南部山脉的东支和西支，构成了海南岛的地势最高脊，也被称为"海南屋脊"。这两座山的最高峰分别是海拔1 000米以上的五指山（1 867米）和具有典型热带雨林垂直带谱特征的霸王岭（1 519米）。在这些高山上，生长着丰富多样的植物，形成了壮观的森林景观，如云雾林、苔藓林、杜鹃花林等。海南热带雨林的河流以南渡江、万泉河、昌化江等水系为主，是海南热带雨林的主要河流。这些河流从上述山脉汇集而下，形成了吊罗山玉带瀑、尖峰岭七仙女瀑、霸王岭天坑地缝等众多壮观的瀑布、溪谷、深潭等自然景观，既为海南热带雨林国家公园提供了充足的水源，又为海南长臂猿、海南坡鹿、鹧鸪等珍稀物种孕育了丰富的动物资源。[①] 海南热带雨林国家公园的山脉和河流的分布对黎族传统聚落分布有着重要的影响。一方面，黎族人民选择在山脚下或河谷中建立聚落，利用山水资源进行农耕和渔猎活动。另一方面，山水环境也在一定程度上制约了黎族人民与外界交流和往来，从而形成了独具特色的生活方式和聚落文化。

二、植被特点：热带雨林和热带季雨林

海南热带雨林植物种类多达3 000余种，种类繁多，有各种树

---

① 海南热带雨林国家公园官网：走进公园［EB/OL］，（发布时间不明）［2023 - 08 - 27］，http://www.hntrnp.com/news/list-276.html

木、本草、蕨菜、藤本等。① 这些丰富且独特的植被，在构成了雨林生态的同时，也为黎族人民的生活提供了源源不断的资源。根据植被的特点和分布规律，海南热带雨林可大致划分为以下两类：

（一）热带雨林

海南热带雨林中的热带雨林植被，是这片地区最典型、最具代表性的生态系统，主要集中分布在五指山、保亭、陵水等地。热带雨林中的植物，不仅数量众多，种类繁杂，而且许多都是稀有且处于濒危状态的植物。例如，海南黄梨果实酸甜可口、营养价值极高；海南红豆杉则被称为"植物熊猫"，是中国特有的一种极其珍贵的树种。这些植物在保持生态平衡、保护生物多样性、提供药用和观赏价值等方面都具有十分重要的意义。热带雨林的独特气候条件，使得这里的植物生长繁茂，形成了丰富多样的森林结构，比如高大的乔木层、茂密的灌木层以及多样的草本层等。这种多层次的森林结构为丰富的动物种群提供了良好的栖息地，构建了一个生机勃勃的生态系统。此外，热带雨林中的植物还有着重要的药用价值，许多珍稀植物都被广泛用于中医药的制剂中。例如，海南黄梨的果实和叶子都有很好的药用效果，可以用于治疗咳嗽、喉痛等疾病。这就使得热带雨林既是生物多样性的宝库，又蕴藏着丰富的药物资源。②

---

① 海南热带雨林国家公园：海南热带雨林国家公园简介［EB/OL］，（发布时间不明）［2023－07－30］，http://www.hntrnp.com/news/list-276.html

② Li，H.，Li，D.，& Li，R.（2011）. Vegetation and its distribution characteristics in Hainan Island，China. Chinese Journal of Ecology，30（8）：1747－1756.

(二) 热带季雨林

热带季雨林,一种极具特色的生态系统,是在较为干燥的热带地区分布较广的植被类型。它以季节性雨季为特点,有着丰富的植物种类和独特的生态价值。热带季雨林的独特性主要体现在其自身的季节性气候变化和生物多样性。由于其地处热带地区,季雨林的降雨主要集中在雨季,造成季节性湿润和干燥交替的气候特征,这是中国其他地区很少有的。此外,这种气候特征为生物种类的多样性提供了可能。季雨林中的植物和动物种类丰富,包括许多热带特有种类,是中国其他地区难以匹敌的生物多样性宝库。

海南岛的热带季雨林主要分布在琼海、万宁、东方等地,尤以琼海地区的季雨林规模最大,生态系统最为完整。这个生态类型中,植物种类丰富,有海南楠、榕树、棕榈等各类植物。海南楠,一种珍贵的木材,其纹理细密,耐腐蚀,被广泛用于家具和建筑制材。榕树,大树遮天,根系发达,是热带季雨林的主要树种,也是维持生态系统稳定的重要角色。棕榈,则是这片地区的特色植物,它的树叶和果实在当地具有广泛的生活和经济用途。这些植物既有较高的经济价值,又能保持土壤肥力、涵养水源。尤其在热带季雨林中,植物因雨季的存在而生长得更加茂盛。热带雨林的气候条件优越,能形成良好的土壤保护层,减少水土流失,为植物的生长提供绝佳的土壤环境。热带季雨林还是许多动物的栖息地,为动物提供了丰富的食物源和良好的生存环境。同时,热带季雨林也是研究气候变化、生物多样性和生态系统的重要场所,对于科研人员和环保人士都具有极高的研究和观察价值。①

　　海南热带雨林的珍贵植被得以很好的保护，离不开黎族人民的努力。黎族人民尊重自然、敬畏自然，有着人与自然和谐共生的生态意识。他们深知热带雨林的珍贵，也深知热带雨林与黎族聚落的命运休戚与共。在日常生活中，他们尽可能减少对热带雨林的破坏，如采取可持续的狩猎、农耕方式，对林木资源的合理利用等。可以说，黎族人民赖以生存的根本，是热带雨林孕育的丰富植被资源，而黎族人民对这些植被世世代代的保护也是海南热带雨林免遭破坏的重要保障。

三、动物资源：多样性丰富

　　海南热带雨林当中的动物资源相当丰富，涵盖了各种各样的哺乳动物、爬行动物、两栖动物、鸟类和昆虫，其中不乏国家一级、二级保护动物。海南热带雨林能够拥有如此丰富的动物资源，离不开其独特的气候条件。海南热带雨林全年气温适中，降水充沛，为动物提供了稳定且多样化的生存环境。同时，它丰富的植物资源，也给动物提供了丰富的食物来源。相较于世界其他热带雨林地区，海南热带雨林当中有着许多特有的珍稀物种，如海南黑叶猴、海南鹧鸪等。这些动物的存在突显了海南生物多样性的独特性，同时也为中国的动物资源库增添了浓墨重彩的一笔。本小节将从不同的动物类型出发，简要地概述海南热带雨林当中丰富的动物资源。

―――――――――

① Deng, L., Shangguan, Z., & Sweeney, S. (2014). Changes in precipitation and drought in Hainan Island, China, 1960-2010. *Theoretical and Applied Climatology*, 117（1-2）: 159-170.

（一）哺乳动物

海南热带雨林的哺乳动物种类丰富，构成了生物链中至关重要的一环。其中，海南麂是一种体型较小的哺乳动物，擅长穿行在茂密的林下，由于它们的生活习性和食物选择，成为森林底层生态环境的重要维护者。而黑叶猴、猕猴、果子狸等都是树栖性的哺乳动物，它们在树冠层中穿梭移动，有助于促进树木种子的传播，进一步增加了植被的复杂性和多样性。值得一提的是，海南黑叶猴是一种特殊的物种，它是濒危物种之一，仅分布在海南岛中南部的一些热带雨林地区。海南黑叶猴的稀有性和独特性使其具有很高的生态、科研和保护价值。它们是热带雨林生态系统的重要组成部分，也是评价生态系统健康状况和生物多样性的关键指标物种。这些哺乳动物在热带雨林中扮演着各种角色，从控制害虫，保持植被的多样性和密度，到传播植物种子，它们在维护生态平衡中发挥着重要作用。同时，哺乳动物的存在状况和数量，也是科学家们研究和评估生态系统健康和生物多样性的重要指标。通过对它们的观察和研究，我们可以更深入地理解和评估生态系统的稳定性和可持续性。

（二）爬行动物

海南热带雨林内部涵盖了丰富的爬行动物种类，其多样性和繁多的数量令人惊叹。在这众多的爬行动物中，不乏各类不同形态和生活习性的蛇类，比如眼镜蛇、金环蛇，以及海南蛇等。它们在森林的各个角落，无论是草丛深处，还是树木顶端，甚至是小溪边，都可能出现，它们的生活方式丰富多样，也体现了海南热带雨林生物多样性的魅力。其中，海南蛇是海南特有的蛇类，是这片土地上的独特存在。它的形态优美，体态灵动，颇具观赏性。然而，由于环境变化和人类活动的影响，海南蛇的生存环境受到了一定威胁，因此被列为国家二级保护动物。这样的保护措施旨在保护这种珍贵的物种，以免其消失在人们的视线中。在维护生态平衡方面，这些爬行动物发挥着重要作用。作为食物链的重要组成部分，它们既是捕食者，控制着繁殖能力较强的害虫和小型动物的数量，又是被捕食者，为其他更大型的掠食者提供食物。另外，它们也有助于减少病媒生物的数量，减少疾病传染的概率。在药用价值方面，一些爬行动物的身体组成部分，例如蛇的胆汁、皮肤、骨骼等，被证明含有一些具有医药价值的成分。例如，眼镜蛇的毒液中含有神经毒素，被广泛应用在疼痛和神经病的治疗中；金环蛇的皮肤含有一种蛋白质，可以抑制某些病毒的繁殖。这些爬行动物为人类医药研究提供了宝贵的资源。①

（三）两栖动物

由于环境湿润，生物多样性丰富，海南岛的热带雨林为两栖动物提供了理想的栖息环境。这里的两栖动物资源种类繁多，数量众多，其中有许多稀有且处于濒危状态的物种，如海南狭口蛙、琼中角蟾等，它们独特的生命形态和生存方式使这片生态网更加多元和丰富。这些两栖动物在维持和保护生态平衡方面具有不可忽视的作用。它们既是捕食者，有效地控制着一些小型昆虫和无

---

① Li, P., Zhao, E., & Dong, B. (2010). A new species of the genus Sinonatrix（Serpentes：Colubridae：Natricinae）from Hainan Island, China. Zootaxa, 2399（1）：53–60.

脊椎动物的数量，又是被捕食者，为一些大型动物提供食源，它们的存在维系了生态链的平衡。同时，两栖动物也是维护生物多样性的重要物种，它们的繁衍和生存为这片土地带来了丰富的生命色彩。

此外，两栖动物对环境的敏感性，使它们成为观察和研究环境变化的重要生物指示器。它们对气候变化、水源污染、生态破坏等环境因素非常敏感，任何微小的环境变化都可能对它们的生存造成影响。因此，通过观察两栖动物的种群数量、分布、行为和健康状况等情况，科学家们可以了解到环境变化的情况，从而为环境保护提供重要的科学依据。[1]

（四）鸟类

海南热带雨林是众多鸟类的天然家园，这里拥有数量庞大、种类繁多的鸟类资源，共有三百多种。这些鸟类种类中，不仅包含常见的鸟类，更有许多稀有而独特的鸟种，它们构成了这片雨林生态系统的重要组成部分。白眉长尾雉和蓝喉蜂虎是其中的代表。白眉长尾雉，名字来源于其体态的特征，它拥有清晰的白眉纹和优雅的长尾羽，是海南岛特有的一种珍稀鸟类。而蓝喉蜂虎则因其喉部鲜艳的蓝色和善于捕食蜜蜂的能力而得名，独特的身形和色彩使其在雨林中格外引人注目。这些鸟类在维护生态系统平衡、传播植物种子、控制害虫数量等方面都起到了重要的作用。白眉长尾雉和蓝喉

---

[1] Stuart, S. N., Chanson, J. S., Cox, N. A., Young, B. E., Rodrigues, A. S., Fischman, D. L., & Waller, R. W. (2004). Status and trends of amphibian declines and extinctions worldwide. Science, 306 (5702): 1783-1786.

蜂虎等鸟类善于觅食，它们通过食用种子和果实，将植物种子从一个地方带到另一个地方，极大地帮助了植物种子的扩散和繁衍。同时，它们还可以通过捕食害虫，有效地控制害虫数量，维护植物群体的健康成长。另外，鸟类的多样性也是生态系统健康状况的重要衡量标准。生态系统的多样性和稳定性往往彼此相互影响，鸟类的种类和数量多样，能有效反映出生态环境的质量和生态系统的稳定性。更进一步地说，鸟类也是气候变化、环境污染等环境问题的"哨兵"，它们的变化往往预示着生态环境的变化，为人类提供了宝贵的环境信息。海南热带雨林中的鸟类资源，不仅丰富了生物多样性，提升了生态价值，还在实现生态平衡、环境保护等方面起到了无可替代的作用。[1]

（五）昆虫

海南热带雨林，这片生机勃勃的自然宝库，孕育了极其丰富多样的昆虫种类。繁多的昆虫种类如同生态链上繁复的编织网，其中包括色彩斑斓的蝴蝶、灵活飞翔的蜻蜓、勤奋的蚂蚁等，它们各有特色，形态各异，让这片雨林充满了生命的气息。特别值得关注的是，目前海南特有的蝴蝶品种多达200余种。这些蝴蝶种类形态各异，色彩斑斓，翅膀上的图案独特美丽，它们在阳光下翩翩起舞，给人们带来无尽的视觉享受，具有极高的观赏价值。而更为重要的是，这些蝴蝶不仅美丽，而且具有重要的生态价值。它们在追逐飞舞的过程中，在各种植物之间频繁移动，帮助植物授粉，从而促进

---

① Sekercioglu, C. H. (2006). Increasing awareness of avian ecological function. Trends in ecology & evolution, 21 (8): 464-471.

了植物的繁殖，使雨林中的植物种类更加丰富，同时也使雨林的生态稳定性得到了提高。在这一生态系统中，蜻蜓、蚂蚁等昆虫也扮演着重要角色。飞舞在空中的蜻蜓，是许多捕食者的重要食物来源，而它们本身也是优秀的捕食者，有效地控制了许多害虫的数量。蚂蚁在地表和土壤中分解有机物，增加土壤的肥力，对维护土壤生态有着至关重要的作用。

因此，昆虫虽然体型较小，但在生态系统中却有着不可或缺的作用。无论是传粉、授粉、控制害虫，还是分解有机物，都展示出了昆虫对于维护生态平衡的重要性。正是这些看似微小的生命，才使得海南热带雨林的生态系统得以持续稳定地运行，充满了生机与活力。①

总而言之，动物的丰富性是海南热带雨林生物多样性的重要体现。然而，我们也必须意识到，动物多样性的保护和发展离不开黎族人民的智慧和付出。黎族人民尊重生命、尊重自然，从不随意狩猎、肆意捕杀。他们采用与动物和谐共生的方式，在获取生活的必需部分以后，最大限度地保护热带雨林中的动物，对待濒危物种更是有着严格的保护措施。对于黎族人民来说，自己不仅是雨林动物的捕猎者，也是这些动物的守护者。他们的自然观念与现代的环保理念相呼应，让我们看到了人与自然和谐共生的可能，为人类的发展提供了宝贵的生态保护经验。

综上所述，海南热带雨林的诸多优势，是黎族传统聚落得以

① Zhu, H., Wang, H., Wang, L., & Fang, J. (2004). Studies on the species diversity, distribution and conservation of butterflies in Hainan Island. Biodiversity Science, 12（4）：442－452.

绵延不息的重要条件。首先，海南热带雨林是世界生物多样性最
丰富的地区之一，植物种类和动物种类十分丰富。这些动植物资
源不仅为黎族人民的狩猎和采集提供了丰富的食物来源，还为黎
族人民的日常生活，如建造房屋、织锦、制作草药等，提供了重
要的原材料。其次，海南热带雨林全年温度适中，雨量充沛，这
既为植物和动物的生长提供了理想的环境，也为黎族提供了适宜
的居住和农业生产环境。最后，海南热带雨林不仅是一座物质资
源的宝库，也是黎族人民的精神家园。热带雨林孕育了黎族人民丰
富多样的传统聚落文化并形塑了黎族人民的人与自然和谐共生的生
态观念。

第二节　海南黎族传统聚落的形成与发展

　　"聚落"一词主要是指村落或人们聚居的地方。《辞海》将
"聚落"解释为"人聚居的地方"及"村落"。① 《现代地理学大辞
典》将"聚落"定义为："人类为了生产和生活的需要而集聚定居
的各种形式的居住场所，包括房屋建筑的集合体，以及与居住直接
有关的其他生活设施（如道路、公共设施、园林绿化、港站等）和
生产设施。"② "传统聚落"在"聚落"的基础上，更强调"传

---

① 辞海编辑委员会编纂. 辞海 [M]. 上海：上海辞书出版社，1992.
② 左大康主编. 现代地理学辞典 [M]. 北京：商务印书馆，1990：672.

统",也就是说,传统聚落需要一定的历史条件作用与时间传承积累,且至今仍延续了过去某种"传统"形态、模式、风格或制度,并表现出相对的历史性与连续性。传统聚落与现代农村、城市相比,血缘、地缘关系清晰,宗族、宗法礼制仍在延续,宗教信仰、道德准则、生活模式、意识形态等还保留着较多的传统成分,在聚落面貌上仍保留了较多的中国传统民居建筑的特色。[①]

由此,海南黎族传统聚落便是指:在海南岛地区,黎族人因生产生活需要而聚居的一个动态的有机整体,具有历史性与延续性,具体涉及与黎族人聚居活动有关的空间的、时间的、自然的、社会的、文化的等各方面要素。最显著的表现方式为一定规模的、相对固定的空间环境及建筑、设施等。其形成离不开特定的历史背景,并随着时间推进而发生变迁。

海南黎族的历史文化是以传统聚落为核心演变的,只有充分了解传统聚落,才能掌握黎族历史的内核。因此,本节重点研究黎族传统聚落的形成与变迁,探讨黎族传统聚落的发展方向,重温其变迁的历史过程。

一、海南黎族传统聚落的组织结构

根据考古学资料、民族学资料以及某些间接记载,黎族曾经历从原始社会到封建社会的发展演变。[②] 黎族在母系氏族的繁荣时期已经开始以农业为主的生产方式,原始手工业如制陶、纺织等也

---

① 杨定海.海南岛传统聚落与建筑空间形态研究 [D].华南理工大学,2013.
② 王学萍.中国黎族 [M].民族出版社,2004:100.

相应发展起来。通过对古代文化遗址的分析比较，发现在海南岛这个炎热湿润、植被茂盛、适宜农耕的环境中，黎族先民采取了不同的生活方式。一部分黎族居住在靠近河流和港湾的山冈和台地上，他们使用磨制锋利的石斧和石锛等工具，砍伐茂密的森林，用"钻木取火"的方式点燃已经枯萎的枝叶，等到下雨后再播种，这就是原始的"刀耕火种"（本章第三节将详细介绍），这种耕作方式一直延续到 20 世纪 50 年代以前，在部分黎族地区还保留着。① 另一部分黎族先民居住在海边和河流两旁，根据地理条件采集软体动物和捕捞鱼类成为他们的主要经济活动。从一些遗址中出土了大量的石制和陶制网坠等文物，这表明当时的捕捞技术已经相当发达。

原始社会时期的氏族部落制度形式对后续的海南黎族传统聚落的形成具有重要的影响。传统的黎族社会，无论是在五指山腹地还是在外围地区，都保留着浓厚的氏族制度的痕迹。黎族母系氏族的遗留特征主要表现在婚姻关系、生产力水平和妇女在生产中的地位等方面。黎族坚守着严格的族外婚规则，即只能通婚于不同血缘集团之间。沿海靠近汉族的黎族地区，受汉族封建文化影响较深，宗法制度束缚较多，社会成员之间迁徙、杂居现象较为普遍，家族私有制度得到巩固，婚姻关系也更容易跨越氏族群体的界限。然而，在更接近中心地区的大部分地方，家族和村庄之间仍然保持着较为密切的血缘联系。②

---

① 　王学萍. 中国黎族［M］. 民族出版社，2004：289.
② 　同上书：100.

随着生产力的进步，黎族社会逐渐经历了转型，从母系氏族社会过渡到父系氏族社会。随着烧垦农业的不断发展，男性逐渐从渔猎领域过渡到了农业，特别是以牛踩田为主要方式的水田耕作开始兴起。同时，女性在生产活动中的地位逐渐次于男性，男性开始取代女性成为主要的农业生产者，这推动了黎族社会逐渐从原始母系社会转向父系氏族公社时期，由男性家长主导。[1]

20世纪50年代初期，今五指山市一带地区还保留一种带有父系家族残余的合亩制。"合亩"是汉语意译，在黎语中有"大伙一起劳动"的意思，黎语称为"纹茂"，是从事农业生产的基本单位。[2] 合亩具有社会组织和生产组织的性质，一个合亩包括若干个家族，家族之间存在血缘关系，之后逐渐有非血缘关系的成员参与其中，在合亩中产生了一种社会组织和生产组织的性质。合亩内的土地、耕牛等主要生产资料，一般统一由合亩经营，农业生产以合亩为单位。合亩全员分工合作，产品按户均分。[3]

黎族合亩制地区主要有大峒—小峒—村—合亩的社会组织结构。峒是这一结构中的最高层社会政治组织，通常情况下，大峒下设若干小峒，而小峒之下则有若干村，而村内则包含若干合亩。[4] "峒"一词的本义是"人们共同居住的一定区域"。[5] 1949年以前，黎族人民一般称呼总管、团董、乡长等领袖为"奥雅"，其本意是

---

① 王学萍. 中国黎族［M］. 民族出版社，2004：101.
② 同上书：105.
③ 高和曦. 黎族合亩制地区的文化变迁及其发展［J］. 新东方，2009（3）：5.
④ 同上.
⑤ 王学萍. 中国黎族［M］. 民族出版社，2004：101.

"老人"。黎族称其首领为"老人",反映出原始氏族社会中的长老观念,在广大黎族百姓的思想意识中仍然存在。①

峒的界线在地理上是明确的,一般以山、河为界,以立碑、砌石或种植树木、竹子等为标志。峒与峒的界线在古代就已经确定,严禁随意侵犯,而且峒内所有的居民都负有维护该地区领土的责任。如需进入其他峒的领地进行山地养殖、采集藤草、伐木或进行渔猎等活动,必须事先征得峒首领的同意,并交纳一定数额的租金或礼品。如果未经同意擅自行动,将被视为侵犯对方的权利,往往导致冲突或激烈争执。②

此外,峒内部分分为大峒和小峒,大峒通常包含多个小峒,而每个小峒内则通常包括两个以上的自然村。③ 峒内逐渐以经济、地缘关系取代成员间的血缘关系。原本小峒同住一个血缘集团的人,彼此之间是严禁通婚的。但随着经济的发展和人员的迁移,两个以上的血缘集团开始在同一个小峒中存在,并且互相通婚。尽管如此,各血缘集团仍保有各自的公共墓地,并在峒内保留共同的祭祖传统。④

合亩的组织形式各不相同,从最小的合亩,俗称"兄弟亩"或"父子亩",只包括两户人家,到最大的可达30余户。不同地区存在不同的合亩规模,有些地区以小亩为主,而其他地区则以大亩为主。一般来说,包含2—6户的较小规模合亩较为常见,而包含

① 王学萍. 中国黎族 [M]. 民族出版社,2004:102.
② 同上书:103.
③ 同上.
④ 同上.

20—30 户的大亩则较为罕见。在合亩的组织方式上，可分为两种，一种是亲属组织，一种是混合组织。亲属组织由直系或旁系血亲关系，例如父子、兄弟、叔侄、堂兄弟、岳父、女婿、舅父和外甥等组成。而混合组织则是在亲属组织的基础上吸收外来逃难者、贫困人口等非血缘亲属成员加入。整体而言，合亩以形成其社会组织的核心要素——血缘关系为基础。①

合亩制地区的山林和其他黎族地区的山林一样，归全峒所属。峒内各村的土地以山林、河流、植物为界，不可越界开垦。每个村的合亩如果要砍山种植，只需事先在要砍山的范围内，用茅草在四周的树干上打结，表示有人占有以及占有土地面积的大小就可以了。水田和耕牛则由合亩集体所有或几户共有或一户所有，以一户所有为多。对集体所有和几户共有的土地或耕牛，每个合亩成员在分亩或退亩时都可分得他应得的一份。生产工具全部私有，损坏则由各户自己修理和添置。生产资料全部实行合亩统管统用，不计任何报酬。②

历代封建政权在黎族地区一直表现出相对薄弱的统治力。黎族社会的发展历史几千年来一直依赖于不成文的法规和习惯法，这些法规和习惯法在协调不同峒、部落、村庄和个体之间的关系方面起到了关键作用。③

在传统的黎族社会中，主要的行为指南来自逐渐形成的道

① 王学萍. 中国黎族 [M]. 民族出版社，2004：105.
② 同上书：106.
③ 同上书：110.

德准则和社会规范，主要体现在社会交往、婚姻家庭和经济关系等方面，通常被称为习惯法。习惯法在保证黎族社会正常运转的同时，也成为每个社会成员和社群的自觉意识和行为准则。习惯法的内容涉及方方面面，包括生产、生活等多个领域。随着历史的演变，有的习惯法已荡然无存，有的内容渐趋完善，有的则延续至今。①

二、海南黎族传统聚落的变迁

史前时期，黎族先民形成了初步的聚居地，最先关注的是自然洞穴，而后出现在沿海沙丘（贝丘）地带，再后来又转向了平原地带。② 根据考古推论，海南黎族洞居的结束时间大概在秦汉以前。③ 离开山洞的黎族先民建立起"巢居"，逐渐向原始建筑的"干栏式"过渡。④ 也就是说，最早进入海南岛的先民，首先选择了居住在地理位置最好、自然条件最适宜开发的地区。这意味着原始固定居住点的出现，也开启了海南黎族传统聚落建设的序幕。然后，随着人口的增加和生产发展扩大，形成了漫长的自然择居、不断迁移、逐步定居的过程。

随后，秦汉汉族迁入，黎族逐渐向内陆山地迁移。汉武帝元封

① 王学萍. 中国黎族 [M]. 民族出版社, 2004: 111.
② 赵全鹏. 历史上海南岛内的族群流动及成因 [J]. 贵州民族研究, 2008 (1): 168 – 173.
③ 林开耀. 黎族特色民居研究 [A]. 王献军, 蓝达居, 史振卿. 黎族的历史与文化 [C]. 暨南大学出版社, 2012: 120.
④ 杨定海. 海南岛传统聚落生成、演变历程及动因简析 [J]. 西部人居环境学刊, 2017, 32 (01): 109 – 114.

元年（公元前110），海南岛设立珠崖、儋耳两郡，"男子耕农，种禾稻、苎麻，女子桑蚕织绩"①，中央王朝开始有意识地向海南岛移民，并带来了先进的生产工具和技术。② 虽然在农业开发中，土地利用范围不断扩大，但农业技术还很落后，刀耕火种仍然是土地利用的重要途径，渔猎经济依然是农业经济的重要补充，商品经济还很不发达。③ 汉朝曾在海南设立郡县，加强了海南岛与中原地区在政治、经济、文化等方面的联系。这也导致迁往海南岛的汉族人口越来越多，传统的居住聚落也建立在沿海及出海口一带。在这些与汉族较早接触的靠近海岸线地区的一些黎族群体中，社会生产力得到了快速的提高，因此逐渐拉开了与其他地区社会经济发展的距离。

宋元明清时期黎汉经济文化交流和发展达到了鼎盛时期，海南的水利建设、生物资源开发和农业生产都迈上了新的台阶。这一阶段海南的水利建设也大大促进了海南田地垦辟和农业经济的发展，在一定程度上维护了海南的生态环境。同时广泛使用了汉人聚居区传入的铁制农具，农业发展速度大大加快，传统聚落整体上呈现出由沿海平原台地向山区拓展的趋势。④

从宋代开始，由于族群迁徙，形成了"生黎"和"熟黎"的分化结构，即汉人依据黎人对封建王朝依附程度加以区分。"生黎"是指不向封建王朝缴纳赋税的黎人，他们远离郡县，在史前时期已

---

① 班固. 汉书·地理志 [M]. 中华书局，1962：1670.
② 王学萍. 中国黎族 [M]. 民族出版社，2004：15.
③ 同上书：16.
④ 同上书：18.

移居海南，属于原住族群，到宋代时仍主要居住在海南中部地区的深山里；"熟黎"则指的是向封建王朝缴纳赋税的黎人，主要居住在"生黎之外、汉人之里"。[①] 到了明清时期，除了划分"生黎"和"熟黎"外，还出现了"半生半熟黎"（又称"生熟黎"和"半熟黎"）的说法，即指有时依附，有时不依附的黎人，或刚从"生黎"转化过来的黎人，仍保留着原有的习俗。[②] "熟黎"的出现，又把原来的"生黎"挤压到了内陆大山深处，最终形成了"外汉，中熟，内生"的分布格局。[③] 这也在某种程度上解释了，海南黎族传统聚落的选址为何多位于内陆深山而非海边。

新中国成立前，五指山、保亭、琼中三地仍保留"峒"这一基层社会政治组织，这是黎族先民从采集、游猎的生活方式向定居的原始农业社会过渡的产物，代表着古老的黎族氏族部落组织。[④] 1947 年解放合亩制地区，合亩制开始解体。然而，直到 1956 年农村进行社会主义改造前，合亩制地区仍然实行合亩制。合亩制的存在是由极低的生产力水平所决定的，但随着生产力的提升，合亩制的瓦解变成了不可避免的趋势。[⑤] 1953 年后，政府采取行政手段进行社会主义改造，这一过程包括部分地区把合亩改为"生产组"，在合亩的基础上建立农业生产合作社，向人民公社化迈进。1958 年

---

① 赵全鹏. 古代黎族族群的"整合"与"分化"研究 [A]. 王献军，蓝达居，史振卿. 黎族的历史与文化 [C]. 暨南大学出版社，2012：38.

② 同上书：41.

③ 杨定海. 海南岛传统聚落与建筑空间形态研究 [D]. 华南理工大学，2013.

④ 王学萍. 中国黎族 [M]. 民族出版社，2004：101.

⑤ 同上书：109.

8月，人民公社试行，仅在几个月内，加入公社的农户就占据了当时海南总农户数的六成。至此，合亩制全部解体，合亩制地区进入了一个新的阶段。合亩地区归并为八个公社，彻底取消了个体经济和生产资料私有制。①

1978年党的十一届三中全会后，开始了农村经济体制改革。1980年，全国农村掀起了家庭联产承包责任制的浪潮，同样的改革历程也在黎族合亩制地区展开。在经历了几十年社会主义改造和建设时期后，黎族合亩制地区的经济迎来了蓬勃发展，社会生产力大幅提高，生产关系发生了深刻变化。所以，实行家庭联产承包责任制，促成了合亩制地区从"大公"经济向"个体"经济的转变。②

从20世纪90年代开始，黎族合亩制地区经历了一个民房改造时期。最初的建筑包括低脚船型屋、落地船型屋、半船型屋和金字型屋，但在20世纪80年代后期主要保留了半船型屋和金字型屋，建筑全部采用竹木结构，由茅草覆盖。随着经济社会的发展，人们生活水平的提高，这种低矮幽暗的茅草房必然会为更高、更明亮的砖瓦房和平顶房所替代。黎族地区开始大规模的民房改造工程始于1992年，并在2002年至2006年间达到顶峰。民房改造不仅是社会进步的必然结果，也象征着黎族人民在合亩制地区生活水平的提高，更隐含着重要的民族文化载体的变迁。③

----

① 王学萍. 中国黎族［M］. 民族出版社，2004：110.

② 高和曦. 黎族合亩制地区的文化变迁及其发展［J］. 新东方，2009（3）：5.

③ 同上.

近年来，黎族传统聚落面临着保护与发展的双重挑战，一方面，由于其独特的文化价值和历史意义，一些黎族传统聚落吸引了不少游客前来观光、体验当地文化。这为当地带来了更多的经济收益和发展机会。另一方面，另一些黎族传统聚落因为城市化和现代化进程的加快，面临着逐渐消失的风险。船型屋、金字型屋等传统建筑被拆除或改建，一些传统黎族文化符号也随着时代变迁逐渐丧失。此外，由于现代生活方式的影响，一些年轻人也逐渐离开传统聚落，前往城市谋求更好的发展机会。在保护黎族传统聚落的同时，也需积极适应现代化的变革和发展，以实现黎族传统聚落优秀基因的创造性转化和创新性发展。

三、海南黎族传统聚落的特点

海南黎族现在主要居住在五指山及海南岛的山区地带，包括鹦哥岭、黎母岭、霸王岭、雅加大岭等地。[①] 这个地区地势呈现出东北高、西南低的特点，中南部地区是五指山的核心区域。这里地形多为丘陵和崇山峻岭，其中有三十多座山峰高度超过 1 000 米。岛上各主要河流均源自中部山脉，呈放射状水系流向海洋。在这些山峰和山脉之间，河流纵横交错，形成了各种大小的丘陵型盆地和河谷高地，而南部和西部沿海地带则延伸着 5—10 公里宽的平原高地。这些盆地、河谷高地和滨海平原上都分布着黎族的村落。

总体而言，海南黎族传统聚落展现出明显的地域差异。在海南

① 杨定海. 海南岛传统聚落与建筑空间形态研究 ［D］. 华南理工大学，2013.

岛，人口经过长期迁移，土地占有比较稳定。这种迁移是自愿选择的，每个族群选择在以前的移居者没有占有或没有开发的土地上定居。因此，黎族聚居地区表现出明显的地域分散性，这一特征在地区方言中表现得尤为明显。不同族源的海南黎族并没有在漫长的生存演化中完全融合，而是相对独立地保存自身的特点，各支系生存空间在变迁的过程中也逐步明晰，并相对稳定地占据一定的区域。

就选址而言，海南黎族传统聚落追求安全和隐蔽。山区村落通常建在山脚下，周围环绕着茂密的树木，这有助于防范台风，同时居民可以享用山泉水。而平原村落则建在小山坡上，周边种植着刺竹，以应对洪水威胁，居民则取用井水或河水。海南黎族聚落的选址，一般都会考虑到离耕地较近，离河川或溪流较近，有山有林的地方。这种"山包围村，村包围田，田包围水，有山有水"的传统聚落地理特征，也决定了黎族以农耕经济为主的同时，从事捕鱼、狩猎、采集等辅助性活动。

就规模而言，海南黎族传统聚落的大小各异。通常来说，山区村落较小，因为耕地有限且分散；而平原地区的村落较大，因为耕地较多且集中。规模较大的村落可容纳上百户人家居住，如乐东盆地的哈方言村落以及昌化江流域中下游地区的美孚方言村落。而小型村落通常只有数十户，甚至只有数户，尤其是在山区地带如白沙、保亭、琼中等地。此外，还有由于历史原因而形成的大规模村落，比如为防盗匪而多家庭聚居的东方市西方村。

就布局而言，海南黎族传统聚落通常为周围茂密的阔叶林、灌木林、竹林所包围，周围还有椰子、芒果、槟榔等植物群，提供了天然的掩护。通向聚落的道路通常会设立寨门，附近会有防御沟，形成村落的防御体系。传统的居住建筑主要是茅草屋，而在住宅周围分布着谷仓、牛栏、猪舍等建筑。此外，村落的入口通常还会有土地庙。紧邻村外布局菜地、稻田以及坟头。由于过去海南黎族人没有长期定居一地的习惯，传统聚落内的建筑大多非同时期建成，而是根据经济能力及人口发展需求逐年增建，因此村落布局略显不规则。

第三节　海南黎族传统聚落背后的人地关系

　　黎族传统聚落的演变，背后体现的是人地关系的变迁以及黎族人世代传承的和谐生态观念。从原始时期到近现代，黎族人民与热带雨林之间一直和谐共生，在从热带雨林中获取生存材料的同时，也用自己的方式守护着雨林。这种攫取与反哺的互动关系，使得黎族人民和热带雨林形成了一个有机的整体，彰显了黎族人民处理人地关系的生态智慧。这种人与自然和谐共生的理念，不仅仅是我们走近黎族、理解黎族的一把钥匙，也为人类应对日益加剧的人地矛盾问题，提供了别具特色的"黎族方案"。20 世纪以来，生产力迅猛发展，人地矛盾快速加剧。[1] 学术界对于人对"地"的需求和

---

[1]　李小云，杨宇，刘毅. 中国人地关系的历史演变过程及影响机制 [J]. 地理研究，2018，37（08）：1495-1514.

"地"对人的供给是否矛盾以及能否达到协调，展开了激烈的辩论。以新马尔萨斯主义为代表的悲观论认为，"土地"的增长跟不上人们的需要；以西蒙为代表的乐观论认为，技术进步会有更多的替代资源出现，所以"地"足以支撑人们长期的发展需求。[1][2] 但是，无论是乐观论还是悲观论，都难以走出技术决定抑或是环境决定的困境。而黎族对人地关系的理解，讲求人与自然和谐共生，人和地互为主体，相互影响。这种系统性的、非二元对立的、动态的观念，对我们解决和处理当下的人地矛盾有着重要的借鉴意义。因此，在本小节当中，我们将从建筑材料、生产方式以及生活方式三个方面入手，通过黎族传统聚落的演变，分析其背后的人地关系演进，进而窥视黎族处理人地关系的独特见解。

一、建筑材料：黎族人地观念的实体映射

海南热带雨林丰富的植被、动物等自然资源，为建立黎族传统聚落提供了雄厚的物质基础。另外，黎族传统聚落尊重自然，因地制宜，整体与环境融为一体。其空间构成在公共性空间布局中彰显黎人"自为"的理性，而在个体私人空间的布局中则表现为"自发"的感性。该地森林植被类型复杂，垂直分布带明显，特征可归纳为混交、多层、异龄、常绿、干高、冠幅较宽。大致可以归纳出这些植被的分布情况：海拔 500 米以下的丘陵和低山地区分布有沟

---

[1] 丹尼斯·米都斯. 增长的极限：罗马俱乐部关于人类困境的研究报告 [M]. 李宝恒 译. 成都：四川人民出版社，1984.

[2] 西蒙. 没有极限的增长 [M]. 李宝恒 译. 成都：四川人民出版社，1985.

谷雨林和季雨林，500 米至 1 500 米的地区分布有热带雨林和亚热带针阔叶常绿林，1 500 米以上的地区则多为高山矮林。原始森林对海南的气候有着良好的调节作用。①

热带雨林对黎族建筑选址和特征的影响主要表现为热带雨林潮湿的气候使得黎族人倾向将建筑选址在地势较高的地方，同时部分地区黎族房屋地板也离地面有一定距离。左景烈先生在对黎区进行了深度的实地考察之后写道：黎人之村落，既不全在平阳，亦非如苗人之远居高山大岭之上，多位于山腰或小山之顶。也即黎族人喜欢在山腰、山脚或小山顶这样的有坡度的地势高爽之处建村。这样可以使地表排水方便，还可以在下雨的时候，利用自然条件冲刷村外洼地的地表污物。地势高的另一个优点是可以避免潮湿，从而减少日常侵蚀，以此来更好地保护黎族传统建筑。② 海南白沙黎族自治县黎族房屋地板离地高，可以防地面的湿气、防道路的不洁，尤其是有利于防御为数甚多的害虫。茅草屋顶既可遮阴挡雨，它的旁边还能充分流通空气。③ 总而言之，黎族传统聚落空间形态对外表现出紧凑性、整体性、秩序感，而对内则表现出松散性、自由性、无序感。④

黎族传统聚落的建筑以船型屋、金字型屋为主，这些建筑形式所采用的主体材料主要有木材、茅草和黏土。随着建造技术的进步，黎族的船型屋形态逐渐发生变化，然而其建造所用的材料却几乎一直保持一致。这种现象背后的原因十分复杂且耐人寻味，但整

---

① 王学萍. 中国黎族 [M]. 民族出版社，2004：31.

② 王献军. 试述民国时期黎族的居住文化 [J]. 贵州民族研究，2020 (09).

③ 史图博. 海南岛民族志 [M]. 中国科学院广东民族研究所，1964：47，128，219.

④ 杨定海. 海南岛传统聚落与建筑空间形态研究 [D]. 华南理工大学，2013.

图 1-1 2007 年昌江洪水村的金字型茅草屋（王静供图）

体上可以从以下几个方面进行讨论。

首先，建筑材料的在地性限制了黎族建筑材料的可选择性。所谓"靠山吃山、靠海吃海"，由于运输成本的限制，建筑材料的选择和使用，往往表现出很强的在地性。某一区域能够采用什么样的建筑材料，往往取决于本地能够提供什么材料。尽管工业革命以后，运输技术飞速发展，但是运输成本依旧是建筑选材的重要制约因素。以预制混凝土构件生产行业为例，即使到了现在，一间预制构件生产厂的有效辐射范围仍然在 200 公里左右。[1] 因此，对于黎

---

[1] 罗倩蓉，董茜月 & 曾德珩. 基于模糊层次分析法的装配式建筑 PC 构件厂选址 [J]. 土木工程与管理学报，2018（03）：111-117，123.

族人民而言，能够在聚落的周边获得什么样的建筑材料决定了黎族
民居使用什么样的材料作为主体。在热带雨林当中，最容易获得的
建筑材料便是优质的木材。其次，茅草虽然在现在成了难以获取的
珍贵材料，但是在以前的黎族聚落周围并不罕见。此外，基于海南
的地质条件，黏土是十分容易获得的建筑材料。所以，木材、茅草
和黏土成了黎族传统民居的主要建筑材料，热带雨林也就成了黎族
人民获取建筑原料的主要来源。

　　此外，这种建筑材料长期保持不变的另一个重要原因在于，
黎族人民的需求一直没有超过热带雨林的土地承载力限制。土地
承载力所集中体现的，是人地相互作用的强弱与人地系统功能的
大小。[1] 所以简言之，黎族人民建造房屋的生产原材料需求，远
低于热带雨林能够提供的数量，人地矛盾或者说人地危机并没有
在黎族聚落集中爆发。究其原因大致有以下两点。第一，纵观整
个黎族历史发展的过程，黎族聚落当中并没有经历过人口爆发。
这与海南岛所处的地理位置有着密不可分的关系，四面环海，很
大程度上阻碍了内陆人口的迁移。此外，根据麦克尼尔提出的疫
病阶梯理论，中国越往南的地域就越容易暴发疫病。结合热带雨
林的生存状况，疫病很大程度上也是抑制黎族人口增长的重要原
因。[2] 人口规模一直保持稳定，那么对房屋的数量需求也就没有那
么大，这也就直接导致了黎族传统聚落对热带雨林在建筑材料的攫
取长期处于承载力限制以下。第二，海南黎族传统聚落相对封闭，

---

[1]　王爱民，樊胜岳，刘加林等.人地关系的理论透视 [J].人文地理，1999（02）：43 - 47.
[2]　麦克尼尔.瘟疫与人（余新忠 & 毕会成，译）.中信出版社，2018.

受到技术革命的影响较晚。技术是人地关系的媒介，调整人地关系的钥匙。① 正是技术将自然界提供的生产和生活的可能性转化为现实性。② 因此，某种程度上来说，是技术的飞速发展，带来了对生产材料需求的激增，从而导致了人对自然无止境的索取。当这种索取超过一定限度的时候，便会激化人地矛盾，产生人地危机。然而，海南的海岛特性使得其传播网络的建构相对较晚，因此受建造技术革命影响的程度也就较小。没有建造技术革命带来的大规模的建造活动，也就很难产生大量的建材需求，因此长期以来的人地关系和谐也就难以打破。

也正是客观上的这种稳定性，造就了黎族人民对热带雨林的尊重和保护意识。热带雨林提供的建筑材料，使得黎族人民有了栖身之所，可以免受飞禽走兽的骚扰，有了抵御自然灾害的能力。因此，在黎族人民的观念当中对自然、对热带雨林存在着尊重、敬畏和崇拜的色彩。黎族人民明白，承载他们生产生活的所有建筑实体，都离不开热带雨林中建筑材料的供给。因此，黎族人民十分重视对热带雨林的保护，一直以来都扮演着热带雨林的守护者的形象。

二、生产方式：黎族人地观念的形成逻辑

热带雨林对黎族人民的经济生产活动的影响体现为黎族自给自足的耕织生产方式符合自然规律，没有过多破坏热带雨林的生态环境。

---

① 蔡运龙. 科学技术在人地关系中的作用 [J]. 自然辩证法研究，1995，11（2）：11 - 18.
② 胡兆量. 人地关系发展规律 [J]. 四川师范大学学报（自然科学版），1996，19（1）：25 - 28.

黎族传统聚落在漫长的历史实践中，逐渐形成了以畜力农耕为主，以刀耕火种进行原始农耕间作，以采集、狩猎为补充的生产模式。其中，山栏稻种植是黎族原生态农业的典型代表之一。这种古老的农业模式直到现代还有很多黎族地区保留下来。这种农业模式最鲜明的特点是采用了"刀耕火种"的耕作方式，即通过钻木取火以及祭祀和占卜仪式性的砍山、烧山等方式来完成山栏稻的耕种。也许"刀耕火种"这种耕作方式，在农业生产技术发达的今天，生产效率是极其低下的。然而，如果我们回到当时的历史语境，就会发现在生产力条件非常落后的原始社会时期，这种耕作方式已然是最高效的模式。这在很大程度上体现出了黎族人民与自然和谐共处的生活理念。自此开始，黎族与自然相处的种种法则开始建立。此外，水田耕作在黎族地区也是普遍的农业生产方式，农民施肥都是用草木灰和少量的牛粪。

随后，带有浓厚原始社会遗存、以小农经济为主的"合亩制"生产方式开始出现。这种模式长期存在于黎族传统聚落之中，一直延续到新中国成立前后。① 直到 20 世纪 50 年代初期，一种带有父系家族残余的合亩制仍保留在今五指山市一带地区。② 步入现代社会以后，采集和狩猎的生产活动在海南黎族传统聚落中逐渐式微，农业生产也逐渐向现代化农业转变。但是，值得注意的是，虽然黎族农业开始走向现代，然而这并不代表着传统黎族农耕彻底地向现代化妥协。以山栏稻种植为代表的海南黎族原始农业，在一些传统

① 王学萍. 中国黎族［M］. 民族出版社，2004：282.
② 同上书：101.

聚落地区仍然存在，黎族在近千年的传统农耕历史中总结抽象出的黎族智慧从未消失。

1949 年前，黎族地区的生产条件非常困难。生产工具不仅种类有限，数量也极为缺乏。例如，在五指山腹地，连基本的制作木耙的工具都鲜有，不说铁犁，连简单的刨和凿都难寻。当地人常用钩刀将木条修整，然后用尖刀或烧红的铁戳洞做木耙。但这种制作方法很费力，所以一些地方选择用竹制作耙。这种竹耙由 1.3 米长的竹子制成，用木棍和藤条捆绑。使用时，人们会将重石放在木耙或竹耙上，任牛拖行。黎族地方的耕牛主要是水牛，而黄牛则较少，这一情况至今未变。

黎族地区所用的农业生产工具主要有：犁，耙，锄，钩，镰，铲，锹，斧。铁制工具基本从汉族地区输入，木制工具仍大量使用，除木犁、木耙外，木铲、木锹在一些地方也很通行。黎族有很长的种植稻米的历史，除了这些，黎族的老百姓也会种植杂粮，主要有红薯、玉米、花生、木薯、豆类等。

分布在黎族地区的热带雨林植物群落，其特点是复层、常绿、混交、多树种组成。植被类型以常绿阔叶林为主，林下遍布热带灌木、藤、草本植物，可以说一年四季都有树木瓜果、漫山遍野都是野菜。这种丰富的植物资源提供了黎族群众采集活动的物质基础。因此，采集活动一直是黎族群众重要的家庭副业和生产活动内容。[①]

采集活动一般分为两种。一种是专项采集，如深入山林收集日

---

① 王学萍. 中国黎族［M］. 民族出版社，2004：282.

常所需和可交易的物品，例如野果、植物的根和茎、各种藤类、木棉、山桂皮和药材。另一类是收集途中偶然发现的野果和野菜，用来补充生活所需。1949 年前，采集活动对于黎族社会来说，其作用是很大的。在当时生产力水平低，农作物种类少、产量低的情况下，必须要有相应的补充才行，而且黎族人种植的蔬菜和果树很少，因此主要是靠采集野菜和野果来获得淀粉以外的营养物质。加之当时人口少、山林茂密、植被破坏不严重，又为采集活动提供了较优越的条件。除了果腹之外，采集活动还是解决黎族群众穿、住方面的重要手段。黎族织布用的重要原材料木棉和树皮就是通过采集而得。正是因为采集活动对黎族有着相当重要的作用，同时自然界也提供了较好的条件，所以采集活动从远古到 1949 年前后，都是黎族的重要生产活动。

1949 年以前，黎族除采集以外的另一大生产活动是狩猎。他们所用的主要是粉枪、尖刀、绳网、长矛等工具。经过长时间的实践和总结，黎族形成了适应海南地理特点的多种狩猎方式，如放猎狗、装圈、挖陷阱和巡山等。但从 1949 年开始，山林遭受破坏，野生动物数量减少，一些曾为黎族提供肉食的野生动物接近灭绝。基于此，国家出台了一系列政策，将这些野生动物列为保护动物，以保护这些濒危物种。因此，黎族打猎的频率从 20 世纪 70 年代起就逐渐减少。到了现在，野生动物已经被明令禁止猎杀，黎族地区的猎枪也被收缴，客观上黎族人民没有了狩猎的条件。主观上来说，随着畜禽饲养的普及，黎族人民也不再依赖于狩猎来获取肉类。因此，黎族的狩猎活动目前已经基本消失。

　　黎族在猎物的分配上，保留了浓厚的原始遗风，见者有份是通行的规则，但不同的方言区，还是多少存在差别。在乐东哈方言的黎族聚落中，个体狩猎的小猎物属于猎手，而大型猎物则所有见到的人都能分享。击中猎物的猎手，可以得到猎物的头颅、腿部和内脏，而其他部位则由所有捕猎者共同享有。猎人将猎物的头部带回家后，会把猎物颚骨挂起作为一种荣誉象征。集体狩猎得到的猎物将会被公平地分配，且猎狗也能分享一部分。回家后，猎人会煮肉，并请家中男性来分享。而在保亭的赛方言区，猎物的分配方式稍有不同。如果有人帮助猎人狩猎，猎人会给予他们一部分猎物，并请他们分享。群猎时，击中猎物的猎人可以得到猎物的头部、后腿和内脏，其他部分则由放猎狗的人分配，且头狗也可以将猎物分享出去。若有他人参加，可获猎物之颈。

　　对于流经黎族地区的河流，由于其或短小或为河的上游，且水流较为湍急，因此鱼类难以在此大量繁殖和成长。因此，在黎族的生产活动中，捕捞的地位并不显著。但捕捞作为黎族的一项生产活动，仍然实际存在。比如南劳下村的黎族居民有在昌化江捕鱼的传统。他们采用了特殊的方法：堵塞河道，制作特殊的鱼窝，通过在河道中设置相隔 10 米的石墙，将倾斜的石板放置在石墙的流水孔中，再将鱼窝放置在石板上。河边有两座小草房，其柱子宽度约为 5 米，捕鱼者就在草房内放网并监控鱼入网的情况。他们使用的捕鱼工具有渔网、鱼篓、鱼钩、鱼栅、鱼罩和筐篮等，而渔网的种类则有拦河网、抛网、扳罾等，也有采用矛刺鱼的方式进行捕捞的。

　　总体来说，海南黎族传统聚落的生产方式，在历史的长河当中展现出了一种从狩猎采集为主，到以畜耕为主、渔猎为辅的转变。这种生产方式变化，背后同样体现了人地关系的变迁。通过对这种变迁的分析，可以更加深入地理解黎族人民充满智慧的人地观念形成的过程。

　　狩猎和采集是最为原始的生产方式，支撑这种生产方式的重要基础是可供狩猎和采集的物种的多样性。黎族人民最早能够依靠这种生产方式而生存，很大程度上是因为黎族传统聚落分布在热带雨林当中，而海南的热带雨林有着丰富的动植物资源，足以保障原始黎族人民的生活。彼时黎族人民的生存完全取决于热带雨林的给予，部落的命运与热带雨林紧密相连，因此黎族人民对雨林也就愈发敬畏与尊重。这一时期，黎族传统聚落的生存和发展呈现出的是一种被动的人地关系，是热带雨林在形塑着黎族聚落，而黎族聚落则是在被动的适应自然。但也正是如此，黎族人民的民族性当中便天然带有对自然的尊重与保护意识。

　　在此之后，随着农业文明的出现，黎族人民与土地的关系发生了显著的变化。农耕和畜养等生产方式的出现，使得黎族人民不再单方面依赖于热带雨林，而是可以通过种植稻谷、饲养家畜等方式来维持生存。渐渐地，渔猎成为黎族聚落的辅助生产方式，畜耕成为主要生产方式。黎族与热带雨林的关系，从被动对环境的适应，转向了对自然环境的主动改造。在这一时期，黎族人民开始基于自身的需求对热带雨林进行深层次的改造与利用。不过，基于黎族人民对热带雨林的尊重和保护天性，这种对雨林的攫取从来没有超过限度。以刀耕火种为例，黎族人民使用刀具砍伐热带雨林中的树木，然后用火烧灼砍伐后的树枝和枯叶，以此来清理土地并获取肥料，之后在清理过的土地上播种农作物。这种方式虽然对热带雨林的自然生态存在着一定的破坏作用，但是黎族人民却采用轮作和休耕的方式将这种破坏降到了最低。可以看出，黎族人民的人地关系观念在这一时期发生了适度转变，在敬畏自然和保护雨林的基础上，衍生成为一种人与自然和谐共生的理念。

三、生活习惯：黎族人地观念的集中体现

尊重和保护热带雨林、讲求人与自然和谐共生的理念，早已融入了黎族传统聚落生活的方方面面。黎族人民制作生活用品的时候，离不开从热带雨林当中获取材料；然而，黎族人民从不过度地开采雨林资源，甚至会主动采取措施恢复和保护雨林中的资源。获取热带雨林资源的同时，黎族人民从来不忘对自然的反哺。此外，在黎族百姓的日常生活中，对自然的崇敬和赞颂随处可见。黎族织锦就是承载着黎族人与自然和谐共处的典型。

首先，海南岛的海洋性热带季风气候特点为高温、多雨，并且全年受到季风的调控。这样的气候条件形成了独特的地理环境，对黎族纺织工艺产生了显著影响。在早期，黎族人民会用可随手折断的树枝、叶子和藤类进行简单的制作。为了满足生活和食物需求，他们会去捕猎和钓鱼，并在这一过程中学习如何用绳索制作网。从某种意义上说，这也被视为一种早期的纺织形式。随着经验的累积，黎族人民对纤维的各种特性有了更加深入的了解，特别是在对

野生纤维的处理上，展现出了其独特技艺。到现在，黎族的纺织技术依然延续着这些传统的手法。① 其次，关于原料，黎族传统服饰以海岛棉、麻、木棉、树皮纤维和蚕丝等为主要材质。在古代，有的地方甚至以楮树等特定树木的树皮作为原料。利用这些树皮制作的衣物和饰品被称作"树皮布"。黎族传统服饰多以自产自销为主，也就是自己纺纱、染色、织布和缝制。而他们使用的染料主要是从大自然中采集的，以植物为主和矿物为补充。② 再次是图案。据考证，各区域的花纹设计受到了生活环境和地理条件的影响，并根据这些自然特征加以改造。深山地带的妇女更偏爱以林中的动植物如水鹿、鸟类、彩蝶、蜜蜂及各种花卉作为设计灵感。这些图案既反映了黎族对祖先的敬重，也是他们日常生活中观察到的元素经过提炼和创意的结果，充分展示了黎族传统聚落文化的魅力。例如，《神树·灵芝图》中心的"神树"，就是基于热带雨林中的桫椤树创作的。尽管黎族人民可能并未从现代科学和考古学的角度理解这棵古老巨树的性质和价值，但伴随着黎族人民一代代的口耳相传，结合民间艺术家的创意，这棵树逐渐被赋予了某种神圣的意义，并以线条形式传承下来。民间的龙被图案作者加以吸收、运用，在龙被的中央处，鲜明地突出神树，配以两边的灵芝构图，以寄托黎族人民对自然界的崇拜和希冀得到神灵的保佑。蛙纹的图案则代表着黎族多子多孙的祝福。③

　　由于黎族没有本民族的文字，黎族的历史传说、民间信仰、生

---

① 王学萍. 中国黎族［M］. 民族出版社，2004：216.

② 同上书：222.

③ 同上书：240.

活习俗等皆以各种祖上流传并规定的纹样记录在黎族织锦中。故而黎族织锦便成为黎族人民寄托情感和书写本民族历史文化的重要载体，为黎族传统聚落中人们世代传承的生态智慧打上了鲜明的时代烙印。

此外，海南热带雨林竹藤资源丰富，到处都种着竹子，在山林里更是野藤丛生，还有其他原材料可以编织。黎族传统聚居地的竹编，一般是各家各户分散制作，以家庭副业的形式，在农闲时节和日常劳作的间歇时制作而成。由于农产品商品化程度迅速提高，加之冬季大量种植瓜菜，对竹篓的需求量剧增，近年来，黎族地区开始出现一些以竹编为主、兼营种植的农民，专门编扎用于销售的竹编器具。竹筒器的用途广泛，黎族人民使用的种类也比较多，以生活用具、制作工具为主。常见的竹制品有竹筐、竹席、竹饰、竹篓、竹床、竹盒、鱼篓、簸箕、竹筷、竹筒、竹笠等。在这些产品中，有编织非常精细的上品，也有非常结实、粗犷的用具。那些精细的生活用品，如竹笠等，除了用剖刮得很细、表面很光滑的竹篾编成以外，其花纹和颜色也都是经过一定程度的编织而成，具有很高的工艺价值。与黎族人民的生活水平相适应，大量的竹编制品工艺还比较粗糙，但使用价值很高，如装运冬季瓜菜的竹座、装钩刀的挂篓、磨稻谷的谷砻等。在房屋建筑中也有使用竹编的地方，黎族人将竹子破开后，用其编成粗竹席，作为铺盖茅草的谷仓顶的支撑层。

黎族还有用露兜叶编织的习惯，露兜叶有纤维较长、韧性较好的特点，因此成为编织的好材料。黎族人民将露兜叶割下，削去边刺，晒到稍干后将长叶折叠滚压存放，待编织时用水浸软，可用于编织草席、帽子、帘子等其他工艺品和日用品。

海南热带雨林盛产红、白藤，以红、白藤编织的工艺品颇有名气。早在唐代，海南的藤器就被用作呈献朝廷的贡品。用坚韧、光滑的藤皮制成的各种工艺品，不但美观大方，而且结实耐用。黎族人民自古就有采割野生藤竹编成箩筐、畚箕、斗笠等生产、生活用品的习惯。

除藤竹制品外，在传统工艺品中，以海南热带雨林盛产的椰壳和贝壳为原材料的椰雕和贝雕也较为有名。椰雕，是黎族地区著名的传统手工艺品之一，它由坚硬的椰壳雕刻而成，造型新颖多样，色调古朴典雅，具有独特的艺术风格和浓郁的乡土色彩。1949年以后，椰雕、贝雕的制作工艺愈加精湛、花色品种也逐渐增多。雕刻手法除平面浮雕外，还有立体浮雕、通雕、沉雕、拼雕、镶胎、嵌贝等多种技法。除了简单的椰碗、椰杯外，还有小巧玲珑的雕花椰盆、牙签筒、台灯、奖杯、茶具、酒具、烟具、座屏、花瓶、挂屏等。此外，用贝雕镶嵌的家具和用椰棕、剑麻、芒草、竹子制作的地毯、挂席，用海产珍珠制作的项链、首饰等，也是十分畅销的工艺产品。

海南热带雨林和黎族传统聚落是目前海南岛黎族人民主要的生活区域，也是黎族人民长期定居、创造独特岛屿性部族文化的场所。黎族传统聚落拥有丰富的历史文化价值，其物质文化遗存（如村落形态、传统建筑等）与非物质文化（如农耕文化、传统习俗、方言系统、纺织服饰等）充分反映了海南黎族的民族特色。黎族传统聚落的选址、空间布局、房屋建筑样式和技术以及人们的生产、生活方式等充分展现了黎族人民敬畏自然、因地制宜、与自然和谐共生的生态智慧。

整体而言，作为连接中国大陆与东南亚、南亚地区热带雨林的重要过渡地带，海南热带雨林在世界文化交流方面具有独特的价值。随着世界各地游客的到访，海南不仅可以普及人们对热带雨林保护和生态旅游的认识，还可以推动各国热带雨林保护事业的合作共赢。与世界其他区域的热带雨林进行对比可以发现，海南热带雨林在植被类型方面具有较为突出的优势（见表1-1）。同我国其他地区相较，海南热带雨林在生物多样性、珍稀濒危物种保护、生态保护等方面同样亮眼。

表1-1 海南热带雨林与世界其他热带雨林的比较

	海南热带雨林	亚马逊热带雨林	中美洲热带雨林	非洲刚果热带雨林	东南亚热带雨林
地理位置	中国海南岛	南美洲	中美洲	非洲中部	东南亚地区
气候条件	热带海洋性季风气候	热带雨林气候	热带雨林气候	热带雨林气候	热带雨林气候
植被类型	热带雨林、热带季雨林	热带雨林	热带雨林、热带季雨林	热带雨林	热带雨林、热带季雨林
植物种类	超过3 000种	超过40 000种	数千种	超过10 000种	超过25 000种
动物种类	约600种	约1 300种	约1 000种	约1 000种	约1 000种
濒危物种	海南黄梨、海南红豆杉等	亚马孙河豚、黄金青蛙等	钩嘴犀鸟、金蟾蜍等	高地大猩猩、刚果孔雀等	东南亚犀牛、震旦鸟等
自然保护区	五指山、陵水南湾猴岛等	亚马逊保护区等	科苏科国家公园、蒙特维尔得国家公园等	维龙加国家公园等	马来西亚金沙萨国家公园

其一，生物多样性。海南热带雨林的生物丰富多样，拥有独特的动植物种类和珍稀濒危物种。在植物方面，海南热带雨林拥有超过 3 000 种植物，包括海南黄梨、海南红豆杉等珍稀濒危植物。这些独特的植物群落不仅在生态上具有重要价值，而且在科研、医药、食品、观赏等方面也具有巨大的潜力。尽管海南热带雨林的物种数量相较于亚马逊雨林、刚果雨林等世界其他著名热带雨林来说较少，但在生物多样性和独特性方面仍具有很高的价值。例如，一些此地特有的植物和动物种群，在全球其他任何地方都无法找到，这使得海南热带雨林在全球生物多样性保护中占据着举足轻重的位置。在动物方面，海南热带雨林也同样拥有众多的动物种类，包括哺乳动物、爬行动物、两栖动物、鸟类和昆虫等。其中，海南黑叶猴、白眉长尾雉等珍稀动物具有极高的保护价值，表现出海南热带雨林在生物多样性方面的丰富程度。例如，海南黑叶猴是我国特有的一种灵长类动物，目前已被列为全球极度濒危物种，只有在海南岛的一部分地区才能找到它们的踪迹。此外，海南热带雨林的生物多样性还表现在昆虫群落上。这里有各种颜色鲜艳的蝴蝶、数量众多的甲壳类动物，以及各种独特的昆虫，它们在维持雨林生态系统的平衡，如授粉、分解有机物等方面，发挥着重要的作用。

其二，珍稀濒危物种的保护成效。海南热带雨林在珍稀濒危物种的保护方面取得了显著的成果。例如，海南黑叶猴的数量曾一度降至仅剩几十只，但经过多年的保护措施实施，目前其数量已经逐渐回升。同时，海南热带雨林还开展了许多生物多样性保护项目，以确保珍稀濒危物种的生存和繁衍。这些项目涉及了野生动植物的种群恢复、栖息地修复、人为干扰的减少以及环境教育等多个方面，展示了海南热带雨林在保护工作中的全面性和系统性。

其三，生态保护与可持续发展。海南热带雨林在生态保护与可持续发展方面具有较强的示范作用。海南省政府采取了一系列措施，加强对热带雨林的保护管理。例如，设立自然保护区，这是对海南热带雨林进行保护的主要手段。通过划定自然保护区，严格限制非法砍伐和采集行为，从源头上保护了这一珍贵的生态系统。同时，海南省还积极推行绿色旅游，鼓励游客参观自然保护区，了解热带雨林的生态价值，提高公众的环保意识。这种形式的旅游活动旨在利用而非破坏自然资源，将环保观念融入经济活动，实现生态和经济的双重收益。这些举措不仅有助于热带雨林生态系统的保护，也促进了地区的可持续发展。此外，海南热带雨林还积极参与国际生态保护和可持续发展合作，以提升保护水平和推动全球热带雨林的可持续利用。通过加入相关的国际组织，与其他国家和地区的专家进行交流，海南热带雨林可以从中学习到更先进的保护和管理经验。海南热带雨林在生态保护、生物多样性恢复、绿色旅游等领域取得了显著的成果，这其中的成功经验和教训为其他热带雨林地区提供了借鉴和支持，对于推动全球生态保护和可持续发展具有重要的启示意义。

总而言之，黎族传统聚落的形成与演变，离不开热带雨林。可以说，黎族人民就是从热带雨林中走出来的民族，他们的根在雨林，魂也在雨林。早期的黎族人民想要生存，就必须要适应热带雨林，遵守热带雨林的规则。也正是如此，黎族人民的民族性中从一开始就带着对自然的敬畏、尊重与崇拜。随着技术的发展和渔猎文明向农业文明的过渡，黎族人民可以利用畜耕等方式维持自身的生存。虽然自此开始，黎族人民与热带雨林之间的互动关系从被动适应变为了主动改造，但是黎族人民的生产生活依旧不能脱离热带雨林。换言之，黎族人民所形成的人与自然和谐共生的观念是在讲求向热带雨林索取的同时，反哺雨林。这种生态智慧维持了黎族传统聚落中人地关系的稳定，在保障黎族传统聚落延续与发展的同时保护了热带雨林。如今，世界范围内的人地矛盾激化、人地危机频发，黎族人民在协调人地关系的过程中所展现出的"黎族方案"同样值得世界借鉴。

第二章

海南黎族传统聚落的文化创生

文化是人类在社会实践中积累的物质和精神财富，它是人与自然和社会环境互动的结果。对于一个民族来说，文化是其民族内涵与精神的集中体现，也是区别于其他民族或群体的独特性所在。海南黎族正是在热带雨林的自然环境中，在聚落式的生活形态与生产方式中，形成并发展了海南黎族传统聚落文化，且直到今天，部分传统聚落文化仍保留或反映在海南黎族社会中。

从内涵来看，聚落文化通常指的是在长时间的历史发展过程中，在特定的地理环境和社会经济背景下，人类与自然相互作用所形成的复合成果，其中包括特定地域环境和特定历史时期的人地关系、社会经济基础以及多元文化等方面的体现。① 有学者认为，"传统聚落"代表了历史长河中积累的物质与精神财富，而"聚落文化"是代代相传的深刻民族心灵的体现。它包括了人们的思维模

---

① 陈惠琳等. 人文地理学 [M]. 科学出版社，2001：100－112.

式、价值观念、道德观念以及审美趣味。① 也有学者突出传统聚落
的生态特征，将特定聚落文化称为"聚落生态文化"，认为传统聚
落的居住形态是自然环境与人相互选择而成的，经过漫长的选择过
程，自然界与人文环境以及建筑形态逐渐融合与演化，形成了相互
依存、和谐共生、具备独立系统特征和生态运行机制的生态体系，
同时也彰显了独特的文化特质和场所精神。这就意味着，人类聚居
环境已经逐渐演化成一种独特的居住文化形式。②

　　总体来说，"传统聚落文化"是指在特定地理环境和历史文化背
景下，人们在长期的生产生活实践中所形成的特定文化模式和社会形
态。传统聚落文化不仅是一种特定的建筑和规划形式，更是一种富含
人文、历史和艺术内涵的文化现象。由此，"海南黎族传统聚落文
化"则是指海南黎族人民在传统聚落的生成与演化过程中逐渐形成
的特色文化，集中反映了海南黎族人在热带雨林的自然环境中，在聚
落式的生活形态与生产方式中所创造的物质的和精神的智慧成果。

第一节　海南黎族传统聚落文化的本源

　　海南黎族传统聚落文化充满了历史沉淀，是民族文化的宝贵遗

① 张祺，胡莹. 传统聚落文化的保护、更新与再生 [J]. 新建筑，2007 (05)：91 - 94.
② 刘福智，刘学贤，刘加平. 传统聚落文化浅析 [J]. 青岛建筑工程学院学报，2003 (04)：23 - 26.

产。作为海南岛的土著民族，历经数千年，黎族人逐渐形成了独特而丰富的聚落文化。这种文化离不开黎族自身的发展，凝聚了黎族人民的生产生活方式、习俗、方言等方面的丰富内涵。

一、海南黎族的历史演变

远古时期的海南岛，受热带雨林气候的影响，水资源丰沛，动植物资源多样，适宜人类生存。

目前，海南岛最早的人类活动证据存在于三亚落笔洞遗址和昌江南阳溪旧石器遗址，距今1万—2万年前。从1983年到1993年，考古人员在此期间对三亚市落笔洞"三亚人"文化遗址进行过多次的科学考察和考古发掘，通过碳十四法测定，测出无机年龄为距今1万年前左右，研究者认为，与华南地区几处代表性洞穴遗存（如广西柳州的白莲洞遗址、大龙潭鲤鱼咀遗址，广东的阳春独石仔遗址和封开黄岩洞遗址）相比，这些遗址存在较多相似甚至相同的文化因素，同属于华南地区砾石石器文化范畴。2006年6月，海南省大广坝水利工程文物调查组在昌江黎族自治县七差乡南阳溪第二级阶地里发现石制品，经测定，该石制品属于旧石器时代晚期，距今约2万年。

从20世纪50年代到80年代，国家有关部门在海南岛进行的考古调查中发现了200多处新石器时代的文化遗迹。在陵水黎族自治县、文昌市、定安县等地发现了距今6 000—5 000年的新石器时代中晚期遗址。大约距今3 000年前，海南岛发展了几何印纹陶和青铜器文化。经专家鉴定，这些遗址和文物与广西、广东西南部、云南东南部、越南北部等地区发现的原始文化属于同一文化体系，且海南岛不论是新石器文化还是几何印纹陶等文化出现的时间，都相对晚于这些地区，这反映了文化传播上的先后关系。

这些考古发现，为海南黎族传统聚落形成的历史推演提供了非常可靠的证据支持。通过海南岛出土的新石器时代文物以及几何印纹陶、青铜器等文化，可以发现海南黎族原始文化与大陆两广南部地区存在着密切的联系。① 分布于中国东南沿海地区的部落在历史上曾被称作古越族。古越族大约出现在商殷时期，中原华夏民族对南方古越族的称呼，在殷墟出土的甲骨文上被泛称为"戉"（音同越），因为当时越人一般以石戉为生产工具或兵器，又被称作"戉"，后来才有了"越"的族名。② 商周时期。随着古越族不断向四周流动和迁徙，其部族种姓也随之不断繁衍增多，发展到战国时期，形成了一个大部族的共同体，称为"百越"。其中，分布在长江口东南一带的部落被称为越族（即于越）；在浙、闽一带的曾先后称瓯越、闽越；以广东中部为中心的部落被称为南越；在广东西南部，包括广西、海南岛以至越南北部地区的，被称为骆越。鉴于目前没有发现在海南岛存在早于新石器时代中期的文化遗址和文物，依据考古资料和历史记录，可以推断出，3 000—4 000 年前，也就是说，在中原地区的殷、周时期，南方古越族的一支从大陆两广地区迁徙到海南岛，带来了以几何印纹陶为代表的古越族文化。除了几何印纹

---

① 王穗琼. 略论黎族的族源问题［J］. 学术研究，1962（06）：113 - 121.

② 郝思德，黄兆雪. 从考古资料探讨黎族族源［C］//中国百越民族史研究会. 百越研究（第四辑）——中国百越民族史研究会第十六次年会论文集. 厦门大学出版社，2013：86 - 96.

陶之外，海南岛的考古调查中，还发现了有肩石器、烧火用的灶址遗迹等，这说明海南黎族与岭南两广地区的古越族文化存在一脉相承的关系。古越族的部分分支陆续迁入海南岛，并在长期的历史融合过程中逐渐发展起来，成为海南岛最早的黎族先民，黎族的雏形由此出现。

"黎"实际上是汉族对黎族的称呼，而非黎族的自称。在不同时期，海南岛上的黎族有着不同的称谓，其古称"俚人"，东汉时期称为"里""蛮"，西汉时期称为"民""骆越"，隋朝时期称为"俚""僚"。而"黎"的称呼最早见于唐昭宗时期（公元889—904），曾任广州司马刘恂在《岭表录异》中写道"儋振夷黎海畔采（紫贝）以为货"，但实际上是对当时居住在南方（今广东、广西一带）的少数民族的泛称，并不专指黎族。但由上述称谓可见，生活在海南岛的黎族人民，在秦汉时期之后的历史记载中，已经有了相对统一的指代，在其他民族的视角中已经成为一个共同体。

关于黎族族源的问题，学者王穗琼认为："民族是历史上形成的稳定的人类共同体，它属于历史范畴而不是生物学的范畴，一个民族在其形成发展过程中，吸收、容纳其他种族、民族成分，使自己不断地发展起来，这是常有的事情，同时种族或人种成分并不是构成民族的主要因素。"[①] 事实上，在漫长的历史演变中，黎族与其他民族之间频繁的经济文化交流，也会使其他民族逐渐

① 王穗琼. 略论黎族的族源问题 [J]. 学术研究，1962（06）：113－121.

融入黎族。宋代的《岭外代答》提到，来自湖广、福建等地的汉人由于长期在海南岛的黎族地区生活，学习了黎族习俗，最终成了黎族。

综上所述，海南岛黎族的历史演变大约经历了三个阶段，首先是远古时期，其次是三四千年前古越族的迁入，最后是长期历史变迁中与其他民族（主要是汉族）的融合，最终形成现代的黎族。

二、海南黎族传统聚落文化的雏形

文化的形成与地域环境、生产方式密不可分。海南岛四面环海，热带雨林植被覆盖，动植物资源极其丰富，远离大陆，经济文化交流相对滞后，与自然和谐共处是海南岛人类祖先的生存第一课。因此，自然崇拜是其原始文化的重要特征。当黎族雏形初现的时候，在百越民族文化的基础上，在不同文化的冲击与交融中，黎族传统聚落文化通过不断发展壮大具有自己特色和地域特色的文化而初步形成。

（一）黎族早期生产生活方式

黎族在长期的历史发展实践中，逐步形成了以畜牧业、刀耕火种的原始农业耕作为主，采集和狩猎为辅的生产方式。耕地、纺织，狩猎、捕鱼，构成了黎族农业的图景。以山栏稻作为代表的黎族原始农业是一种古老的农业形式，在黎族许多地区一直保留到现代。其中包含着大量鲜活的原始文化信息，如山栏稻种植中农业生产工具方面的造物技术，从耕作方式来看，"刀耕火种"是其典型代表，通过钻木取火、祭祀和占卜仪式性的砍山、烧山来完成。由此可以推测，这种原始的作物种植方式一直存续到近现代。

考古资料显示，黎族先民来到海南岛后，海南岛新石器晚期文化中的有肩石器数量增多，主要是斧、锛、铲等工具。这些工具的制作方法与型制同两广地区百越文化中的同类石器非常相近，证明了黎族原始生产生活方式与岭南地区百越文化的密切关系，表明黎族先民把有肩石器的加工技术带到了海南岛。遗址中发现，黎族先民迁移到海南岛之后，岛上出现一定数量的大石铲，主要分布在海南岛南部的保亭、乐东、三亚、昌江、陵水、通什、白沙等地。大石铲是一种较为特殊的大型原始农业生产工具，然而也有一些大石铲被用作特殊用途，如祭祀礼器。[①] 在过去，黎族的社会生产力水平非常低下，难以抵御自然灾害，对收成没有太大的把握，只能把丰收的美好愿景寄托给有"灵性"的山地。每年正月，选择山栏地之时，头人要在深山密林进行祭祀仪式：在山栏地里插一根木棍，树叶覆之，口中念祭祀"山地"的咒语，并做签卜和鸡卜。烧山前，在砍好的山栏地上撒上米，旨在请"山鬼"保护风向和火力。挖穴点播后，在山栏地四周插上用破布和稻秆捆扎而成的草人，传说它是"山鬼"的化身，"山鬼"能抵御野兽侵扰。

岭南地区大石铲大约产生于新石器时代晚期，发展兴盛于青铜文化时期。海南发现的有肩石铲与两广地区新石器时代晚期遗存大

---

① 郝思德，黄兆雪.从考古资料探讨黎族族源 [C] //中国百越民族史研究会.百越研究（第四辑）——中国百越民族史研究会第十六次年会论文集.厦门大学出版社，2013：86 - 96.

石铲拥有基本相同的特征，在文化上存在一脉相承的因袭关系。大石铲的出现，反映了黎族先民已经能够制作和使用比较先进的生产工具来从事和经营原始农业生产。

陶器也是海南岛新石器时代生产方式的重要标识。东方市新街遗址古代居民制作的早期陶器全为夹砂粗陶，器类单一，形制不规整，出现了很少的圜底釜和圜底罐等，纹饰除素面外，还有少量篮纹和绳纹。圜底陶釜，是黎族先祖日常生活中的重要器皿之一。在位于陵水县石贡、移辇两处遗址发掘时，还发现了几块用石头堆砌的近似灶的遗迹，旁边出土了加粗砂红褐素面陶釜和有肩石器，刻画出海南岛新石器时代十分流行的"釜文化"的真实写照。圜底陶釜是越文化分布区最显著和最重要的共同点，也是百越民族"釜文化"基本内涵特征之一。"釜文化"遗迹的发掘反映了黎族先民从岭南地区迁徙至海南岛后，一直延续了百越族"釜文化"的生活习俗，与古代中原和楚地的"鬲文化"形成了鲜明的地域文化对比。① 夹砂圜底陶釜在海南岛一直沿用到汉代至南朝时期，这表明黎族先民及其后裔在相当长的一个历史时期内一直保留着陶釜作为炊煮器皿的习惯，也见证了黎族文化对越文化的沿袭与传承。

（二）黎族传统习俗的萌芽

海南黎族最具代表性的传统习俗有文身、织锦、干栏式建筑

---

① 郝思德，黄兆雪. 从考古资料探讨黎族族源 [C] //中国百越民族史研究会. 百越研究（第四辑）——中国百越民族史研究会第十六次年会论文集. 厦门大学出版社，2013：86-96.

等，据专家学者研究，百越文化中也存在断发文身、织锦等文化
习俗。这些黎族传统聚落文化中的这些习俗，很有可能在延续百
越文化的基础上，受到海南自然地理特征的影响，逐渐发展演变
到今天。

　　文身，是古代百越族文化的鲜明特征之一，也是海南黎族流传
至今的文化习俗。根据文献记载，春秋战国时期，我国东南沿海地
区的"百越"就有"断发文身"的习俗，如《孟子·公孟篇》载
云："越王勾践，剪发文身。"①《山海经·海内南经》中记载："佰
虑国、离耳国、雕题国、北朐国，皆在郁水南。郁水湘陵南海。"②
此处雕题国指的便是海南岛上的百越族后裔，而雕题正是"文身"
的指代。晋代王范所著《交广春秋》，也曾提到当时海南岛上的黎
族祖先有披发文身的习俗。由此可见，海南岛盛行的文身习俗，极
有可能是百越族后裔迁徙到海南岛之后传播开来的。据黎族传说，
黎族姑娘乌娜为保护自己的婚事，不向皇权低头，刺面改容，兴起
女子文身之习。宋代周去非在《岭外代答·绣面》中指出，黎族妇
女文身自卫，以防欺掳。③ 而同样作为百越族后裔的傣族，也将文
身习俗延续了下来，但其文身的动因与表现形式，却大相径庭，相
传为纪念守卫傣族而勇斗恶魔的青年英雄宛纳帕，从而兴起男子文
身的习俗，并代代流传。由此可见，越文化传入不同的地域之后，会

①　陈立浩，陈兰. 黎族与南方百越后裔诸民族民俗比较研究［J］. 琼州学院学报，2012，
19（06）：10－16.

②　戴成萍. 清代琼黎图研究［D］. 中央民族大学，2011.

③　赵全鹏. 黎族文身传说的发生与史学价值［J］. 海南大学学报（人文社会科学版），
2008（05）：481－485.

受到当地思想价值观念的影响，在交汇与融合中，不断传承发展。①

黎族织锦以精巧的工艺和丰富神秘的图案闻名于世，其历史至少可以追溯到数千年前。过去，黎族服饰中绝大部分都由黎族妇女亲手纺、染、织、缝。远古时期，黎族先民用楮树或见血封喉树的树皮等作为原材料，来缝制衣服、帽子、被子等，并将其称为"树皮布"服饰。此后随着棉花等经济作物的产量提升，纺织的原材料开始以海岛棉、木棉、麻为主。② 春秋战国时期《尚书·禹贡》记载"岛夷卉服，厥筐织贝"，此处的织贝便是黎族先民对纺织的早期称呼。黎语中，织棉花音译为"吉贝"，"吉"为黎语中的前缀，意为"织"，"贝"是黎语中棉花的意思，古代文献中也写作"织贝"。纺织文化也是百越民族的显著特征之一，壮族、傣族等百越民族后裔，也将棉花称为"贝"。直到今天，黎语中棉花一词仍用"贝"来指代，这也印证了黎族文化与百越文化之间深厚的历史渊源。

船型屋是黎族传统民居的建筑形式的代表。黎语中，船型屋唤作"布笼亭竿"，意思是"竹架搭成的棚房"，黎族人也称之为"茅草房"。黎族民居建筑形式经历了远古时期的"穴居"，到"巢居"的干栏式建筑，至如今的落地船型屋、金字型屋的漫长演变。宋代《太平寰宇记》中有黎族人巢居的记载，巢居指离地面有一定距离、高架在木桩上的房子，上面可以住人，下面可以饲养牲畜。③

① 陈立浩，高泽强. 黎族族源、族称及族际关系 [J]. 琼州学院学报，2011，18（04）：16-20.

② 王学萍. 中国黎族 [M]. 民族出版社，2004：222.

③ 王穗琼. 略论黎族的族源问题 [J]. 学术研究，1962（06）：113-121.

这种干栏式建筑也是百越族部落建筑风格，百越族部落主要分布在东南沿海地带，自古以来，南方气候湿润多雨，对房屋的耐久性和人的居住条件有很大的威胁，干栏式建筑地板离地高、通风好，能够很好地隔离地面的湿气，以及雨水冲刷后道路的不洁，尤其有利于防御为数甚多的害虫。同为百越后裔的高山族，也继承了干栏式建筑的特征，清代《重修凤山县志》中，有关于高山族"居处，屋名曰'朗'。筑土为基，架竹为梁，葺茅为盖，编竹为墙，织蓬为门"的记载，与黎族的"巢居"十分类似。①

黎族先民迁徙到海南岛之后，随着人口的扩张，逐渐形成了遍布全岛的聚落，在纺织、文身、干栏式建筑等百越文化的基础上，顺应海南岛独特的自然条件，发展和壮大出本民族的文化，历经数千年的冲击与沉淀，黎族文化中的传统习俗、文化信仰，在今天的黎族社会中依然发挥着丰富民间生活、维护族群秩序的重要作用。

（三）黎族五大方言

黎语，隶属汉藏语系壮侗语中的黎语支，当今学术界对于百越民族的定义，多指的是壮侗语族的先民。从文化底层的这些词汇来看，黎语中"棉花""水田""稻草""簸箕"等词，基本与壮族、布依族、傣族、侗族等族属于同一源流，这也折射出黎族与壮侗语族的密切关系。② 三千多年前，百越族后裔中的一支远离大陆，来到海南岛。面对全新的生存条件与生活环境，黎族先祖在认识海南

---

① 詹贤武，邢植朝. 海南黎族与台湾高山族民俗比较——以清代《琼黎一览图》和《番社采风图》为据 [J]. 海南大学学报（人文社会科学版），2009，27（05）：481–485.

② 陈立浩，高泽强. 黎族族源、族称及族际关系 [J]. 琼州学院学报，2011，18（04）：16–20.

岛特有新事物的同时，也不断衍生出新的词，这些词大多与海南炎热潮湿的气候有关，① 由此产生了与大陆壮侗语族的分异。

黎语中的族称存在两种不同情形。黎族人与其他民族交往过程中，一律自称为"赛"，"赛"在黎语中指"主人、本族人、自己人"，对于外族一般称作"美"，即"客人、外人、外族"。而在黎族内部，有"哈""杞""润""赛"和"美孚"五大方言的区分，这也是海南黎族传统聚落文化与其他民族相比的一大特色。五大方言的区分，主要是黎族内部之间的存在不一样的他称，由各个小部落居住的地理环境、村峒组织、风俗习惯、方言土语不同而产生差别。②

黎族的先民在来到海南岛后，根据不同的地理位置选择了不同的安居之地，并在此休养生息、繁衍后代。例如，黎族内部的"赛方言"和"哈方言"的区分，就与他们所居住的具体地理位置有关。"赛"是一种自称，是相对于外族人而言的，通常指的是那些生活在山区、远离海边的黎族本族人。而"哈方言"的名称则来自那些居住在黎族聚居区外围地区的人，他们在与其他黎族方言区的人交往时常常自称为"哈"。而润方言所在的白沙地区在古代是儋州的辖区，虽然后来"哈"方言也迁入儋州地区，但儋州的汉族最早接触的是润方言，从而"润"被认定为黎族土著，因此润方言也被称为"本地黎"。黎族先民进入海南岛的时间也有先后，面对的地理环境和生产生活方式也有所不同，因此也产生了不同部落之间的方言差异。

---

① 高泽强. 黎语的历史与未来走势 [J]. 广西民族研究, 2008 (3): 106-114.
② 陈立浩, 高泽强. 黎族族源、族称及族际关系 [J]. 琼州学院学报, 2011, 18 (04): 16-20.

　　受到山岭和森林阻隔，黎族先民内部交流的日趋减少，也导致各地语言产生差异。语言发展的过程中，与不同部落、部族或民族的互相往来，语言也不可避免地要互相影响，彼此吸收对方某些语言成分。例如黎族在同汉族的交往中，就借入了许多汉语词汇，黎语本身受汉语的影响，声、韵、调也发生了一定的变化。由于各地黎族接触异族程度不一，语言受到的影响大小也有差异，时间久了，也就出现了不同程度的分异。①

　　学者认为，尽管黎族内部存在着不同地区的名称以及方言、服饰、风俗习惯等方面的差异，但这并不是由于不同的民族来源而产生的。实际上，黎族五大方言区的区分多见于明代以后的文献中。这表明哈方言、杞方言等名称是由于黎族内部的变迁和发展而逐渐出现的。黎族没有自己的文字，他们的方言虽存在差异，但不同方言区的黎族村民基本上可以相互交流，而且在风俗习惯方面具有一定相似性。

第二节　海南黎族传统聚落文化的变迁

　　聚落文化根植于长期的历史发展过程中，在特定的自然环境与社会经济背景下不断演化变迁。海南黎族传统聚落文化内涵丰富，

---

① 银题. 黎语方言形成原因摭谈 [J]. 中央民族学院学报, 1993 (5): 91-92.

包含了生产生活方式、社会组织、建筑形式、传统习俗、精神信仰等多个文化因素。海南黎族传统聚落文化的变迁集合了社会经济历史发展的多重因素影响，充分认知海南黎族传统聚落文化的变迁有助于我们更好地把握黎族传统聚落文化的内涵，对其后续的保护和开发具有重要意义。

一、海南黎族传统聚落经济制度

海南黎族早在母系氏族时期就开始了原始刀耕火种农业生产，并随着烧垦农业的不断发展逐步过渡到父系氏族社会。合亩制作为父系氏族社会的残余形态，以其诸多过渡性特征帮助我们建构了海南黎族传统聚落经济制度的发展历程。而这一变迁受生产力发展、与汉族地区的互动交流等诸多因素影响，既构成了海南黎族传统聚落文化变迁中的一个因素，也形塑着海南黎族传统聚落的文化气质。新中国成立后海南黎族传统聚落地区的经济发展受到了党和国家的充分重视，经历社会主义改造，乘着改革开放的春风，实现脱贫攻坚战的胜利，海南黎族传统聚落地区的经济发展也迈入了新时代。

（一）新中国成立前海南黎族传统聚落的经济制度变迁

1954 年，由中南民族事务委员会牵头，中南民族学院对海南22 个调查点进行了历时半年的实地调查，形成了《海南黎族情况调查》（后经重新整理出版，更名为《海南岛黎族社会调查》），对新中国成立初期海南岛黎族传统聚落的人口情况、社会组织、经济情况等进行了详尽的记录和介绍。据记载，20 世纪 50 年代，海南岛黎族传统聚落存在着若干种不同的经济成分，包括原始式"合亩"制的共耕经济、个体小农经济以及小商品生产。总体上来看，彼时个体小农经济已具有统治地位，从面积上占据了黎族地区总面积的 90% 以上，而合亩制仅存在于保亭、乐东和白沙三县交界的五指山腹心地带。但究其文化意义和研究价值，合亩制是海南岛黎族传统聚落中特有的经济组织形式，许多研究者认为合亩制是家长制家庭公社瓦解过程中的一种表现形态①，具有从原始父系家长制家庭公社公有制经济向封建社会个体私有经济发展的过渡属性，②③这些在漫长历史发展中被保留下来的历史文化碎片使我们得以由合亩制为切入点，重构黎族传统聚落经济制度的发展脉络，并以此管窥黎族人民生产生活方式的变迁。

从合亩制的生产力和生产关系来看，这是一种集体生产、个别消费的古老社会组织形式。在合亩制地区，盛行着所谓"砍山栏"的原始"刀耕火种"的耕作制度。在这种耕作制度下生产工具和技术极为简单，有严格的性别分工，劳动过程由"亩头"夫妇领导，并且遵循着固定的宗教仪式和禁忌，都表现出合亩制地区生产力的相对原始性。而就其生产关系，大多数合亩制地区土地为合亩内部成员共同所有，合亩内成员共同劳动，但合亩内田地可以进行买卖典当，"亩众"决定退"亩"时可以将私有的一份带走，部分合亩

① 詹慈. 家长制家族公社的瓦解 [J]. 黎族合亩制论文选集，广东省民族研究所，1983：213-216.

② 陈启新. 黎族原始社会解体的原因、进程和结果试探 [J]. 黎族合亩制论文选集，广东省民族研究所，1983：239.

③ 杨鹤书. 论海南岛黎族合亩制的起源、发展及其性质 [J]. 黎族合亩制论文选集，广东省民族研究所，1983：217.

制地区，耕牛、农具等劳动工具也为私有，由各户自行添置或修理；而合亩所得收获是平均分给各户自行消费，但合亩中的"亩头"在劳动量和所得分配上都有一定的特权，可承担较轻微的劳动量和更多的收获；合亩中还有"龙公""龙仔"的角色关系，"龙仔"即经济贫困或没有社会地位的人，"龙公"则是"龙仔"为了能获得经济保障或政治依托所投靠的有一定地位的人。其中"龙仔"相较于其他亩众收获更少。从上述因素也可见得，合亩制这种原始的共耕经济一方面具有原始的生产力组成和公有制的生产关系，但同时也在其内部产生了私有财产和一定的贫富分化，具有从原始家庭公社公有制到私有制发展的过渡属性。

而就合亩内部成员组成来看，合亩制可分为亲属组织和混合组织两大类型，其中亲属组织是由具备血缘关系的父子、兄弟等直系血亲或叔伯兄弟、叔侄外甥旁系血亲组成，混合组织则可分为两类，一类仍以上述亲缘关系为主，仅包含个别外来户；一类则虽也以血缘亲属为基础，但外来户在数量上远大于或等于亲属户数。而结合调查材料和合亩的发展趋势，这三种形态的合亩大致呈现出血缘关系不断减弱淡化的依次发展趋势，这种趋势与大合亩不断分化为若干个小合亩，并出现个体农户的发展路径具有一定的共时性。面对低下的生产力和相对匮乏的生产资料，合亩共耕是黎族人民维持生存的重要方式。但随着生产力的提高和私有制因素的不断发展，尤其是汉族地区铁农具的传入，几个小家庭合作生产便可满足生活需要，甚至是单独的农户也可自行耕作满足生计，因此具备个体生产条件的农户不可避免地想要脱离集体各自谋生。大合亩的离散便从血缘亲属较远的农户开始，这些分离出去的农户选择使用相对更廉价的"龙仔"作为劳动力，由此形成三种形态合亩的演变发展关系，血缘纽带逐渐失去其维系氏族成员生产活动的作用。而就20世纪50年代合亩制地区的区位特点也可看到，这些地方多处五指山腹地，与外界交流相对较少，尤其受汉民族文化影响较小，因而相对于其他黎族地区仍保留相对原始的生产力和生产关系。

综合上述因素，以及其他考古学资料、民族学资料以及某些间接记载，我们可以构建出海南黎族传统聚落经济制度的一般发展过程：

如大多数民族一样，黎族在最初经历了母系氏族社会，并在母系氏族的繁荣时期已经开始以农业为主的生产方式，原始手工业如制陶、纺织等也相应发展起来。在这一阶段，妇女受到人们的特别尊敬，因为她们在生产活动中发挥了重要的作用。考古发现证实，当时人们使用装上木柄的磨光石斧、石镐等石器工具，在起伏多变的山地进行"砍倒烧光"的原始刀耕火种农业生产。烧垦农业逐渐成为农业生产的主要部分，以牛踩田为主要形式的水田农作也逐渐得到发展，男性在这一过程中逐渐占据了生产生活的主导地位，黎族社会也因而逐步过渡到父系氏族社会。而合亩制，正是这一父系氏族社会的残余形态，共同劳动、集体消费是这一阶段的主要特征。由于缺少文献史料，我们很难明确各个黎族传统聚落具体在什么时间结束了这一时代，但合亩制的过渡性特征为我们构建黎族社会由共耕走向个体私有经济的过程提供了可能，即由于生产力的发展，尤其是与汉族地区的互动交流，血缘关系的力量逐渐减弱，私有制经济和小家庭生产逐渐替代了原有的合亩共耕，合亩制渐次瓦解。而在地域上，这一变化进程是由外至内渐次产生的，即与平原汉族地区的互动交流越频繁，这一变化过程发生的时代越早。

（二）新中国成立后海南黎族传统聚落的经济制度建设

新中国成立后，海南黎族传统聚落在时代的浪潮下接受了社会主义改造。1956 年春，黎族地区基本实现了手工业合作化，1957年，海南黎族苗族自治州农民几乎全部加入了农业合作社，自治州农村实现了社会主义集体化，基本上完成了社会主义改造。① 而在这一过程中，当地政府首先从经历过土改的近汉区山区开展，并逐渐向内深入，发展和提高互助组，办理合作社。在合亩制地区尤其重视做好亩头的工作，从团结亩头开始化解合作化阻力。社会主义改造极大地解放了农村生产力，使得黎族人民成为国家政权和土地的主人。同时此后铁质农具的推广使用、水利等基础设施的建成和完善、先进农业生产技术的推广、农业科技人才的培养，都使得黎族地区的农业生产有了快速发展。而这一阶段黎族地区工业也经历了从无到有的发展，初步形成了比较完备自成格局的现代工业体系，为黎族地区的社会经济注入了活力。

改革开放后，海南岛的开发建设步入了新的阶段，经济特区的设立为海南带来了新的发展机遇。1980 年 6 月到 7 月，国务院召开海南岛问题座谈会，会上围绕海南经济建设相关问题展开了讨论。

会议认为，要充分发挥海南岛独特的自然条件和经济优势，重

---

① 丰姣. 社会主义改造中的黎族社会——以黎族民众入社为视角 [J]. 海南热带海洋学院学报，2020.

点发展橡胶等热带经济作物，大力营造热带林木，提高粮食生产水平，全面发展农、林、牧、副、渔各产业，逐步建立适应海南特点的生态平衡农业新结构。这些特色产业的发展大大提高了黎族人民的收入水平，热带经济作物已成为黎族地区的优势产业，也极大地丰富了黎族人民的收入结构。1983 年 3 月，中共中央、国务院批转了《加快海南岛开发建设问题讨论纪要》，重点关注海南旅游业这一重要问题，把中南部黎族地区纳入了规划线路。1986 年 1 月，全国旅游工作会议上，国务院宣布海南岛为全国 7 个重点旅游城市和地区之一，进一步推动了黎族地区旅游业的发展。旅游业成为黎族地区重要的支柱产业，黎族地区的诸多景点和独特的民族风情也因此蜚声海内外。①

　　十八大以来，中国特色社会主义进入新时代，以习近平同志为核心的党中央从全面建成小康社会大局出发，把扶贫开发摆在治国理政的突出位置，纳入"五位一体"总体布局和"四个全面"战略布局，全面实施精准扶贫、精准脱贫方略，全面打响脱贫攻坚战。海南全省各产业扶贫部门深入贯彻落实习近平总书记关于扶贫重要论述和系列重要讲话精神，扶贫工作取得了辉煌成绩，特别是由于历史原因和地理位置相对闭塞的黎族地区，在脱贫攻坚战中获得了进一步的发展。2019 年，琼中黎族苗族自治县和保亭黎族苗族自治县宣布脱贫；2020 年 3 月，经海南省人民政府批准，五指山市、临高县和白沙黎族自治县也正式退出贫困县序列。至此，海南

---

① 中华人民共和国国家民族事务委员会. 黎族发展现状［EB/OL］，［2023－07－27］，https://www.neac.gov.cn/seac/ztzl/lz/fzxz.shtml.

省5个国定贫困市县全部实现脱贫摘帽，黎族人民的生活面貌大幅改善，收入越扎越稳。① 近两年来，海南黎族地区也积极开发黎族文化特色，发展黎族传统聚落旅游、黎锦等传统手工艺产业化、进行有机农产品生产等，探索利用多种方式实现乡村振兴，巩固脱贫攻坚成果。

二、海南黎族传统聚落社会制度

黎族经历了一个漫长的原始社会时期。就其婚姻制度来看，中华人民共和国成立前的黎族社会中大多以一夫一妻制的婚姻形式为主，但仍然保留着诸多母系氏族制度和父系氏族制度的残余因素；而就其社会组织和政治制度来看，也经历了从以血缘关系为主导到以经济和地缘关系为主导的变迁。新中国成立后，黎族在中国共产党领导下，成功地进行了民主改革和社会主义改造。实行民族区域自治制度后，大批少数民族干部茁壮成长，黎族人民实现了当家做主的愿望，黎族地区进入了各民族平等、团结、互助的社会主义新时代。

（一）新中国成立前海南黎族传统聚落社会制度

海南黎族传统社会中主要包括家庭、氏族、村落、峒四种社会集团，按照其各自的社会功能，针对海南黎族传统聚落的社会制度变迁，大致可从其婚姻制度（家庭结构）和政治制度两个层次进行讨论。

就其婚姻制度和家庭结构来看，新中国成立前黎族社会以一夫

---

① 新华网：海南所有国定贫困县实现"脱贫摘帽"［EB/OL］，（2020－03－04）［2023－06－26］，http://www.xinhuanet.com/politics/2020-03/04/c_1125660545.htm.

一妻制的婚姻形式为主，遵循着同姓不婚、同方言间通婚的通婚原则，但通婚范围有不断扩大的趋势。黎族社会还有妇女成婚后"不落夫家"的习俗，即虽然家庭形式已是从夫居，但妇女在婚后便回到娘家居住，直到怀孕生子后才回丈夫家；如不幸死亡，也需由娘家抬回自己的家族墓地埋葬。除此之外，未婚男女的私生子也会受到舅家保护。这些现象被认为是对偶家庭妇女占统治地位、从妻居、血统按母系计算的残余①，也是黎族传统聚落从对偶家庭过渡至一夫一妻制家庭的证明。

除此之外，海南黎族社会的一夫一妻制家庭还是一种父系小家庭，一般人口在三到四人，儿子成婚后便与父母分居分炊，就其房屋建筑来看也符合这种小家庭的生活特征。而按地区来看，中华人民共和国成立前的黎族传统聚落，越向外围，男性的社会和家庭地位越优越，个别毗邻汉区的地方甚至出现了类似汉族地区大家庭的十口之家。但即使伴随着合亩的解体，氏族分化为小家庭，黎族传统聚落中仍然依靠血缘维系同一氏族下若干个小家庭相互合作、相互帮助的关系，并共享着同样的文化基因，例如所属统一氏族的成员，即使居住在不同的村落，死后仍需埋入氏族的公共墓地，他们的灵魂作为祖先之灵也共同支配活着的同氏族成员的生活②。

从政治制度来看，黎族最大的社会集团为峒，由若干村落组成，在此之上并未有更高一级统一的政治体存在。宋代《诸蕃志·

---

① 詹慈. 黎族家长制家族公社的瓦解——对黎族合亩制研究之二［C］，黎族合亩制论文选集，广东省民族研究所，1983：214

② ［日］冈田谦 尾高邦雄. 海南岛黎族的社会组织和经济组织［M］. 海南出版社，2016：49.

海南》卷下则记载崇宁间（1102—1106）王祖道抚定黎人达 907
峒，这也说明了宋代黎峒数目极多，且"咸无统属，峒自为雄长"。
但在宋代也出现了统领 36 峒的都统领王二娘、率领 80 峒的王仲期
等，因而虽然峒与峒之间大多各自为政，构成黎族社会的最高社会
集团，但也出现过少数类似部落联盟的政治集团。明清时期，有了
"土舍""峒首""黎头""头目"等汉人对黎族内部公众领袖的称
呼，清朝后，中央政府在黎族地区设立"抚黎局"，为达到治黎的
目的，任用黎族内部的公众领袖担任总管、哨官、头家等官职。而
就峒内成员关系来看，也存在着血缘关系被经济和地缘关系取代的
发展趋势。黎峒内从以血缘关系构成的同一氏族，逐渐因经济发展
和人员的迁徙混杂而出现了多个血缘集团，最后这一社会组织的边
界便以地域为界，而非以血缘为边界。但峒内成员仍需遵从共同的
习惯法，有相互援助和保护的义务，对峒有保卫责任，同样是一种
关系紧密的社会组织。

（二）新中国成立后海南黎族传统聚落社会制度建设

新中国成立后海南黎族传统聚落社会制度建设的重要环节之一
便是对"黎峒"的社会主义改造，其主要内涵在于将其从带有管理
性质的社会组织改造为基层政府机构，即变"峒"为乡镇。党和政
府同样采取了由外至内的推进顺序，并在过程中注意尊重历史传
统，不完全按照地理因素划分乡镇，尽量将原属于同一"峒"的村
落划在新的同一乡镇里，确保改造的顺利推进。①

---

① 王飚，陈豫. 新中国成立初期海南黎族地区社会组织的改造及其历史作用 [J]. 当代中
国史研究，2020.

在基层政府机构建设之外，民族区域自治制度的发展和完善是海南黎族传统聚落社会制度建设的主要脉络。1949 年 3 月，白沙县毛栈乡成立了海南最早的民族自治政权琼崖少数民族自治区行政委员会。1952 年 7 月，海南黎族苗族自治区人民政府正式成立，直辖白沙、保亭、乐东、琼中、东方 5 个县。1955 年 10 月，在通什镇召开了海南黎族苗族自治区第一届人民代表大会第二次会议，会议根据 1954 年《中华人民共和国宪法》和《中华人民共和国地方各级人民代表大会和各级人民委员会组织法》的规定，宣布将海南黎族苗族自治区改为海南黎族苗族自治州，并将自治区人民政府改为自治州人民委员会。到 1987 年 12 月，根据中共中央、国务院的决定，海南建省办经济特区，同时撤销海南黎族苗族自治州。在此期间，海南黎族人民实现了新民主主义革命的胜利，开展轰轰烈烈的社会主义革命和建设，完成了生产资料的社会主义改造，逐步建立起以公有制为主体的国民经济体系，黎族人民从原始社会走上了社会主义道路。

海南黎族苗族自治州被撤销后，在原有少数民族聚居地成立了自治县或民族乡，东方黎族自治县、乐东黎族自治县、琼中黎族苗族自治县、保亭黎族苗族自治县、陵水黎族自治县、白沙黎族自治县、昌江黎族自治县相继成立，原有自治州所辖范围内继续享受少数民族地区各项优惠政策。民族区域自治地方根据宪法和法律的规定，依照海南黎族政治经济文化的特点，制定了一批地方性民族法规，包括《海南黎族苗族自治区人民政府组织条例》（1952 年）、《海南黎族苗族自治州婚姻单行条例》（1955 年）、《海南黎族苗族自治州民族地区农业税收征免规定》（1959 年）、《海南黎族苗族自治州计划生育条例》（1983 年）等 20 多个条例和规定。1984 年《中华人民共和国民族区域自治法》颁布实施后，民族自治地方自治条例和单行条例陆续出台，初步形成了海南民族法规体系框架。民族区域自治制度的建立和完善贯穿于海南黎族地区经济发展和社会进步的始终，在尊重和保有黎族人民原有的文化传统的基础上，实现了黎族地区政治、经济、文化的现代化发展。

同样，伴随着黎族地区政治、经济的发展，黎族原有的婚姻制度也发生了一定的变化，但黎族人民自由恋爱、男女平等的精神在今天仍然得到了传承和保留。黎族族内通婚的界限逐渐被打破，不同方言的黎族、黎族与其他民族通婚的现象逐渐增多，也促进了文化交流和民族平等。

三、海南黎族传统聚落精神信仰

海南黎族的精神信仰非常丰富，来自不同历史发展阶段中海南黎族传统聚落居民对人与人、人与自然关系的认识，盛行图腾崇拜、自然崇拜和祖先崇拜。直到 1949 年前，海南黎族传统聚落中仍然盛行这些精神信仰，并对其日常生产生活产生着深远影响。

（一）自然崇拜

自然崇拜在很大程度上源于海南黎族先民为了狩猎和农作物丰收，也与海南黎族世代居住的热带雨林生态环境紧密相关。在过去，黎族人相信飞禽走兽都受"山鬼"支配，"俄巴"是得到"山

鬼"授意的狩猎首领，捕猎行为需要得到"俄巴"同意才能拥有
好的结果。狩猎前，"俄巴"需要进行占卜，包括鸡卜和蛋卜，并
需举行祭祀仪式，将被称为"兽魂"的猎物下腭挂在家里屋门顶
下。除了捕猎行为，这种祭"山鬼"还扩大到农业生产领域。进行
烧垦农业的山栏地也是进行这种祭祀行为的场地。这种祭祀活动与
当下黎族社会生产力水平相适应。低下的生产力水平意味着较低的
抵御自然灾害能力，无法把握每年的收成，因而丰收与否需要寄托
在具有"灵性"的山地上。每年正月是黎族人选择山栏地的时候，
头人要到深山密林举行祭祀仪式。山栏地里插木棍，盖上树叶，口
念祭祀"山地"的咒语，并做签卜和鸡卜。砍山后，需要把米撒在
砍好的山栏地上，以祈求"山鬼"保护火力和风向，此后才可进行
烧山。挖穴点播后，还会用稻秆和破布扎成草人，这种草人被认为
是"山鬼"的化身，插在土地周边能够抵御野兽侵袭。除此之外，
由于黎族村落大多坐落于山脚下，黎族人民认为山为人们带来了生
活来源，但也十分凶险，人们对山持有害怕和崇拜的双重心情。随
着天气变化，山峰会呈现出不同的状态，村里人将这种变化当作山
峰对天气的"预言"，认为这是山峰向村里人发出的告诫。例如被
云雾盖住的山峰是"山鬼戴帽"，代表着即将下雨；山腰被整块云
雾环绕是"山神束腰"，是要有大风的征兆。因此村民们会不定期
地杀猪祭拜这些能够预报天气的山峰。①

　　树崇拜也是具有代表性的自然崇拜。在过去，黎族村庄周围

---

① 王学萍. 中国黎族 [M]. 民族出版社, 2004: 162.

往往被刺竹包围着，村中间或村门口都有一株大榕树或者酸梅树、芒果树，这些树大多有上百年甚至千年树龄。黎族人民会在树上挂一个大皮鼓，发生械斗时，头人就会击响这棵树上的皮鼓，召集村民向来犯者决斗。村中的老人们也会在树下向孩子们讲述族人的故事。长此以往，这棵树就会成为村民们崇拜的神树，不可砍伐、攀登，甚至不可拴牛。神树下设一"鬼台"，即村庄之神，不能乱摸和移动。黎族人认为大树有灵性，这种灵性能养育人类。人死后，"灵魂"归于森林，灵魂才得安宁。因此每个血缘集团都拥有一块原始森林墓地，占地十几亩、上百亩。林间的树木、藤蔓无人砍伐，每个血缘集团中的成员死后都埋葬在这块森林山墓地里。

（二）图腾崇拜

　　海南黎族母权制氏族社会同时产生了图腾崇拜。氏族认为自己与大自然中的某一类动植物存在在某种关系，因此这种动植物便会成为各自崇拜的图腾。[①] 例如，在海南黎族地区流传的"甘工鸟"的故事，就是一种鸟图腾崇拜。黎族人民认为甘工鸟可以帮助人们排忧解难，这种对甘工鸟的热爱就成了鸟图腾崇拜。又比如，过去海南黎族的合亩制地区，家家户户都要靠牛犁田种地，对牛的依赖逐渐变成对牛的崇拜。黎族人民还会通过庆祝"牛节"来保佑牛的平安，进而保佑五谷丰登。另外还有蛙崇拜，对蛙的崇拜经历了从原始母系氏族社会到封建农耕生产社会的变化。母系氏族社会，青

---

① 王学萍. 中国黎族 [M]. 民族出版社，2004：101.

蛙是女性生殖器（子宫）崇拜的象征物，这种崇拜观念延续下来表现为黎族妇女把青蛙纹于身上或织在筒裙等服饰上，可视为一种为了获取旺盛的生殖能力而进行的宗教行为；而到了农耕社会，因为青蛙鸣叫与雨水的关系，海南黎族人逐渐形成"蛙能卜雨"的观念意识，出于对农作物丰收的愿景，把对雨水的依赖和需求集中在青蛙身上，也就是"蛙崇拜"，这种观念也一直遗留至今，表现于海南黎族传统聚落生产生活或求雨法事中常见的"蛙缸""蛙罐"等器物。① 对动物的图腾崇拜，也表明了海南黎族社会早期的主要生产手段为渔猎。②

还有一些植物图腾崇拜，比如葫芦瓜图腾崇拜，也是后代船型屋的雏形，源于几乎所有黎族地区都有的《葫芦瓜》传说：传说远古时候，某一时期洪水暴发，黎族先民只幸存一男一女和一些动植物藏在葫芦瓜里，后来，他俩结婚了，繁衍了人类。东方哈方言黎族的姓氏中有"木棉的孩子""芭蕉的孩子"和"番薯的孩子"之意，这些也都是木棉、芭蕉、番薯图腾崇拜的一种衍生。不同血缘氏族将这些植物作为自己的称号，将这些植物视作自己血缘集团的保护神。

（三）祖先崇拜

随着生产力的进步和人类认知水平的提高，黎族人在从母系氏族社会向父系氏族社会的转变过程中，超越了原始图腾崇拜的认知

① 黄友贤.海南黎族蛙崇拜溯源［J］.广西民族研究，2008（04）：143-148.
② 范明水，虞海珍，陈思莲.海南黎族原始宗教信仰及其朴素哲学思想的产生［J］.海南大学学报（人文社会科学版），2010，28（06）：27-32.

局限，开始以氏族祖先的名字取代动植物等图腾象征作为部落标志，实现了从物崇拜到人崇拜的文化观念的转变。海南黎族人的祖先崇拜大约出现在母系血缘观念已经巩固的母系氏族公社时代初期和中期，源自黎族人相信人死后灵魂不灭的精神信仰。最初的崇拜对象是母系氏族已故老者的灵魂，后来逐渐发展为父系家长的灵魂。①

祖先崇拜表现在土地庙的规制上。土地庙往往位于在黎族村寨口，或在大榕树下，是一间既小又矮的小石屋，大多用几块石头筑成，土地庙里安放土地神，但没有神位和香炉，只有被称为"石祖"的形似男性生殖器的石头。对海南黎族来说，石祖是祖先和生殖力的象征。

在黎族祭祀方面也体现了这种祖先崇拜。例如在人死之年的最后一个月，将举行"周年"仪式，如人死于十一月以后，则延至翌年举行。在这一天，死者亲戚会挑着酒、米吊祭逝者。到黄昏时分，此前在埋葬逝者时负责引路、带鬼、抬棺材、拿陪葬品的人，需先到河里洗头，之后同村男女相继到河里洗头更衣，男子穿上白吊铲，用新的带子束髻，并戴上一女用项圈。这种仪式有脱下孝服的意味。在这一天，全村男女及祖先各村的亩头都来吊唁、喝酒，从晚上一直持续到第二天的黄昏。一起喝酒的人越多越好。但是不同血缘的人，即使同村，也不参加。"周年"过后，忌辰还要守孝3年，且按黎族习俗，在12天内有一天不能从事主要的农业劳动，

---

① 王学萍. 中国黎族［M］.民族出版社，2004：167.

如犁田、种地、收割等。作为祖先崇拜活动的主持者，鬼公需要牢记死者的鬼名，以便代代相传。[1]

第三节 海南黎族传统聚落文化变迁的原因

在漫长的历史演变中，海南黎族聚落文化不断变迁，这是一个多方面因素相互作用的复杂过程。随着时间的推移和社会的发展，传统的黎族聚落文化更是面临着新的挑战和变化。这些变迁的原因可以归结为多个方面，包括自然环境的塑造、黎族与汉族历史互动过程、生产生活水平的进步与现代化进程，以及黎族人作为主体的平衡作用。这些因素相互影响，勾勒了海南黎族聚落文化的演变轨迹。

一、自然环境的塑造

自然环境在很大程度上塑造了人类社会和文化的发展，对于海南黎族传统聚落文化的变迁也有着深远的影响。位于热带地区的海南岛拥有独特的生态环境和丰富的自然资源。黎族先民选择地理条件优越、自然环境适宜的地区进行定居，体现了他们对环境的智慧和适应能力。从最初的自然洞穴，随后迁居至沿海沙丘（贝丘）地带，并最终转移到平原地带。[2] 黎族先民在离开洞穴后建立了"巢

---

① 王学萍. 中国黎族 [M]. 民族出版社, 2004: 169.

② 赵全鹏. 历史上海南岛内的族群流动及成因 [J]. 贵州民族研究, 2008 (1): 168 - 173.

居",而后逐渐过渡到居住于"干栏式"原始建筑。① 这个漫长的过程代表着原始定居点的涌现,同时也象征着海南黎族传统聚落建筑文化的兴起。随着时间的推移和人口增长,聚落逐渐扩展和变迁,船型屋、金字型屋等建筑文化的形成,显示了黎族人与自然生态相融合的智慧和建筑技艺。另外,值得注意的是,海南岛位于热带季风气候区域,这意味着季风的周期性变化对于当地的农业生产和居民的日常生活都具有至关重要的影响。气候的变化可能导致农作物减产、水资源短缺和生态系统退化,迫使居民不得不调整种植方式、改变生计和迁徙至更适应气候的地区。总体而言,海南黎族传统聚落文化的变迁与黎族先民的自然择居、不断迁徙和逐渐定居的历史过程密不可分。这种变迁延续至今,深刻影响着黎族传统聚落文化的发展和演变。传统文化与现代社会相互融合,传承黎族文化的智慧,保留其独特的特色,也为未来的文化传承提供了宝贵的经验。

自然环境对海南黎族传统聚落文化变迁的影响不仅体现在生活方式和社会结构上,还在符号文化方面表现尤为明显。世世代代居住在热带雨林中的黎族人形成了对自然和图腾的崇拜精神,将这种崇拜精神融入日常的生产生活中。黎族传统织锦的花纹图案就是一个鲜明的例证。许多黎族织锦的图案,都是根据他们的生活环境、地理条件以及周围的自然景象进行加工和变形而制作的。这些图案在从平原地区向山区的过程中逐渐演变和丰富。在深山地区,妇女

---

① 杨定海. 海南岛传统聚落生成、演变历程及动因简析 [J]. 西部人居环境学刊, 2017, 32 (01): 109 – 114.

们喜欢以生长在林中的水鹿（即海南水鹿）、各种鸟类和其他野生动物，还有花丛中的彩蝶、蜜蜂，以及土地上的小爬虫、田间的木棉花、泥嫩花、龙骨花等树木和花卉作为图案的灵感来源①。这些图案不仅展现了黎族人对自然界的热爱和敬畏之情，也传承着他们对土地和生活环境的感恩和依赖之心。符号文化在黎族传统聚落中起到了重要的视觉传达和文化表达作用。织锦图案的选材和设计不仅仅是为了装饰，更是表达着黎族人与大自然的紧密联系和文化传承。这些图案传承了黎族人的历史记忆、神话故事、传统信仰等，使得黎族传统聚落文化具有浓厚的地域特色和文化认同感。

二、黎族与汉族的互动

自汉代开始，中央王朝有意识地向海南岛进行移民，并在该地设立郡县，海南岛与中原地区的政治、经济和文化联系逐渐加强。随着这一过程的进行，越来越多的汉族人迁徙到海南岛，特别是在沿海和河流出口的地方建立了定居点，形成了与黎族社会的交流和融合，并在宋元明清时期达到了鼎盛时期。② 这段历史互动对于黎族传统聚落文化的演变产生了深远的影响。

首先，汉族的移民和居民点建立导致了海南岛聚落结构的改变。随着越来越多的汉族人迁入，原本的黎族聚落逐渐与汉族聚落融合，形成了多元化的聚落格局。这种融合改变了聚落的社会结构和文化特征，对黎族传统聚落文化产生了深远影响。其次，不同族

---

① 　王学萍. 中国黎族［M］. 民族出版社，2004：218.

② 　同上书：18.

群之间的分化结构——"生黎""熟黎"和"半生半熟黎"——加深了黎族社会内部的差异化，使得不同群体在文化传承、生活方式和社会地位上存在着明显差异，这种分化结构也在一定程度上影响了黎族传统聚落文化的多样性和变迁。最后，黎汉经济文化交流和发展为黎族传统聚落文化提供了新的思想和观念。汉族文化的影响使得黎族社会逐渐接触并融入更广泛的文化元素，为传统聚落文化的发展带来了新的动力和创新。比如，汉族的文化、语言、宗教和社会制度等方面对黎族聚落产生了一定的影响。随着时间的推移，黎族聚落也逐渐吸收了一些汉族元素，如汉族的建筑风格、农业技术和生活习俗等，这导致了传统聚落文化的一些变化和调整。举例来说，从汉族传入的铁质生产工具、牛耕以及其他先进的耕作技术，极大地提升了海南黎族的生产力水平。在语言方面，随着黎汉两族的直接接触和交流，宋代时期黎族已经存在"能够使用汉语"和"半流利汉语"的人，而进入现代社会后，根据调查显示，黎族中超过90%的人能够听懂汉语，甚至有10%的黎族人不懂黎语。至于服饰，黎族的远古服饰是"贯头衣"，但随着汉族服饰的传入和持续影响，黎族的服饰一直在不断演变，直至今日，黎族人的服饰几乎与汉族服饰无异。①

　　综上所述，黎族和汉族的历史互动对黎族传统聚落文化变迁产生了重要的影响。汉族移民和居民点的建立改变了聚落结构，不同族群之间的分化结构导致了文化差异，而黎汉经济文化交流和

① 陈晓兰. 海南黎族文化的变迁及其原因 [J]. 新东方，2008, 151 (07): 52 - 55.

发展为传统聚落文化提供了新的动力。这些因素共同塑造了海南黎族传统聚落文化的多样性和变迁，为其历史传承和发展奠定了坚实基础。

三、社会环境与现代化进程的推进

社会生产力与制度环境等变化对海南黎族传统聚落文化的形成和变迁具有重要作用。黎汉互动始于汉代，这一时期的交流为海南岛沿海地带的一部分黎族提供了充分的机遇。这些黎族社群中，社会生产力得到了显著提升，使其在社会经济发展上与其他地区拉开了差距。这一发展背景下，黎族原本的氏族公社逐渐衰落，甚至瓦解，开始逐步过渡至封建社会，而这一过程表现出了"离海岸越远的地区瓦解速度越慢，越深入中心地区则越晚"①的特点。

到了近现代，随着经济社会的发展和人们生产水平的不断提高，社会环境的影响也体现在建筑文化变迁上。黎族传统建筑包括低脚船型屋、落地船型屋、半船型屋和金字型屋等几种类型。然而，到了20世纪80年代以后，这些传统建筑中基本只剩下半船型屋和金字型屋两种。逐渐地，这些低矮而阴暗的竹木结构茅草屋已经无法满足人们日益增长的生活需求，高大明亮的砖瓦房和平顶房逐渐代替了它们，这可以说是一种必然趋势。1992年，海南黎族地区启动了大规模的民房改造工程，而2002年至2006年期间，这一工程达到了高潮。民房改造的背后是社会发展的必然，它代

① 《黎族简史》编写组. 黎族简史［M］. 民族出版社，2009：25.

表着黎族人民生活水平的提高。然而，客观来看，这也伴随着民族文化重要载体的流失，标志着民族文化在直观层面上发生了根本性的转变。①

进入 21 世纪，城市化和现代化进程更是对黎族传统聚落文化产生了巨大的冲击和影响。一方面，城市的现代生活方式和价值观念促使一部分黎族居民离开传统聚落，迁徙至城市寻求更好的生活条件和机会。城市的多元文化和社交环境，以及现代科技的普及，使居民与传统聚落文化的联系逐渐减弱，一些习俗、仪式和传统技艺甚至可能逐渐消失或面临失传。另一方面，海南黎族传统聚落所依赖的经济结构也发生了变化。过去，黎族人主要从事农业和手工艺等传统产业。然而，随着现代农业技术的引入和市场需求的变化，一些传统聚落的居民开始转向现代农业、旅游业和服务业等新兴产业。比如，旅游业的发展带来了文化交流和互动，同时为了满足游客和市场的需求，黎族传统聚落文化在呈现上会更加商业化。这种经济结构的转型对传统聚落的生活方式和社会结构产生了影响，也导致了文化变迁。

四、黎族人的主体性角色

从内部来看，海南黎族传统聚落文化的变迁更离不开黎族人本身在适应外部变化与坚守传统文化中的平衡作用。一方面，面对自然环境、民族交流、社会环境等外部变化时，黎族人会选择接纳和

---

① 高和曦. 黎族合亩制地区的文化变迁及其发展 [J]. 新东方，2009（03）：29–33.

吸收一些新的元素和文化，比如从外界的经济、教育和科技等方面获取新的知识和技能，以提高生活水平和适应现代化的要求。这种接纳外部影响的态度使得传统聚落文化在一定程度上与现代社会接轨，兼容一些新的生活方式和观念。另一方面，对于一些传统的习俗、仪式、语言和信仰等，黎族人依然有所传承和保留，比如黎族人在重要节日如"三月三"和庆典活动中仍坚持进行传统的舞蹈、音乐和祭祀仪式，以保持文化的连续性和凝聚力，凸显了传统聚落文化对于身份认同、社会凝聚力和自我价值的重要性；同时进行文化创新与复兴，将传统元素与现代元素相结合，创造出具有时代特色的文化表达形式，比如将黎族传统的编竹技艺、纺织技艺等融入现代设计和商业需求，既维护和传承了传统文化，也适应和融入了现代社会的发展。

总体而言，黎族人民在黎族传统聚落文化的演进历程中，历经风雨，包括早期的积极文化创新，随后是对黎族文化精神和独特特色的坚守，以及在现代化和城市化潮流的冲击下，对现代文化的妥协，进而导致本民族文化主体性的逐渐淡化。① 黎族人在适应外部变化与坚守传统文化之间寻求平衡的态度和努力，是导致海南黎族传统聚落文化变迁的一个重要原因。他们既接纳外部影响，适应现代社会的需求，又坚守传统文化，保护和传承自己的身份认同和核心价值。这种平衡作用在一定程度上影响了传统聚落文化的变迁和发展。

---

① 赵秀文.海南黎族文化的发展源流与文化特质研究［J］.教育观察（上半月），2015，4（08）：137－139.

第四节 海南黎族传统聚落文化的特色

几经演变，海南黎族传统聚落形成了具有鲜明民族特色与区域特色的文化。总体而言，海南黎族传统聚落文化是以热带雨林为土壤，以聚落为分布，以船型屋、织锦等为见证，原始与现代呼应，人与自然共生的民族区域文化。海南黎族传统聚落文化具有以下几个基本特点：第一，地域性。传统聚落文化本身就是地域性文化的一种，它与特定的地理环境、气候条件、生产方式、社会习惯等密切相关。由于海南岛独特的地理环境和气候条件，在海南岛上形成的黎族传统聚落文化自然也与其他地区的传统聚落文化有所不同。第二，民族性。海南黎族传统聚落文化属于黎族文化的一部分，因此，具有鲜明的民族特色。但海南黎族传统聚落文化不等同于海南黎族文化，传统聚落文化更强调与传统聚落这一人聚环境密切相关的文化现象，比如建筑、信仰、生产生活方式等。第三，历史性。海南黎族传统聚落文化是海南黎族人在长期的生产生活实践中所形成的文化积淀。基于海南黎族传统聚落的形成与变迁过程，海南黎族传统聚落文化便体现了对历史的延续和传承，它承载着一定历史时期的社会文化、经济结构、科技水平等方面的信息，具有重要的历史价值。第四，生态性。海南黎族传统聚落的形成与演变同自然环境密不可分，在热带雨林的滋养中，海南黎族先民自然择居、不断移居、逐渐定居，并在长期与自然环境相适应的过程中逐渐产生了具有明显生态特征的文化形态，比如"刀耕火种"、船型屋等。第五，群体性。聚落作为一种特定的居住形式，它所包含的文化和社会组织形式也具有一定的群体性。因此，基于传统聚落而衍生的文化也属于一种群体性文化，是由生活在海南黎族传统聚落中的黎族人所共同形成的文化模式和社会形态。

可以说，海南黎族传统聚落文化是在热带雨林的自然基础上繁衍而生的，热带雨林基因构成了黎族传统聚落的文化内核，并体现在形态丰富且积淀深厚的文化遗产上，呈现出区别于其他地区黎族文化、其他民族文化的独特价值与风貌。基于自身地理位置与历史渊源，海南黎族传统聚落发展起了与其他民族以及其他地区黎族文化相异的特殊文化，且一定程度上具备了可持续传承的基本条件。

一、以热带雨林风情为文化内核

海南的热带雨林是全球热带雨林的重要组成部分，属于热带雨林和季风常绿阔叶林交错带上独具特色的"大陆性岛屿型"热带雨林。同时，它也是中国境内分布最为集中、保存最为完好、连片面积最大的热带雨林之一。这片热带雨林区域不仅具有独特的自然环境和重要的物质资源，而且也对黎族人的生产生活方式和黎族传统文化有着深远的影响。它不仅为黎族人民的生活提供了优良的自然条件和物质条件，还孕育了黎族人民敬畏自然、热爱自然的思想观念，体现了黎族人与自然和谐共生的生态智慧。

从黎族传统聚落的分布和形态来看，传统聚落大多集中在海南中南部丘陵山地。其选址和建筑形态都受到热带雨林山地地形和湿热气候的影响,强调依山势而建,并重视排水通风,追求安全隐秘。表现出黎族人民尊重自然、因地制宜的生态智慧,聚落整体与环境融为一体,体现了与大地紧密和谐的关系。黎族的传统船型屋与金字型屋就地取材,其构造方式正好可以解决防潮、抗洪、趋避野兽虫蛇等需求,因热带雨林特有的气候与地理环境而形成了特有的建筑特色。

　　从生产生活方式的角度来看,热带雨林为黎族人民提供了丰富的经济资源。在漫长的历史实践中,黎族人民采用钻木取火、举行祭祀和占卜仪式,进行象征性的山地开垦和烧山放火,以实现山地稻谷的种植。同时,热带雨林中四季常有树木结果,野生植物丰富多样,还蕴藏着丰富的土特产资源,为黎族群众的采集活动提供了坚实的物质基础。因此,采集活动是黎族群众生活中重要的家庭副业和生产活动。① 这种生产方式符合自然规律,实现了山——粮——人的物质能量转换,构造出人与自然和谐共生的生态场域,隐含着人类与生态的有机统一②。由于雨林高温多雨的自然环境,古代黎族先民形成了穿短衣、筒裙的习惯,并利用木棉、海岛棉、树皮纤维等作为服饰材料。除了衣食住,海南热带雨林还有"天然药库"之称,黎族人民通过长期实践积累起了对草药资源开发利用的经验。千百年来,黎族人民就是如此背靠雨林繁衍生息,而他们在得到自

---

① 王学萍. 中国黎族 [M]. 民族出版社,2004:282.
② 祁永超,段丽娟,张丹青. 黎族传统文化的生态智慧及其当代价值研究 [J]. 海南开放大学学报,2022,23 (2):111-119,129.

然馈赠的同时，也逐渐形成了顺应自然的朴素生存哲学。

从文化传统的角度来看，黎族信仰着自然万物有灵，他们广泛遵循着图腾崇拜和自然崇拜的传统，这一文化信仰与他们生活在热带雨林环境中密切相关。从织锦文身的图案，到黎族人民日常的行为规范，处处可见这种文化信仰的存在。热带雨林为黎族人民的生活提供了优良的自然条件和物质条件，也孕育了黎族人民敬畏自然、热爱自然的思想观念。

二、由"合亩制"衍生的聚居方式

由于采用了刀耕火种的传统农业生产方式，黎族传统聚落的规模和布局并不一致。然而，尽管在表面上这些聚落看起来松散且无规律可循，但黎族社会采用了合亩制和习惯法来维系社群，同时通过氏族和血缘关系来保持紧密的联系，实际上使这些聚落在形式上或许分散，但在精神上却始终保持紧密团结。①

在实行合亩制的地区，黎族村落的基本单位是"合亩"，这构成了紧密团结的社区。一个村庄包括了多个"合亩"，整个村庄基本上由同一血缘集团组成，他们共同祭拜先祖，形成了紧密的血缘联系。村之上则形成了以地缘为基础的聚落基层社会组织——黎峒内各个血缘集团都保留着自己的公共墓地，并且共享祖先崇拜②；峒内成员也拥有强烈的群体意识和群体力量，这在聚落的防御体系

① 李婧，杨定海，肖大威. 海南岛传统聚落及民居文化景观的地域分异及形成机制［J］. 城市发展研究，2020，27（5）：1-8.

② 王学萍. 中国黎族［M］. 民族出版社，2004：103.

以及祭祀建筑中也有所体现。与此同时，黎族社区的成员都坚守着代代相传的习惯法，这些法规成了他们行动的准则。例如，每个成员都承担着保卫本峒疆界的责任，并在需要时相互提供援助和保护。这些习惯法源于黎族社会中的社会互动、婚姻家庭关系和经济交往，它们已经存在了几千年，塑造了黎族社会的发展历史，也成为每位社会成员和群体的自觉意识和行为规范。

随着社会生产力的发展和经济体制的变革，"合亩制"已经退出了今天黎族传统聚落的日常生活，但传统"合亩"时期的文化仍在现代生活中有所体现。一方面许多村中往往集中了同一姓氏的家族，另一方面在劳作中村民之间互帮互助，节庆仪式场合也不能缺少同家族、同村人的协助等，表现出整个聚落以亲缘关系和地缘关系为核心的凝聚性。

三、以船型屋为主的建筑样式

在热带雨林环境影响下，黎族地区传统村落形成了独特的建筑结构——船型屋。从原始社会到农业社会，船型屋的总体建筑结构经历了不断的演变，从高架船型屋、矮架船型屋、落地船型屋，最终过渡到金字型屋。是海南黎族传统聚落生产生活习惯发展与变迁的重要见证。相较于中国其他民族的传统民居建筑，海南黎族船型屋的亮点在于独特的"船篷"结构以及天然的建筑用材。船型屋作为海南黎族传统聚落的代表性建筑，其建筑灵感起源自热带雨林的自然生态环境，是黎族人与热带雨林环境和谐相处的智慧结晶，也是黎族传统聚落文化的瑰宝。

　　船型屋的第一个特色在于建筑外形。黎族的祖先为了纪念他们的海洋移民祖先，创造了船型屋这一建筑形式。这些房屋的结构酷似船篷，仿佛一艘倒扣的渔船，因此得名"船型屋"①。该建筑形态世世代代流传至今，具有鲜明的黎族聚落传统文化特色。船型屋的"船篷"结构体现了海南黎族人适应生态环境的智慧，其长而阔、茅檐低矮，构件之间用特产的藤条绑扎固定，整体结构呈拱形，稳定又具有弹性，在适应海南岛热带气候的基础上，解决了挡风避雨、隔热防寒、防御野兽等问题。②

　　船型屋的第二个特色在于建筑原材料。船型屋营造所用的原材料极具地域特色，建筑所用的格木、红藤、白藤、茅草是海南岛热带雨林中的常见植被类型，尤其用作构件之间连接的红藤与白藤，更是闻名世界。从生态循环的角度来看，海南黎族传统聚落的建筑用材，形成了"取自自然、建在自然、还于自然"的自然生态循环，以其原始的形态展示了现代绿色建筑的最高境界。

　　船型屋承载了黎族祖先的建筑智慧，同时也代表着中国传统建筑中"仿生象物"的一部分，具有深厚的文化研究价值。这种"仿生象物"根植于中国古代的哲学思维，强调人与自然、天地之间的和谐共生关系。它的文化渊源可追溯至生殖崇拜、图腾崇拜和风水观念。古代中国的仿生象物主要包括对动物、植物和其他自然元素的模仿，而船型屋则代表了中国传统造物思维中的一种"象征"，③

① 陈利伟. 海南热带建筑特色与地域文化的融合创新——以海南黎族文化与船形屋为例 [J]. 美与时代（城市版），2020（05）：12-13.

② 李婧. 海南岛传统聚落及民居文化地理研究 [D]. 华南理工大学，2020.

③ 熊清华. 海南黎族传统村落人居环境的美学研究 [D]. 中南民族大学，2018.

这种智慧代代相传，一直延续至今。留存至今的船型屋，无论是从建筑结构还是取材用料来看，仍保留着黎族传统民居建筑的原真性与美学价值，是黎族传统聚落文化的活化石。

四、根植于图腾崇拜的图形符号

织锦、文身是海南黎族传统聚落的代表性传统文化，其图案纹样具有鲜明的符号特色，正是这种原始的符号特色，让黎族传统聚落文化在文化起源和文化内涵上具有显著的可识别性与区别于其他民族文化的差异性。

从文化起源来看，[①] 海南岛地处热带北缘，属于热带季风气候，气温高，降雨季节分明，夏季雨水丰沛，同时动植物资源丰富。黎族的祖先在长期的自然生存中积累了丰富的经验，这使得他们培养出了一种尊重自然、珍惜原始生态的自然观念。他们深信自然界的各个元素是相互联系、共同存在的，这成为黎族人对自然的基本认知。[②] 正因如此，海南黎族传统聚落中的织锦和文身图案传承至今，其中包括一系列的图腾，如鱼、蛇、鸟、狗、蛙、竹、葫芦瓜、木棉和芭蕉等，这些图腾代表着黎族人对自然界的敬仰之情，是世世代代的黎族人与热带雨林生态和谐共生的理念与精神之传承。热带雨林对于黎族传统聚落文化的滋润与给养，是黎族传统聚落文化有别于我国其他民族文化的最大差异性所在。

从文化内涵来看，黎族织锦在织绣工艺上侧重于各式花纹的表

① 杨小波，吴志强，刘强. 海南岛的动植物资源 [J]. 生物学教学，1989（04）：39－40.
② 杨定海. 海南岛传统聚落与建筑空间形态研究 [D]. 华南理工大学，2013.

现，其中几何纹最为常见，此外还包括方块纹、人形纹、水波纹、龙凤纹、青蛙纹、花草纹等多种图案。这些图案的色彩丰富多彩，图像生动逼真，展示了黎族人民在艺术创作中的高超技艺和丰富想象力。尤其是人形纹，我国南方少数民族当中，使用"人形"作为织锦图案的并不多见。"人形纹"是黎族人信奉万物有灵、祖先崇拜的文化传承，也是黎族传统聚落文化中具有高度可识别性的文化符号之一。除了对图腾崇拜的表达之外，黎族织锦中的"椎髻""儋耳"等图案纹样，记录着黎族传统聚落中的生产生活方式与社会风俗。黎族传统织锦、文身图案，凝聚着黎族先民在热带雨林环境中居住、生产、生活的风俗习惯与崇尚自然的精神内核，是黎族传统聚落文化的活化石。

从文化价值的角度来看，黎锦图案的多样性反映出了黎族人的审美情趣、文化传统和纺染织绣技艺的卓越创造。这一独特的民族服饰文化艺术不仅体现了黎族人民的智慧和光辉，还传承着他们的文化遗产，具有深刻的文化内涵。与此同时，象征性的图腾图案，也具有部落身份识别的实用性功能[1]，这些图案一代又一代地传承下来，已经广泛应用于黎族人的日常生活各个方面。它们生动地传达了黎族人对其民族始祖的崇敬之情，是对民族历史的独特记录和纪念[2]。独属于黎族的图案符号，兼具实用性与艺术性，体现出黎族人与自然天人合一的相处之道以及对生命、生活的珍视与热爱，诠释着黎族传统聚落文化的独特魅力。

---

① 熊清华. 海南黎族传统村落人居环境的美学研究［D］. 中南民族大学，2018.
② 韩馨娴. 黎锦的保护与传承现状研究［D］. 北京服装学院，2013.

五、稀有的船型屋与黎锦技艺

黎族传统船型屋营造技艺、纺染织绣技艺是海南省重要的非物质文化遗产，兼具实用性与艺术性。这些传统技艺本身不仅是重要的文化遗产，更是海南黎族传统聚落文化的重要载体，是黎族船型屋、织锦等灿烂辉煌的文化遗产延续传承的重要保证。与其他民族的非遗技艺相比，海南黎族传统聚落文化技艺的差异性体现在与热带雨林环境的高度相关性以及技艺的稀有性，透过这些非遗技艺，能够更加深入地了解到海南黎族人民与热带雨林互相依存的劳动智慧、生存智慧。

海南黎族传统非遗技艺与热带雨林具有高度相关性，这些技艺是黎族人民在适应热带雨林生态过程中发展出来的。船型屋营造技艺所需建筑原材料，以及纺染织绣技艺所需的染料，都取自海南岛热带雨林。三国吴人万震所撰《南洲异物志》中记载："五色班布，似丝布，古贝木所作。此木熟时，状如鹅毛，中有核如珠珣，细过丝棉，人将用之，则治出其核，但纺不绩……欲为班布，则染之五色，织以为布。"① 这表明，三国时期，黎族人已经会利用各种植物染料制作"五色班布"。清代张庆长所著《黎岐纪闻》中记载的"居室形似覆舟，编茅为之，或被以葵叶或藤叶，随所便也"② 也记录了黎族人利用藤叶、茅草等自然植物建造其住所的事实。③

① 李昉. 太平御览［M］. 中华书局，1960：3650.

② 张庆长. 黎岐纪闻［M］. 广东高等教育出版社，1992：118.

③ 杨定海. 海南岛传统聚落与建筑空间形态研究［D］. 华南理工大学，2013.

黎族传统非遗技艺的稀有性主要体现在制作工艺复杂又精湛，尤其织锦图案朴实自然，具有独特的民族艺术风格，在西汉时期已有精美的"广幅布"被征作"岁贡"珍品。随着生活水平的提高、民居改善工作的推进，黎族人陆续迁出船型屋，船型屋营造技艺日渐式微。与此同时，工业化生产对传统的纺染织绣技艺产生了显著影响。当前，在黎族传统聚落中，只有不到一百人掌握了絣染技艺，而懂得双面绣技艺的人更是不足十人。

黎族传统技艺具有鲜活的文化内涵与文化价值，船型屋营造技艺、纺染织绣技艺究其根源都是黎族人基于自然环境所作出的具有艺术创造性的生产活动，诠释着黎族人对自然、生死、祖先、家庭的朴素哲学观念。[①] 传统技艺的活态传承，是黎族传统聚落能够存续发展的决定性因素之一。随着海南省的"非遗进校园"、非遗文化节等活动的开展，这些传统技艺正在得到积极的保护。

六、"哈""杞""润""赛""美孚"五大方言体系

现代黎语存在着的方言差别，来自海南黎族的历史发展过程以及地理环境，与古代黎族氏族、部落群体的分裂或聚合紧密相关。约3 000年前，黎族先民离开大陆，来到海南岛，面对新的环境，他们开始认识岛上特有的事物，并逐渐形成了新的词汇，这些词汇大多与海南炎热潮湿的气候相关，[②] 由此产生了与大陆壮侗语族的

---

① 龚祖祥，李朝阳. 朴素的实践智慧：海南黎族落地式船形屋营造技艺研究 [J]. 装饰，2022，No.354（10）：88 - 93.

② 高泽强. 黎语的历史与未来走势 [J]. 广西民族研究，2008（3）：106 - 114.

分异。同时黎族先民进入海南岛的时间也有先后，时间的先后带来的是所面对的地理环境和生产生活方式的差异，进而逐渐产生了方言差异。当黎族先民迁移到海南岛内的山地后，他们在不同的地方安家落户，开始休养生息并繁衍后代。由于山岭和森林的地理障碍，黎族先民之间的交流逐渐减少，这也导致了各地方言的差异逐渐加大。语言发展的过程中，与不同部落、部族或民族的互相往来，语言也不可避免地要互相影响，彼此吸收对方某些语言成分，例如黎族在同汉族的交往中，就借入了许多汉语词汇，黎语本身受汉语的影响，声、韵、调也发生了一定的变化。各地黎族接触异族情况不同，语言的变化也不同，久而久之，同一种语言的不同地域，也就出现了不同程度的差异。① 在漫长的历史过程中黎族演变出了五大方言体系，分别为"哈""杞""润""赛"和"美孚"。这也成了海南黎族传统聚落文化的一大特色。

总之，黎族语言内部差异的形成是一个复杂的过程，而这一过程不只带来了语言的差异，还带来了海南黎族传统聚落文化的丰富多元。不同方言区在服饰传统、织锦与文身的图案、生产方式与传统习俗上都略有差异。以织锦为例，不同黎族方言区域的妇女在织锦图案方面展现了各自的独特风格。在哈方言区，妇女们创造出生动的图案，包括人物形象、动物图案，还融入了植物纹样、生产工具图案以及自然界的各种元素，如"收获祭祀图"和"猎农耕图"等。杞方言区的图案则更注重夸张和变形，经常使用图案来表现人

---

① 银题. 黎语方言形成原因撷谈 [J]. 中央民族学院学报, 1993 (5): 91 - 92.

物的神态，同时也常见狩猎相关的纹样等。润方言区的织锦主要以人物形象、龙纹、鸽纹为主，其他动物和植物纹样为辅，通常以白色布料为底，然后用红、黄、黑线条来绣制图案。赛方言区的织锦中，人物纹和青蛙纹比较常见，这些图案通常织在裙子的底部和裙尾位置。美孚方言区的织锦包含了人物图案、鹿纹、蜜蜂纹、鸟纹以及汉字等花纹。其中，波浪纹、水波纹和曲线纹最为常见，几乎覆盖了整条筒裙，除了底部的群花以外，都充满了扎染图案。① 虽然从这些具体的外在表现上来看，各个方言之间存在一定的差异，但他们背后共有相同的文化内核，从"收获祭祀图"到"狩猎纹"，从动物纹、植物纹到波纹，均体现着黎族作为一个民族共同体面对复杂艰苦的地理环境所迸发的生态智慧以及崇尚自然、万物有灵这一共同的文化信仰。

---

① 王学萍. 中国黎族 ［M］. 民族出版社，2004：103.

第三章

海南黎族传统聚落文化的
表现形态

黎族传统聚落几千年的沉淀构成了海南黎族传统聚落文化的核心部分。从文化表现形式来看，具体可以从物质文化层面与非物质文化层面加以了解。从建筑到纺织，从技艺到习俗，从音乐到节日，都是海南黎族传统聚落的文化表现，它们不仅承载了黎族先民对自然的认知和审美观念，还彰显了黎族人民世代绵延的朴素生态智慧。通过对这些可捕捉到的黎族传统聚落文化重要载体进行梳理，可以更全面地了解黎族传统聚落文化的多样性与丰富性。

第一节　传统建筑

资料及实地调查结果显示，黎族传统居住建筑存在两大类型：

船型屋及在演变过程中融合了汉族建筑特色的金字型屋。船型屋在黎语中称为"布隆亭竿"，即"竹架棚房"，是具有千年历史的黎族地区传统村落代表性建筑，也是从原始社会向农业社会过渡阶段人类社会文明发展的物质见证。船型屋的基本形制相对统一，但根据自然环境变化和生活需要具有可变的空间。它的建筑结构和选材，无不彰显着黎族人民的生态智慧，抒发着黎族人民真诚、热情、善良、质朴的生活态度和价值观念。

从建筑的文化内涵来看，传统船型屋就地取材体现了黎族人民"人与自然和谐相处"的理念。在建造船型房屋之前，黎族人会选择一片茅草山，烧草作肥，以提高茅草的品质。这些茅草晒干后即可成为船型屋的材料，可谓取之于山，用之于山，取之于自然，建之于自然，还之于自然。原材料以原始形态被"民族建筑师"们直接利用，并且可循环利用的特性也是今天人们对于"绿色建筑"的最高追求，船型屋也被称为"生态建筑""绿色节能建筑""会呼吸的建筑"。船型屋中的柱子，中间三根高柱象征男性，六根矮柱象征女性，诠释了家庭中需要有男有女，男女互帮互助，才能撑起一个家的概念，传达了黎族男女平等、男女兼容的家庭观。

从建筑的美学价值来看，黎族传统建筑中的造型结构、尺度比例、建筑装饰、材质色泽具有原始、神秘、简洁、朴素、独特等特点，蕴含着自然之美。由船型屋建筑群构成的黎族传统聚落，多被高大阔叶林和竹林围绕，与自然环境共同构成了一个质朴且优美的生态。船型屋别具匠心的外形，将黎族先民尊崇自然、热爱自然的精神表现得淋漓尽致。

一、黎族船型屋

　　黎族村落的传统民居以船型屋最具代表性，其构造材料有格木（心材）、竹子、红白藤、茅草等。屋盖的轮廓呈现船篷的造型，房屋的骨架由竹木搭建而成。所有的构件连接处都以红白藤牢固地绑扎在一起，整体构造展现出原始而简朴的风格。这个形状，就像倒扣在地上的"船"，因此被形象地命名为"船型屋"。

　　黎族家庭为小家庭制，孩子长到十几岁就会搬出，不会存在几世同堂的大家庭，因此其房屋体量小巧。整个船型屋分为前、后两段，3根高大的柱子立在中间，6根矮一些的柱子则分别立在两侧。船型屋屋面采用海南当地特有的芭叶和葵叶，并以精心挑选的藤条手工编织成船篷式拱形屋顶，造型独特、实用性强。这种屋顶的设计巧妙地利用了当地材料和工艺，有效隔绝了外界的湿气和炎热，为居民提供了一个舒适的生活环境。此外，这种屋顶材料的制作、拼装与修补、拆卸都非常方便，进一步提高了船型屋的实用性和耐久性。因房屋是屋盖和墙体合为一体的，不仅较容易建造，而且也可节省建筑成本，这既符合黎族人早期的游耕习惯，也具有一定的经济适用性。船型屋的平面空间功能结构一般包括三个部分：会客区、休息区、储物区。室内摆放炉灶、床铺、杂物等。其平面构成有着与古代船只相似的空间分隔，建筑首"舱"为敞开式前廊，为贮水、洗刷、歇息、闲谈之区；中间的空间很大，分隔较少，一般都会摆放灶台、床铺、杂物等，实用性很强，是黎族家庭生

图3-1　船型屋内部结构（调研拍摄）

活的中心。"尾舱"面积最小，通常为存放杂物的空间。这样船型屋的空间就成为一整个通透的整体，空间中很少设门，便于空间的综合利用。①

　　海南仅白查村仍保留少量半船形房屋，除船篷特征被淡化外，其余房屋均为竖向金字型屋。在现代化过程中，最具原真性的黎族船型屋正面临消失的风险。为开展船型房屋的修缮保护工作，海南省旅游和文化广电体育厅、东方市政府于2022年3月拨出财政资金，组织白查村村民自行维修破损的船型屋，拆除现有的电线杆和电线，改为地下线路，目的是将最具黎族建筑文化特色的船型屋建筑完整地保存下来。而俄查村则会有专业队伍进驻，对原来破旧的

---

① 熊清华.海南黎族传统村落人居环境的美学研究［D］.中南民族大学，2018.

图 3-2   黎族船型屋（王静供图）

茅草屋进行勘察、设计和拆除改造。黎族船型屋的造型随着历史的
发展不断演变，大体上经历了高架船型房屋、矮架船型房屋、落地
船型房屋等的变化过程。

（一）高架船型屋

高架船型屋是黎族最古老的住宅形式，最后出现在五指山腹地
的润方言区。房屋整体由柱子撑起，离地面 1.6—1.8 米，底层以竹
片或硬木板铺成，黎语称为"隆咩"，"隆"有"房子"之意，
"咩"为"楼"之意，故"隆咩"亦即楼房。船型屋的形状像船篷
一样，纵向延伸，屋顶和檐墙合二为一，形成半圆形。室内环境一
般比较凉爽。早期的时候，船型屋大多是这种干栏式建筑，冬暖夏

凉，上层供人居住，下层可以饲养家畜。

（二）矮架船型屋

随着生产、生活技术的成熟，黎族人民对自然灾害的抵御能力有所提高，房屋的离地高度也就慢慢下降了。矮架船型屋是从高架船型屋演化而来的。其外形与高架船型房屋相似，但楼面高度降低到 0.7—1.0 米之间，因此底层失去了圈养家畜的功能。房底离地面约 0.3 米处会用竹片或木地板铺成架空层。房屋平面呈长方形，从山墙入口，纵深布局，前后各有一门，前后门相对。部分地区船型屋不设后门，或仅开一个长方形类窗子一样的东西，据称是给"祖先鬼""回家"时方便。[①]

（三）落地船型屋

海南现存的船型屋，有一部分已经是落地式的了。落地船型屋与高架船型屋、矮架船型屋的显著区别在于其屋盖一直向地面延伸，无明显的架空层，从外观上看没有明显的干栏式建筑特征。但内部居住区域离地面约 30 厘米，干栏式的建筑痕迹在此有所体现。居住场所一步一步落到地面，更为实用与方便。

传统船型屋，屋顶侧面通常会留有一或二处能够开关的天窗，用于取光，虽然采光欠佳，但却具有冬暖夏凉的属性。除此之外，同一村落内，船型屋的朝向也并不统一，东西向、南北向皆有。这在某种程度上，也反映了黎族人在建造房屋时因地制宜与环境和谐共生的生态智慧。

---

① 中南民族学院本书编辑组. 海南岛黎族社会调查［M］. 广西民族出版社，1992：16.

图 3-3　白查村落地船型屋（调研拍摄）

二、黎族金字型屋

金字型屋是黎族文化与汉族文化不断交流、融合的产物，集黎族与汉民族建筑之长，是黎族文化与汉民族文化相互交融的见证。目前，金字型屋已成为海南现存最多的传统民居建筑。

（一）金字型屋（山墙开门）

山墙开门的金字型屋，在一定程度上仍保留着船型屋的形态。船型屋的船篷屋顶不再落地，两侧翘起矮矮的檐墙，其檐口与地面约 0.8 米，呈半船型屋的形式，属于船型屋向金字型屋过渡的形态，如东方市白查村的船型屋。另外一种过渡形态可见于昌江王下乡洪水村保留的金字型屋，金字型屋顶完全取代了船篷屋顶，但保留了

图3-4　金字型茅草屋（王静供图）

山墙处入口、门廊，廊檐作弧形曲线。就其平面布局来看，总体呈长方形，由廊厅和居室两部分组成。居室为一宽间，部分分为前后两段，前一段用于待客，后一段稍大，用于日常活动，如煮饭等。一般会设置前门，在后山墙开两个小窗。室内放有贮水水缸，多置于墙角，地面边沿多用石或砖砌成，水可从屋角小洞排出。厅堂入口处还会放置鸡笼，并在山墙底开小洞，鸡可从小洞自由出入。墙壁都用编竹抹泥墙，前后山墙一般不抹到顶，留一小段来通风排烟。

（二）金字型屋（檐墙开门）

随着金字型屋的进一步发展，房屋已经没有船的形状，而是借鉴汉族茅草屋，具有了三角形榫卯梁。不同之处是房屋还不太高，墙壁仍不习惯开窗，有些住户的火灶还设在居室内。在屋顶的材料与形式上，由原来的弧形演变为"金"字的外形特征，这是由于黎族人使用木材代替了易于弯曲的竹片，从而在顶部屋脊处形成了明显的锐角。金字型屋在高度上略高于船型屋，入口的宽度也进行了适度的增加，这在方便出入的同时也提高了室内空气的流通，增加了室内环境的舒适程度。以汉族的榫卯结构为核心技术的金字型屋的出现改变了船型屋的流线外形，也加速了传统船型屋的消失。金字型屋的内部空间既有单间格局，也有双间格局和多间格局。多间格局金字型屋的内部会设置独立的空间用于祭祀神灵或者祖先。五指山中心区以外的黎族聚居区和黎汉杂居区是金字型屋的主要流行地区。黎族地区的砖瓦房在新中国成立前也都保留着金字型屋的形态。①

三、黎族其他传统建筑

（一）隆闺

黎语"隆闺"的读音为"拙卖筒"，有些地区又叫"布隆闺""洞鼓"，大意是"不设炉灶的房子"。② 海南黎族多为核心小家庭为主，家庭规模较小，孩子长到十五六岁便不与父母同住。因此儿女长大后，父母便会帮助儿女，或由年轻人合伙建造房屋，与父母分开居住。这些由青年男女独自居住的房子即为"隆闺"。男女青年的闺房是分开的，男生住的隆闺叫兄弟隆闺，主要由自己找寻材

①　高泽强，文珍. 海南黎族研究［M］. 海南出版社、南方出版社，2008：267.
②　孟凡云. 从居住功能视角看黎族"隆闺"的空间文化生产［J］. 中南民族大学学报（人文社会科学版），2019，39（3）：24－28.

料建造；女生住的隆闺被称为姐妹隆闺，主要是父母帮忙建造而成。"兄弟隆闺"数量较少，一般只供休息座谈，或留待结婚时使用；"姐妹隆闺"则多供青年男女谈情之用，因此各地的"姐妹隆闺"都比"兄弟隆闺"多。其建造也相对简单，多为茅草屋顶，木骨泥墙，样式上与普通住房相似，但面积较小，没有火灶，只有床铺，整体设施简单，往往只需一天就可完工。在"合亩制"地区，多见大隆闺，可供五六人或多至十一二人居住，床铺平列，仅在中间留一行道。集体居住且面积较大的隆闺多建在村头、村尾僻静处或谷仓旁；而个体小农经济地区除了多人一间外，也有一人一间的"隆闺"，内部仅放一张床；只开一扇门，门也较矮，需要弯腰才能进入。个人隆闺多建在父母住房旁。①

隆闺从前是黎族男女青年从相识到定情的房屋。"玩隆闺"是黎族婚恋的传统习俗，以隆闺为相会地点，以夜游为谈情形式。从前，黄昏时分，男人会穿戴整齐，披挂着火药枪和刀具，手持口弓、唢呐等乐器，三五成群或个别前往外村的"姐妹隆闺"寻情求爱。黎族青年会以唱山歌的方式表达感情，试探对方。姑娘们愿意对歌，便表示姑娘们有意与其交往，年轻男子便可走到"隆闺"门前唱"开门歌"，用歌声来代替敲门，不能闯进；女子开门后唱"请坐歌"，男子才可进入"隆闺"坐好，并唱"交友歌"或"求婚歌"说明来意，女子则唱"欢迎歌"。而"隆闺"中若有多名女子，男子则需唱"试情歌"，若有女生对其有好感，则会主动对歌，

<hr/>

① 中南民族学院《海南省黎族社会调查》编辑组. 海南岛黎族社会调查（上）[M]. 广西民族出版社，1992：86.

两人投缘便可接着唱"结情歌"。有些地区男子以口弓演奏谐趣歌讨女子欢心，女子则以美妙的鼻萧旋律表达自己的心情，之后便可互诉衷肠，欢喜相亲。①② 男子还会将银元铜钱、衣衫、腰篓竹笠等作为礼物赠送给女子，之后双方可多加交往，经过长久的了解后，便可决定结为夫妻。黎族青年男女相识于此，吹奏乐器，以歌定情。如果在隆闺中未寻得合适的对象，便会对唱"分离歌"，男子便需离开。

"隆闺"作为黎族民居的附属建筑，具备临时性和补充性住房的属性，满足了一般的居住功能，又承载了黎族青年男女娱乐生活和婚恋交往的需要，具有重要的文化意义。

（二）谷仓

谷仓基本都是一家一户的，一般选择在向阳处集中或单独建在村外边缘比较干燥的地方，目的在于防火。还有一些地区习惯在耕地中央建仓，方便储粮。总的来说，谷仓与建筑空间形态互不干扰。黎族建造谷仓也需选择良辰吉日。谷仓外形大致相似，但材料和大小各异，最坚固的谷仓由厚木板做仓壁，多属富裕人家；普通谷仓多采用竹篾编织或泥糊墙。构造上，底部通过基石隔开地面以防潮、防霉，基石上层架交织木料和竹子；房顶为圆拱形的竹子骨架加泥糊顶，可阻火，外表面盖茅草，可防雨。之所以要建造谷仓，与黎族人民储存粮食的方法有关。在稻谷收割时，黎族人民往往会将稻谷连穗割下，并且习惯于吃多少舂多少，因此就需要较大

---

① 　高泽强，文珍. 海南黎族研究［M］. 海南出版社、南方出版社，2008：223.

② 　张永钊，曾宪珊. 海南黎族人类学考察［D］. 华南师范大学地理系，2004（04）：39.

的贮藏空间存放稻穗。而对于用牛踩脱粒的地区，谷仓的必要性就
大大降低，主要用竹箩或竹笪储存。随着工具的进步，黎族人民逐
渐采用铁皮桶替代谷仓存放稻谷，在功能上和便利程度上都更胜一
筹，此时谷仓仅用于堆放杂物。

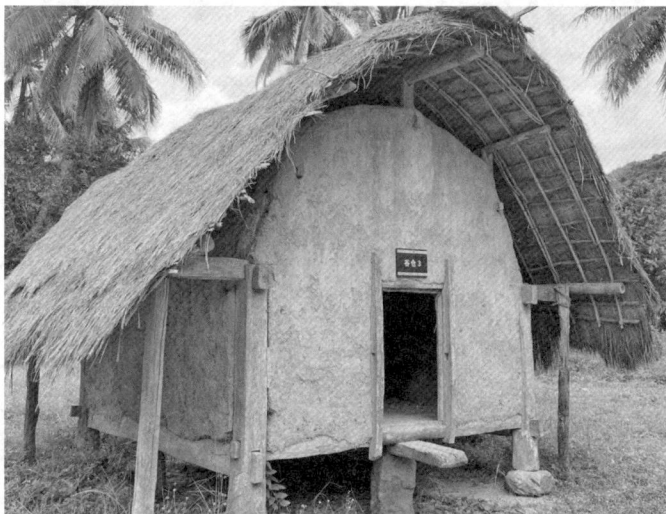

图 3-5　黎族谷仓（调研拍摄）

（三）土地公庙

黎族村落中的土地公庙与汉族土地公庙的功用基本相同，主要
为镇村之神。土地公庙多在村口大树下，用未加工的五块石头堆砌
而成：一块做地板，三块做围墙，顶上加盖一座"庙顶"。土地公
庙中央会放置一块偶像形的石头，下宽上窄，作为神明供奉。亦有
以三石垒成人字形（也有使用木偶）为土地公的地方。曾有研究者

在白沙县发现有一座高约 1 米、宽不过 2 米、形似金字型屋的"土地公"屋，以烧砖筑墙、顶部覆瓦、开一朝北小门，人不能入内供奉，只能在门口蹲下供拜。屋内没有间隔，内部正面靠墙摆放一木偶，木偶前面是香炉，仍有许多香骨残留在香炉上方。屋内两边还放了十多挑小木柴（长约 20 厘米），成捆竖在墙边，当地人认为"神也像人一样需要燃料"①。

第二节　传统技艺

黎族传统技艺具有丰富的文化内容和历史价值。目前，海南列入省级非物质文化遗产的传统技艺有 22 项，其中黎族原始制陶技艺、黎族传统纺染织绣技艺、黎族树皮布制作技艺、黎族钻木取火技艺、黎族船型屋营造技艺、骨器制作技艺等被列入国家级非遗项目名录，具有丰富的文化底蕴，保留和传承了黎族先民的生存智慧和审美情趣。

一、黎族船型屋营造技艺

黎族船型屋营造技艺为海南省首个成功申报国家级非物质文化遗产的建筑类古遗址，其工艺流程大致可分为以下步骤。第一步，

---

① 中南民族学院《海南省黎族社会调查》编辑组. 海南岛黎族社会调查（上）[M]. 广西民族出版社，1992：551.

筹备建筑材料。在此阶段应准备好茅草、稻草泥、木料等建筑原材料。第二步，平整地基。在选址确定以后，对地基进行处理，使其平整稳固。第三步，建房屋框架。房屋的立柱和横梁在此阶段建造完成，房屋初具雏形。第四步，盖顶糊墙。使用稻草泥糊筑墙体，同时使用编好的茅草夹覆盖在屋顶的竹子结构上。最后一步，装门窗。由于茅草屋不设窗户，因此只需装上由木板制成的门即可。

　　黎族船型屋建造技艺的发展与演变大致分为四个阶段：原始时期黎族人逐渐告别自然洞穴和树屋，开始利用草木等天然材料建造船型屋。随着黎族社会的发展，船型屋发生了由高架船型屋向矮架船型屋、落地船型屋、金字型屋的转变，黎族船型屋营造技艺作为一种建筑工艺日臻完善，也随着黎族社会的发展而不断提高。自近代以来，随着现代建筑技术的不断更新，黎族传统聚落中的大多船型屋在民房改造过程中逐渐被淘汰，取而代之的是现代化的建筑形式，黎族船型屋营造技艺同样面临着失传的危险。最后是在当代社

图3-6　白查村村民修建船型屋（调研拍摄）

会，随着社会经济的发展和人们文化保护意识的提高，黎族船型屋营造技艺开始得到重视和保护。以东方市为代表的地方政府和社会团体积极推动黎族船型屋营造技艺的传承和发展，并通过培训和展览等方式，使更多的人了解和认识海南黎族传统聚落这一独特的文化遗产。

二、黎族传统纺染织绣技艺

黎族传统纺染织绣技艺，是集纺、染、织、绣于一体，兼具实用性和艺术性的棉、麻纺织技艺，由中国海南省黎族妇女独创。纺包括错纱、配色、综线、挈花等步骤，黎族人原始的纺法是，先将棉花或木棉花捻接成线，再用一根小竹条将它们缠绕起来，放在腿上揉搓；织是采用通经断纬的方法织出各种图案，主要利用踞腰织机，右手持木刀，左手投纬线引线，过程中需要用木刀打紧纬线；染指用以野生植物为主、矿物为辅的传统染料纹纱染线；绣是指织锦纹样织成后，在主体纹样及纹样局部进行刺绣加工，提高图案效果。黎族传统纺染织绣技艺是海南地区非物质文化遗产资源当中的明珠，是我国乃至世界非物质文化遗产中的瑰宝。

黎族织锦也是黎族传统聚落文化重要组成部分，其价值意义主要体现在艺术审美和社会历史两个方面。从艺术审美的角度看，黎族织锦的艺术处理在图案和色彩上都体现出艺术神韵。黎锦艺术既是黎族妇女劳动成果的体现，也是黎族妇女艺术审美的体现，充分显示了黎族妇女的创造才能和艺术造诣。黎锦在艺术审美方面的独特性，极大地丰富了中华民族纺织业和服饰。从社会历史看，黎锦是黎族传统聚落文化的一部"史书"。黎锦的内容对于没有文字的黎族来说，反映了黎族的世界观和生活观。黎锦的基本纹样为线织网状，常以人为中心，山水鸟兽环抱于四周；边界外围或花果茂密，或密林层叠。这种景象正集中反映了黎族传统聚落的生产生活和社会文化特点，是黎族传统聚落生活的形象刻画。2006 年 6 月，黎族传统纺染织绣技艺被列入国家非物质文化遗产名录，2009 年被联合国教科文组织列入首批急需保护的非物质文化遗产名录，2024 年 12 月 5 日被列入人类非物质文化遗产代表作名录。黎锦所具有的历史文化价值、艺术价值是公认的。十多年来，中央与海南省为其投

图 3-7 黎族妇女用踞腰织机织锦（调研拍摄）

入了超 1 亿元资金，完善保护机制，建设传习馆、传习所，培养传
承人，织女已由申报时的不足 1 000 人发展到如今近 20 000 人，是
目前海南保护得最好的非遗项目。

三、黎族原始制陶技艺

海南岛制陶历史悠久，根据相关考古发现，黎族制陶技艺可追
溯至母系氏族社会。文献中对于海南岛制陶业也有记载。宋代《诸
蕃志》卷下曾记黎族"以土为釜，瓠匏为器"，清代顾炎武的《天
下郡国利病簿》说黎人"缌缏绩木皮木布，陶土为釜"。黎族哈方
言、润方言、赛方言、美孚方言等区域仍保留着传统的制陶工艺。黎
族原始制陶技艺在 2006 年被列入第一批国家非物质文化遗产名录。

图 3-8 黎族制陶技艺——露天烧陶（海南省博物馆供图）

黎族的制陶工具有木杵、木拍、木臼、木刮及竹刀、钻孔竹棍、蚌壳、竹垫等，制陶过程也极为简单，选择黏性泥料后，需要将泥块晒干，捣成泥粉，再将泥粉拌成泥浆，搓成泥土，再捏成泥条或泥片，分别盘成或贴成泥坯，也有用快轮拉坯的；由于此时的坯体还粗糙不平，需要用木板、竹条、蚌壳等工具对坯体进行修补，才能做出所需器物的毛坯；最后，需要将阴干后的坯体置于柴堆上点燃，将陶坯用火烘烤后，洒上漆树黏汁，进行淬火冷却，就可以做成陶器了。主要器型有釜、锅、碗、杯、罐、缸、盆、盖等。原始的制坯方法，如泥片贴筑法、泥条盘筑法、快轮拉坯法等在黎族地区仍有保留。其中泥条盘筑法不使用掺和料，制陶工具简单，露天烧陶且无陶车陶轮，器型较少，在今天的海南省昌江石碌镇大坡地区仍有使用，在研究史前制陶史时具有重要参考意义。

第三节　黎族传统聚落文化的其他表现形态

海南黎族文化形态丰富多样，除了传统建筑与传统技艺之外，海南黎族在文身习俗、音乐、节日、医药、民间文学、婚姻丧葬习俗、游艺和人生礼俗等方面都形成了独具特色的传统聚落文化。这些文化形态在黎族传统聚落中占据了重要地位，不仅反映了黎族人与自然环境和谐共处的智慧，也彰显了他们对传统信仰和文化认同的坚守。通过挖掘黎族传统聚落文化的多方面、多维度表现形态，可以更好地认识并珍视这个古老民族独特的文化遗产，进而更深入地探索海南黎族文化的多样性和传承意义，挖掘这些文化形态在黎族社会发展中的地位和作用，以传承和弘扬黎族传统聚落文化。

一、文身习俗

黎族文身是海南黎族传统聚落中的一种典型文化习俗，有时在西方文献中被称为"打都"，而在海南黎语中则被称为"打登"或"模欧"。在海南的汉语里，又叫"拍面"或"书面"。这一古老的传统习俗在海南黎族社区根植已久。文身所需的工具主要是植物的尖刺、木棍等，颜料一般是从烟灰、染色草的浸泡汁液。文身一般是在秋末农闲的吉日进行，因为此时天气较凉，伤口愈合也比较容易。文身是黎族女性的成年仪式，它的礼仪、仪式和禁忌非常复杂，需要严格遵循多个固定的步骤和图案。文身覆盖了从脸部到脚部各个部位，通常需要数年的时间才能逐步完成。文身工作通常由当地熟练技艺的年长妇女来执行。

黎族女子文身的部位主要是以下四个：第一是面部，从眉毛以下，一直延伸至下颏部，前额通常不进行文身。第二是胸部，这个部位的文身较为罕见，通常是从颈部开始延伸至胸部，最终止于两侧乳房之间。第三是臂部，分为手指、手背和上臂三个部分，具体位置可能因不同的族系和部落而略有不同。第四是腿部，主要集中在胫骨部位，也有少数人选择整个大腿骨区。这些文身部位的选择可能因黎族的族系和地域而异。

　　黎族文身是高度规范和仪式化的传统习俗，其图案和部位都经过精心的选择和传承。黎族不同方言地区的文身图案各具特色。如美孚方言区的女性，在图案的组合上一般选用几何形状的方格、泉源或谷粒等图案。这些图案在文身中扮演重要角色，反映了美孚方言区文身的特色。在润方言区，文身图案常以树叶纹样和方块为主，形成独特的图案。这些图案在黎族文身中具有特殊的意义。杞方言区的文身相对较简单，文身图案和方式相对较少。总体来说，黎族文身是一项严格遵循传统图谱和规范的仪式，不同的方言区域有其独特的文身图案和方式，反映了当地文化和传统的多样性。

　　在润方言区，文身的部位和样式多种多样。面纹图案通常由多个三角形曲线构成，这些曲线连接在两耳之间，然后延伸至面颊。虽然样式复杂多样，但遵循一定的规则和一致性，体现出良好的统一性。背纹主要由发根处开始，延伸至后背的五根粗线组成，也有些人选择文七条线路。这些线路构成了背纹的主要特点。腿纹图案十分丰富，别具一格。这些图案可能出现在大腿和小腿肚上，呈现出各种不同的图案和样式，其纹路在保证了对称的几何美

图3-9　润方言区妇女文身（海南省博物馆供图）

感的前提下，又加入了许多创造性的元素，富有想象力和创造力。润方言手臂纹的花纹主要由曲线和多层圆圈构成，同样纹式丰富，独具特色。

美孚方言区的面纹图案通常由许多散点连成线条，这些线条连接从后颈部延伸至面颊。胸纹在美孚方言区的文身中也是常见的。这些图案由两片长方形的线点组合而成，从脖子底下一直延伸至乳房上部。胸前的角度线纹成五道，位于颈部两侧，穿过锁骨，然后斜行至胸前的两片长方形区域，形成别致的纹饰。美孚方言的腿纹图案同样极其复杂，图案的种类因人而异，将黎族文身富有创造性的一面展现得淋漓尽致。最后，美孚方言的手臂纹则较为简单，其形式主要为一些简单的几何符号或者文身者的名字。

图 3-10　美孚方言区妇女文身（海南省博物馆供图）

　　哈方言区的面纹主要由从眼尾到嘴角的斜线构成。不同的村庄和宗族拥有独特的面纹图案，因此，通过面纹可以识别文身者的身份。哈方言区的手纹相对较简单，通常由圆圈和点构成。腿纹相对较为复杂，具有多种不同的样式。有些腿纹图案在两腿的踝骨上绘制，由两条粗线构成，形似绷带。其他腿纹可能包括横线、小圆圈、三角形等各种图形。

图 3-11　哈方言区妇女文身（海南省博物馆供图）

二、音乐

黎族音乐是海南岛上独具特色的民族音乐形式，承载着黎族人丰富多彩的文化内涵和历史记忆。黎族人世代传承着独特的音乐传统，这些音乐不仅是他们日常生活的重要组成部分，也是他们对自然、祖先和生活的感悟与表达。

（一）黎族竹木器乐

黎族传统乐器具有浓厚的民族特色，为中国民族音乐增添了独特的元素。黎族常见的传统乐器有大皮鼓、叮咚等打击乐器，唎咧、洞勺、鼻箫等吹管乐器，以及令东、竹质口簧等弹拨乐器，这些传统乐器不仅奏响了黎族音乐的旋律，还反映了当地文化对自然界的尊重和对美学的独特理解。

大皮鼓黎语称"根龙"，常用于娱乐、传信、祭祀等活动。自宋代起，大皮鼓在黎族地区流行，鼓身为一段粗大的挖空圆木，两端为牛皮或鹿皮，有的鼓身与鼓面绘有动物纹与人形纹。鼓身高约100厘米，鼓面直径约35厘米。

叮咚，黎语称"朗贡"，是一种古老的黎族传统乐器。起初，古代黎族人将两根长木杆吊在茅棚前，用两根短木棍不断地敲打，这一做法旨在吓唬野兽，保护劳动果实免遭破坏。因此，叮咚这一名称由此而来。随着时间的推移，叮咚逐渐演变为黎族人日常生活中的一种消遣形式。这种乐器通常由两个部分组成：木杆和木架。木杆一般为红木或其他硬木，长220厘米左右，直径15厘米左右；木架为三脚状，上面刻有花纹，用绳索将木杆吊起置于木架上。

图 3-12　打叮咚（海南省博物馆供图）

唎咧，又名"遭咧""罗咧""口哨"，流行于保亭、五指山、琼中、乐东等地，是黎族喜爱的竹筒乐器之一。唎咧为竹制直吹唢呐状，以大管套小管，最初只有 3 个按音孔，后改革为 9 个按音孔，头尖尾大，上端为吹嘴节，留有簧片。

洞勺似箫，为黎族民间竹制竖吹管乐器，可大可小可长可短，主要分为两种。一种制作材料为山藤竹，箫身头尾挖通，首端开有吹音孔，另有 4 个按音孔，吹奏时用露兜叶套着"勺"头，控制吹气孔以调节音量大小。另一种用一根长约 33 厘米、直径约 1.5 厘米的细管插进吹孔，并用露兜叶套着，吹奏时口含细管。

鼻箫，黎语称"虽劳""屯卡""圈哈"，是一种气鸣乐器，用鼻孔吹奏。它通常由山竹制成，这种乐器在民间一般为长约 65 厘米、直径约 1.6 厘米的无节细竹管。在管子的两个端口附近，一般都开着两个圆圆的音孔。鼻箫在黎族文化中扮演着重要的角色，它常常被年轻人用来表达爱意，同时也在舞台上用于独奏、对奏和伴奏。

图 3-13　吹鼻箫（海南省博物馆供图）

令东，形似月琴，黎族传统弹拨乐器。琴杆、音箱制作材料为桐木，琴颈设 6 个或 7 个品位，琴头设左右各 2 个、共计 4 个琴轴，音箱呈圆形。左手拿着琴柄，用右手的拇指和食指拨动演奏。

竹制口簧，黎语称"改""太波"，又称"口弦""口弓"。长约 3.3 厘米，宽约 1 厘米，用手指弹击弹奏。

黎族传统器乐在民间以自发的方式不断发展和传承，其乐曲内容十分丰富，涉及劳动、爱情、婚丧、礼仪、祭祀、娱乐等多种题材。大量作品长期散落于民间，现收集到的有百余首，代表作品有《罗尼调》《四亲调》《喂格罗调》等。黎族传统器乐蕴含了丰富的信息，涵盖了黎族的发展历史、生产生活、社会风情等多个方面的内容。因此，它的研究价值十分广泛，涉及多个学科领域，如人类学、民族学、民俗学、音乐文化学等。

（二）黎族民歌

黎族民歌源远流长，它产生并流传于海南岛黎族聚居地区，讲究节奏韵律，易于上口，多采用独唱、对唱形式演唱，而以黎族特有的民乐伴奏。黎族的山歌演唱，通常以歌谱、曲调相呼应，且乐舞结合，表现出鲜明的民族特色。

根据唱法、音调和韵律等表现形式，黎族的民歌可以分为两大类，即传统黎歌和汉化黎歌。传统黎歌是用黎语演唱的古老民歌，它们集中体现了黎族的民族传统，其歌调通常古朴而粗犷。后者是用汉语海南方言演唱的民歌，反映了汉族文化与黎族文化的深切交融，韵律同海南方言歌。由于黎族各方言存在差异，黎族民歌腔调唱法不尽相同，歌调以罗呢调、格罗调、哎罗调和四亲调较为流行普及。

根据歌谣的内容，黎族民歌可分为五大类，包括古歌、劳动歌、仪式歌、情歌和生活歌。古歌通常与创世神话和黎族的祖先传说相关。其中，《黎族祖先歌》是最为经典的，描述了整个创世故事。劳动歌主要反映了黎族群众劳动生活的方方面面的情况。代表性的歌谣有《砍山歌》《舂米谣》《打山歌》等，民间流传较广。仪式歌有诀术歌、婚嫁歌、哭丧歌、祭典歌、宴席歌和礼俗歌等。它们的内容非常丰富，涵盖了不同的仪式和礼俗。情歌反映了黎族男女之间的爱情生活的各个方面。一些代表性的情歌包括《坐在隆闺等情郎》《白藤红藤永相牵》《越送越远心越闷》和《抗婚歌》等。黎族生活歌融合了传统伦理、俚俗野趣、风土人情等方面，体现了黎族人民的种种生活习俗。

黎族民歌的整个音乐形态呈现出自由、古朴、简约的风貌，它以"曲不定句，句不定字"的自由体为结构特色，调式音阶以宫、商、角、徵、羽为骨干音，级进较多，节奏节拍以散板和三拍子为特点，体现着独特的民族音乐风格。在相当长的历史时期里，黎族民歌一直是黎族人民文化生活的核心内容。无论男女老少，人人都参与其中，传唱黎族的歌曲。1984年，地方政府决定每年三月初三举办黎族歌节，这一举措进一步促进了黎族民歌的发展。

三、节日

黎族传统节日与原始传说、宗教、自然崇拜等息息相关，代表性传统节日有三月三节、牛节、禾节、山栏节等。

三月三节，是在农历三月初三举行的海南黎族最隆重的传统民俗节日。这个节日承载了自古以来黎族人们的多重情感和文化传承。它是一场纪念祖先、庆祝新生命、赞美爱情以及颂扬英雄的盛大庆典。特别是在说美孚方言的东方和昌江地区，三月三节的庆祝活动格外隆重。在这一时刻，黎族人们身着节日盛装，准备美食佳肴，人们从四面八方汇聚一堂，进行各种活动，包括祭祀祖先、社交聚会、歌舞演出、乐器演奏等。此外，男女之间也常以歌曲来表达感情，寻找爱侣，因此三月三节也被视为一种爱情节日。2006年，"黎族传统节日三月三"被列入第一批国家级非物质文化遗产保护名录，以保护和传承这一重要文化传统。

牛节起源于黎族古老的宗教信仰。黎族自古以来就怀着崇敬之情对待牛，将它视为财富和吉祥的象征。他们不仅会在家中设立"牛魂宝盆"，用彩色石头代表牛并放置于盆中，还会悬挂牛角图腾在家中的柱子上，寓意着吉祥繁荣。每年秋耕结束后的七月牛日，黎族合亩制地区的人们会在亩头家杀猪设宴，举行隆重的祭牛仪式，以示感恩和祈福。而在美孚方言地区，黎族村庄会建立专门的牛神庙来崇拜这一神明。牛节的一项重要传统习俗是禁忌杀牛。

禾节与牛节类似，始于黎族原始宗教中对稻米的自然崇拜。黎族人认为禾神掌控着粮食产量，五谷丰登是禾神的一种赐予。因此，黎族民间在每年春种时逐渐形成祭禾神的传统节日。此外，合亩制地区的黎族人在每年秋收后的龙日，也会举行招禾魂仪式，祈愿来年丰收。

山栏节主要流行于昌化江中游一带美孚方言地区，是为了记住先祖教诲、欢庆丰收和祈求美满生活的黎族传统生产类节日。山栏节时间为每年农历十二月第一个鸡日，通常人们会欢庆五天，在此期间，禁忌杀鸡以及在外面晒衣服、被子、草席等。

四、黎族医药

作为中国最大的热带岛屿，海南拥有丰富多样的生物资源，其中包括许多草药植物，许多黎族传统草药正是从这片热带雨林中采集而来。这些植物在热带雨林的独特气候和环境条件下生长，积累了丰富的活性成分和药用价值。黎族人民长期生活在海南的热带雨林地区，通过观察和实践，发现并利用了许多草药植物的药用特性。如黄皮叶疏风解毒，行气止痛，对流感有防治作用；兰草（山薄荷、独脚球），疏风解表，用于感风寒表症、化痰止咳、止血，常配散血丹、扎节荣等，治跌打损伤；鬼针草（一包针、金盏银盘），清热解毒、利湿热，用于感冒发热及流感的预防和治疗，以及中暑、毒蛇咬伤、肾炎急性水肿等症；五指柑（牡荆、埔姜），解毒散热、化湿消滞、化痰止咳、化瘀，常用于伤风发热表症、吐泻、腹痛、急慢性支气管炎，亦用于跌打损伤出血、外洗治皮炎、湿疹等；草蔻仁，去寒、去燥、芳香健胃，用于胃寒湿郁等症。

黎族医药文化是黎族人民长期以来积累的医疗经验和传统医药知识的体现，具有丰富的特色和独特的价值。黎族医药注重以自然草本植物为主要药材，强调草药的疗效和疗法的温和性。他们相信自然界的植物拥有独特的疗效，能够治疗和预防疾病。黎族人民在漫长的历史生活中积累了丰富的应用草药的知识，逐步形成了一套完善的医疗体系。他们通过采集、炮制和应用草药来治疗各种疾病，并传承下来。黎医的治疗方法多种多样。内治以服用熬煮后的草药水为主，外治以拔罐、放血疗伤、热敷、推拿、药熏蒸疗、药浴、敷贴法等。在药物治疗的同时，还要调整患者的起居、饮食和精神状态，并且讲究饮食禁忌等。

黎族医药理论认为，药性、药味、药效源于土、水、火、气四种元素。土代表药材的生长基础，水代表药材生长所需的水分，火代表药材生长时的热度，气代表药材生长和作用时的动力。一般来说，"肝脾"类疾病可用甘味、酸味药物治疗，而用苦味及辛味药物治疗则加重病情；"心肺"类疾病可用苦味及辛味药物治疗；"肾"病者可用甘味、咸味或涩味的药物治疗，或食物治疗。黎族医药理论认为，植物草药的性质与其生长的地理位置和气候条件密切相关。生长在日照丰富地区的草本植物，一般都有热性属性；而生长于阴凉地区的草本植物性状寒凉。黎医还将药物功效分为寒、凉、热、温、清、轻、重等，要求用热药治疗寒性疾病，这是黎医辨证施治的方法，药物性能与疾病病因相对应。饮食方面也要注意适应病人身体的需要。在冬季提倡多吃咸、甜、酸的食物，多吃油，多吃热性的食物和野生动物如鹿、山猪、黄猄、蛇类、羊肉等等，以增加人体对热量的需要。除冬季外，其他季节对于饮食则要求不严格，甜淡酸咸凡易消化吸收均可。

黎族医药文化作为海南地区宝贵的文化遗产，承载着黎族人民丰富的医药智慧和对健康的深切关注。尽管现代医学在现代社会中得到广泛应用，但黎族医药文化仍然具有独特的价值，有助于保护民族传统、促进健康，并传承中医药文化。

五、民间文学

黎族没有自己的文字，黎族民间文学主要是通过口耳相传的形式流传下来的，有神话传说、童话故事、山歌歌谣等。这些民间文学的艺术表现力又以质朴神奇且不乏原始魅力的神话故事最为突出。

黎族神话由黎族祖先的社会生活和精神信仰延伸而来。早期黎族先民对某些自然现象的认知较为有限，为了更好地理解那些令他们感到惊奇、迷惑甚或恐惧的自然和人类奥秘，他们通常会在"万物有灵"的思想支配下，将自然物或自然力进行人格化的设想，即将天地万物想象为同人类一样的生命体，并为其赋予神化色彩。①例如，黎族先民用黎族青年阿德和天庭仙女七妹突破阻碍，勇敢争取爱情的浪漫故事来解释五指山主峰变矮的原因：七妹因同情孤苦伶仃的黎族青年阿德而坚持留在人间，她不断地帮助阿德，两人相互倾慕并结为夫妻，在山洞里安了家，劈山兰，种稻谷，上山打猎，下溪捕鱼，生活过得很甜蜜，两人还生育了一对儿女。玉皇大帝知道七妹偷偷下凡后，便命雷公下凡带她回天庭，七妹宁死不从，她效仿黎族女子文面，决心留在黎寨。玉帝大发雷霆喝令雷公把天庭通向人间的路砍断。此后，天上的六位仙女只能与身在黎寨的七妹遥遥相望，而通往天庭的路就是五指山的主峰。② 现在流传较广的黎族神话故事有《黎母山传说》《雷公根》《天狗》《大力神》等，有的是对英雄人物的赞美，有的是对黎族祖先与自然斗争的描写，有的是对自然现象和黎族起源的解释，题材多样，种类丰富。

六、婚姻葬丧习俗

黎族的婚姻丧葬习俗，是历史不断演进发展的产物，也是黎族古老文化的延续。它同时具备母系氏族社会和父系氏族社会的传统特征，又受到黎族信仰崇拜、文化观念的影响，具有独树一帜的特色。

① 文明英、文京.《中国黎族》[M]. 宁夏人民出版社，2012.
② 黄晓坚. 海南黎族传说研究 [D]. 中央民族大学，2019.

（一）婚恋习俗

在黎族人民的生活和婚恋中，槟榔具有较为重要的地位。黎族人用槟榔传情达意，甚至作为聘礼，并将槟榔视为一种定情信物：走亲访友，必须带上槟榔，若是求婚定情，也离不开槟榔。富贵人家用银盒子装着洗干净的槟榔到女孩子家中，如果不答应这门亲事就不打开盒子，如果从中取出一枚，就是定亲之礼。

除槟榔定亲之外，隆闺，作为从前黎族青年男女自由恋爱的场所，也是黎族婚恋习俗的特色之一。黎族男女青年常在"隆闺"约会，经过一定时间若情投意合，有情人便可终成眷属。黎族最初并不认为生子是性行为的结果，而是氏族神灵通过女性给本氏族送来的最宝贵的礼物。在黎族人的观念中，女子生儿育女是神灵的安

图 3-14　黎族婚礼（海南省博物馆供图）

排，即便是婚前生育的子女，也会受到舅家的庇护，当然这也与旧时黎族"不落夫家"的习俗，有着千丝万缕的联系。"不落夫家"其实是一种居住法则，指妻子与丈夫形式上结婚后，会有一段时间不住夫家或丈夫父亲家中，仍回到娘家居住的现象。①

（二）丧葬习俗

黎族崇拜祖先，人离世后以土葬为主，丧葬仪式虽各地有异，但整体而言均较为隆重，主要有以下几种：

1. 墓式

墓式是黎族墓葬的传统样式，分为长形矮坟、圆形大坟、高尖坟三种。其中，大多数润方言、美孚方言和通什杞方言区，以长形矮坟居多，无坟前立墓碑和扫墓的习俗。东方、乐东等地区，多为圆形大坟。赛方言区及其他杞方言区，多为高尖坟。所不同的是圆形大坟和高尖坟较多的地区，有立墓碑和清明节扫墓的习俗。另外，在七差地区还有叠坟的传统，即家庭成员共享一个坟墓，将棺材叠放在一起。而在东方大田地区，夫妻在死后会合葬在同一个坟墓里，这体现了一种死后同归于一处的观念，强调了家庭和夫妻之间的亲密纽带以及死后的永恒团聚。

2. 灵魂棺

在合亩制度地区，不允许为老年人提前准备棺材，但在其他地区，有一项传统习俗是在老人们去世之前准备好棺材。在崖县，孝者遵循一种被称为"灵魂棺"的独特仪式。如果某人在去世前没能

① 黄晓坚. 海南黎族传说研究［D］. 中央民族大学，2019.

进行所谓的"做佛"仪式，那么在他们去世后，就会在他们棺椁的右侧放置一具空棺，作为前死者的"灵魂棺"，并为前死者补上"做佛"仪式，以示对他们的尊敬。

3. 饮孝酒

饮孝酒是黎族守孝的一种传统习俗。在丧葬期间，黎族人民禁止食用米饭。这个规定适用于前来送葬的亲属和村邻，他们无论是谁，都必须先前往治丧的主人家，进行"饮孝酒"仪式，然后才能回到自己家中进食米饭。根据逝者的关系，守孝的期限有所不同。如父母双亡，子女需守孝十二日；如果是兄弟双亡，守孝期限为七天；如果是儿子过世，守孝以五天为限；如果是村邻过世，守孝期限为三天。守孝期间，每天都要举行三次饮酒仪式，每次进餐前，家人们会聚集在孝席上唱悼歌，然后才开始喝酒吃饭。这一仪式表达了黎族人民对亡灵的崇敬。

4. 葬凶鬼

葬凶鬼，是黎族的一种丧葬风俗。在黎人的观念里，溺水、火烧、雷击、枪击、兽害、自缢、难产、坠树而死等非正常死亡者，都会成为"凶鬼"。在埋葬他们时，黎族人通常会采取特定的做法来处理这些情况。如果死者是在屋内死亡的，他们会将尸体运到非正常死亡者的墓地进行埋葬。如果死者是在郊野死亡的，他们则会在现场埋葬，不允许将尸体带回村寨。在合亩制度地区，埋葬非正常死亡者时要穿着红色的丧服。而在美孚地区，人们会将尸体面朝下埋葬，并使用木棍将其钉入地里，以防止"凶鬼"出来伤害他人。黎族民众这些对非正常死亡者的特殊处理方式，基本上都是为了规避潜在的不祥事件。

5. 太阳落山

太阳落山也是黎族的一种丧葬习俗。黎族合亩制地区把将死之人的状态比喻为"太阳落山"。当病者在弥留之际，亲属们要继续喂饭、喂水，并呼唤其"返回人间"，表示有亲人孝敬。死后，以鸣枪传报丧事，亲友即前来商量丧葬仪式，寨中众人挑酒抬猪齐来相助。①

图 3-15　黎族丧葬（海南省博物馆供图）

七、游艺

海南黎族传统的民间娱乐活动历史悠久，内容丰富多样，包括打柴舞、钱铃双刀舞、粉枪射击等。这些活动多源于黎族人民的生

---

① 王学萍. 中国黎族 [M]. 民族出版社，2004：203.

产生活和宗教信仰，既体现了浓厚的黎族风情，也满足了黎族人民的文化娱乐需求。

(一) 打柴舞

打柴舞，又被称为竹竿舞或跳柴，用黎族本地语言称之为"转刹"，字面意思是"跳柴"。它是黎族最古老、最流行的舞蹈之一，起源于古代崖州地区的丧葬仪式。打柴舞具有独特的道具、特殊的韵律和舞蹈方式，含有极强的娱乐和竞技成分，是黎族著名舞蹈之一。至今，三亚市崖城镇朗典村还保留有跳打柴舞的古老传统。现在的打柴舞，经过加工和改编，它的道具从木棍变成了竹竿，所以也叫竹竿舞。在表演打柴舞时，两根长木杆一般放在地上，再把四至五对细木杆横放在这些木杆上。打杆者双膝跪坐于长杆两侧，双手握住木杆两端，以整齐划一的节奏，敲打出整齐欢快的响声。在木杆一开一合的间隙，舞者会灵活地避开夹击，跳跃舞动，动作轻盈，给人带来了趣味十足的视觉和听觉体验。①

(二) 钱铃双刀舞

据黎族民间传说，钱铃双刀舞与一段感人至深的爱情佳话有关。传说中，曾经有两个年轻的黎族小伙同时喜欢上了一位黎族姑娘。其中一位年轻人谦虚诚实，而另一位则傲慢自大。最终，姑娘选择了那位谦虚诚实的年轻人作为新郎。然而，在婚礼上，那位傲慢自大的年轻人突然要求新郎与他进行比武，打算在比武中伤害他。聪明的新郎迅速应对，他巧妙地拾起了一串钱铃，并运用独特

---

① 黄一鸣. 船形屋内外的率真与浪漫 [J]. 文明，2012，144 (06)：132-143.

的技巧战胜了手持双刀的挑战者，成功摆脱了险境。随后，钱铃双刀舞经过改进和传承，逐渐从黎族的"斗婚"传统演变成了黎族男女热爱的武技习俗。①

（三）粉枪射击

黎族同胞把射粉枪叫作"打红"。这一传统活动随着现代火药武器的引入而进入黎族地区。黎族的粉枪通常长约 1.45 米，使用碎锅片、铁丸、砂石等作为弹药，虽然射程有限，但杀伤面却较为广泛。过去，黎族人为了获得一支枪管或一斤火药原料往往需要付出一定的物质代价。故有"一只水牛一支管，十斤山兰一斤药"之俗语。黎族早期把粉枪当作狩猎和自卫的武器，不管是上山还是下山，都会带在身上，以备不时之需。随着社会的发展，粉枪射击活动在黎族村寨仍然十分盛行，尽管传统的狩猎生活方式和战争逐渐减少，但在黎族村寨，粉枪射击活动仍然非常流行。它已经演变成为黎族同胞在娱乐和锻炼身体方面不可或缺的传统体育活动。②

八、人生礼俗

出生是个体生命的开始，诞育礼是人生礼仪进程的开端，表达了对新生命的重视，以及对未来成长的美好期许。在黎族文化中，儿童也被称为"提力"或"织力"。黎族孩子的命名是一个特殊的仪式，通常分为两个阶段。第一个阶段是在孩子出生满月时，他们

---

① 张新定，苏春宇，金德阳.海南黎族传统体育的起源与特点探析［J］.新西部（下半月），2008，115（06）：237－239.
② 同上.

会被赋予一个乳名。这个名字是由孩子的父母和家里长辈共同商议决定的。这个名字通常会根据孩子出生时的特征、出生年月、家庭或村落事件等与孩子出生期间有关的事件来进行选择。第二个阶段是在孩子满一周岁时，也就是在他们的生日当天为其取正式的名字。这个名字通常会基于孩子的家庭直系亲属的辈分顺序，而且还要确保与长辈的名字形成一定的韵律。如祖父叫"族"，父亲叫"休"，那么儿子的名字就有可能是"形"，这样就构成了一个音调为"族、秀、状"的命名序列。为了区分性别，男孩的名字前面通常加上"老"，女孩的名字前面通常加上"荷"。如称男子为"老义"或"亚义"，称女子为称"荷某"或"阿某"。①

---

① 王学萍. 中国黎族［M］. 民族出版社，2004：202.

第四章

海南黎族传统聚落文化
遗产的保护现状

　　海南东方的白查村和俄查村、昌江的洪水村、五指山的初保村，这四个黎族传统聚落拥有较为丰富的历史文化价值且仍能显现出部分早期黎族社会的形态特征，其村落形态格局、现有物质遗存等体现了黎族人民的传统生活方式，是热带地区岛屿型部族聚落的典型代表，具有一定的全球代表性。在对这些村落的实地调研中，通过对村支书、党支部书记、非遗传承人、传统手艺人、普通村民等的深度访谈，本章从船型屋的保护与修复、黎族非物质文化遗产的保护传承、黎族传统聚落文化遗产的民族特色等方面立体呈现了海南黎族传统聚落文化遗产的保护现状及面临的问题。

第一节 白查村文化遗产的现状和问题

东方市江边乡白查村属于海南黎族五大方言区的美孚方言区。村落地理位置较为优越，三面环山，位于盆地之中。水源来自山上的溪流，上山挑水和打井水是白查村日常用水的主要方式。白查村经济基础较为薄弱，村民传统经济来源为农业，主要种植水稻、香蕉、芒果、槟榔等作物，据村民所述，务农所得收入并不高，但可以达到自给自足的水平①；近年来外出务工也逐渐成为村民重要的收入来源。

白查村的船型屋以原真性、完整性为突出特色。白查村的居民虽同海南省绝大多数村落中的居民一样，已完成了从传统船型屋到新式水泥房的搬迁，但并未因搬迁而将船型屋完全摧毁，而是最大限度地保留了传统船型屋建筑群的原始风貌。作为海南省船型屋保存最完整、数量最多的黎族传统聚落，该村对遗存的每个船型屋、谷仓和隆闺都进行了标号处理，标识牌、公厕等基础设施也较为完善。

相较而言，白查村对船型屋的保护、管理、展示都优于其他三个村，目前需要解决的是"活态传承"问题。即如何让织锦等非遗文化展演活动重新回到船型屋建筑群展览区，使物质文化和非物质文化实现有效结合和合理开发。

---

① 白查村村民符某河的访谈（为保护访谈对象的隐私，本书对所有被访者的姓名都做了半匿名处理）。

图 4 - 1　白查村黎族船型屋点状分布图（调研拍摄）

一、白查村文化遗产的现状

　　白查村是海南省船型屋建筑群保存得最完善的黎族传统村落之一。白查村的船型屋不仅数目较多，且具有较高的原真性。这一方面是因为当地在村民搬迁至新的砖瓦房后，并未彻底消灭传统的船型屋；另一方面是由于 2013 年政府投入了大量资金组织白查村村民对船型屋进行了修缮工作。除船型屋外，白查村现存的文化遗产还有船型屋营造技艺、黎族传统纺染织绣技艺、黎族文身、编织技艺等。其中，船型屋营造技艺得到了较好的保护与传承。

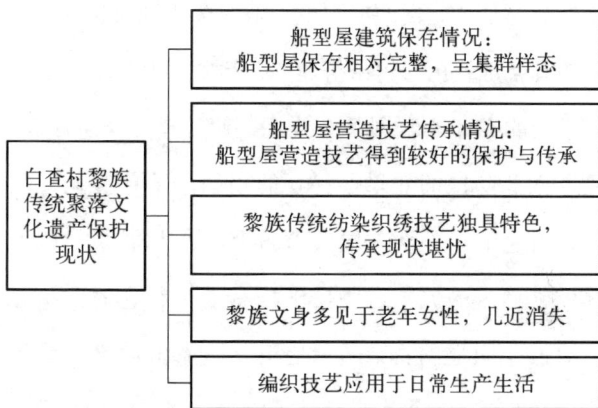

图 4-2　白查村黎族传统聚落文化遗产保护现状

（一）船型屋保存相对完整，呈集群样态

白查村现存黎族船型屋 87 间，多为落地式建筑，外观保存相对完整，内部布置比较杂乱，因无人居住而显得冷清。老村村口处的船型屋专门用于船型屋营造技艺培训，具有展示性。白查村船型屋建筑骨架用竹子和木头扎成，再用黄泥搅拌树皮、草根等涂抹堆砌成民居外墙，墙体通常以竹条编织而成，有一定通风散热的效果①。建筑屋檐低矮，顶盖茅草用藤条固定，既保温又隔热。白查村内的房屋建筑并不是建立在十分水平的同一层级上，在每个层级的高度上所建的房屋都会在两侧预留排水通道，这样因地制宜的布局设计，易于将雨水在短时间内疏导到村外。

白查村内部的谷仓都分散在村子周边或边缘的偏远地点。这些

---

① 范明琛. 基于生态博物馆理念下海南黎族传统聚落白查村保护性设计研究 [D]. 海南师范大学，2022.

谷仓的结构特点是，它们的屋顶由当地的藤或柳树条支撑并覆盖茅草。墙壁的骨架也是用柳树条搭建的，然后涂上稻草泥巴。在建造过程中，谷仓的底部通常用基石垫底，使谷仓主体悬浮在地面上，从而达到防潮和防鼠的效果。谷仓的顶部用茅草覆盖，以抵御雨水。另外，谷仓的内外部一般会覆盖有石灰和泥浆，地板上也涂有一层厚约 4 厘米的泥，这些措施均有助于谷仓的密封。这种谷仓的设计有两个明显的特点：一是正立面高出横梁，呈半圆形造型且与仓盖顶部有 30 厘米以上的间隙；二是谷仓底部与地平面之间至少有 40 厘米的距离，通常由土台、大石块和圆形石柱来进行搭建。这种设计不仅有助于防暑防潮，还可以有效防止虫害和鼠害。另外，传统谷仓选址还可以有效降低火灾风险，因为谷仓通常建在远离火源的村外。这样即使村庄内部发生火灾，村民们也有足够的时间将谷物安全转移到其他地方，减少损失。此外，白查村还建有青年男女谈情说爱的隆闺，以及存放木料和干草的棚子①。

首先，在白查村船型屋的保护和修复方面，从修复的策略来看，白查村船型屋的修复坚持使用传统原材料，尽量保持建筑原貌。这为作为黎族历史见证者的船型屋建筑群赋予了独特的文化意义。不过，由于船型屋主要建筑原材料茅草、红白藤、竹木等均比较易损，保护修复是一个长期持续的工作。

从修复的组织来看，白查村船型屋的修复主要采用的是政府

① 张引. 海南白查村黎族聚落环境探析［D］. 苏州大学，2008.

主导、村民支持响应的方式。政府层面自 2006 年起采取的保护措施有政策支持、立法保护等。如对白查村保存相对完整的落地式船型屋民居建筑和建筑营造技艺进行首次普查，并做了测量、照相及文字编号记录工作，后来又多次投入资金对船型屋进行修缮，并做好消防措施。2013 年 7 月，政府投入资金支持，维修破旧的船型屋，并与农户签订协议，将船型屋的管理修缮工作分配责任到户①。

在村民层面，白查村某村民在访谈中向调研团队提到，原先绝大多数村民都住在船型屋时，若遇到某间房屋轻微损坏的情况，需要 6—8 人来帮忙处理，一般 1—2 天就可以完成漏水等修补工作；大的修补工作，茅草需要全部换掉，通常情况下一两个月才能完成。如今村民已全部搬入新村，老村船型屋的修复需要由政府相关部门牵头，联动技艺传承人带领村民进行这项工作，并给维修房屋的传承人和普通村民一定补助。

由于白查村船型屋独特的文化意义，加上政府的重视和村民的维护，2012 年，白查老村被住房和城乡建设部列为"中国传统村落"，被誉为中国少数民族传统民居的"活化石"。2015 年，白查村船型屋被列为海南省第 3 批文物保护单位。

其次，在白查村村民对船型屋的态度方面，由于白查村船型屋作为住宅的基础设施较为落后，为消除台风、暴雨、火灾等带来的安全隐患，改善村民居住条件，全面推进社会主义新农村建

① 范明琛. 基于生态博物馆理念下海南黎族传统聚落白查村保护性设计研究［D］. 海南师范大学，2022.

设，从 2008 年开始白查村进行易地搬迁 86 户，全村搬入新村。调研团队在访谈中得知部分村民在 2008 年易地搬迁时并不愿意搬离老村。主要原因，一是大部分村民从小在船型屋长大，对于老村的居住环境和生活方式已经习惯；二是船型屋冬暖夏凉的特点受到村民喜爱；三是在搬迁前老村已经通电，村民的生活已经比过去便利了许多。[①] 搬入新村后村民仍保留原船型屋所有权和居住权，不少村民还会偶尔回老村看一看。可见白查村村民对于船型屋有深厚的感情。

对于海南省推动海南热带雨林和黎族传统聚落申报世界双遗产的工作，当地负责申遗工作的领导干部和村民基本上都有所了解，但了解的程度有所差异。东方市博物馆秦巍对于申遗工作的起因背景、既有进度等都比较了解；村领导干部了解申遗工作，但还没有跟具体工作结合起来；市级船型屋营造技艺传承人符打因认为如果申遗成功，世界范围内对船型屋的认知会更加深入，一方面民族文化得到了传播，另一方面旅游业也能发展到新高度，游客增多会带来村民收入增长，同时带动农副产品的出售。[②] 白查村的大多被访村民对船型屋的认识是积极的，对于保护和修复工作的态度是支持的，并且对船型屋有一定的民族情感和传承意识，能够认识到船型屋是黎族文化的重要组成部分，兼具民族特色和文化价值。

白查村以原材料修复船型屋的策略，保障了船型屋的原真性，

---

① 白查村村支部副书记符某逢，船型屋营造技艺传承人符某庆、符某英、符某因的访谈。
② 白查村村支部副书记符某逢，船型屋营造技艺传承人符某庆、符某英、符某因的访谈。

加上村民对保护船型屋的积极意愿和政府方面的政策扶持，白查村船型屋修复工作得以可持续性发展，并在整个海南省树立起典范标杆。

（二）船型屋营造技艺保护与传承效果良好

白查村代表性非物质文化遗产包括船型屋营造技艺、黎族传统纺染织绣技艺、黎族文身、编织技艺等。白查村对不同非物质文化遗产的传承程度不同，更加侧重于船型屋营造技艺的保护传承。2008 年，黎族船型屋营造技艺被列入第二批国家级非物质文化遗产保护名录。

白查村船型屋营造技艺形成了以技艺传承人为核心，辐射其他村民——尤其是下一代青年的"传帮带"格局。技艺传承的具体举措，目前的方式是由东方市文化馆牵头，联合技艺传承人定期举办培训班，给传承人和参加培训班的村民一定补贴，以吸引更多的人来学习船型屋营造技艺。

根据实地调研，目前村里有 1 位正在申报国家级船型屋营造技艺的传承人，2 位省级传承人，9 位市级传承人，形成了比较完备的"金字塔"型传承体系。国家级、省级传承人会有津贴和补助资金，需配合进行修补、保护、活动展示和培训工作；市级传承人无补贴，所以他们通常情况下并不会承担过多的配合政府进行文化遗产保护的义务。从全村整体情况来看，男孩们长到十多岁，就会跟随父亲或男性长辈上山砍树、割茅草、和泥巴，修补自家船型屋。由于技艺难度不高且具有实用性，村里会修复船型屋的村民数量不少，生于 1995 年之前的男性基本都会这门手艺。

　　不过，白查村村民对船型屋虽有较为深厚的感情基础，但学习船型屋营造技艺的意愿却主要得益于财政补贴。多数年轻人因要通过务农或外出务工来维持生计，并没有过多时间和精力学习这一技艺①。相比船型屋与船型屋营造技艺较为完善的保护传承体系，白查村的黎族传统纺染织绣技艺、黎族文身等非物质文化遗产传承现状不容乐观。

图4-3　白查村举办船型屋营造技艺培训班（调研拍摄）

（三）黎族传统纺染织绣技艺独具特色，传承现状堪忧

　　白查村内现流传着一种较为独特的黎锦"绗染"技艺。绗染技

---

① 白查村船型屋营造技艺传承人符某因的访谈。

艺是黎族人民独创的古老染织技艺，在其他地区的黎族中基本失传，目前存于操美孚方言的黎族妇女中①。常见的纺织品种的图案大多是在织好的布上，通过印、染、刺绣等方式制造出图案，而黎族织锦中的绗染技艺则是在布还未织之前，先用绑扎成结的形式形成图案，再染色，扎结处即起到防染效果而形成图案，后再排经线，织纬线形成布匹②。

　　制作绗染布的过程相当复杂。首先，需要将棉花去籽并整理干净，然后将其搓成线，将两股线合并成一股，并在绕线架上绕成线圈。这些线圈与一种叫"鸭脚"的植物一起煮沸，其目的是脱脂浆纱。然后将线圈晾干待用。在染色阶段，使用正方向绕线架进行整经，并采用交叉绕线法，将四根线绑成一股。在此过程中需要格外小心以防拉断棉线。然后，将线圈放在绗染架上，通过穿越活动木条和细竹竿的方法将线固定在棉线上，即先把线圈一端穿过活动木条，再取一根细竹竿从绕线过程中交叉绕线所得交口中穿过棉线，拉紧，这样可将竹竿固定在棉线中，随后把线圈拉至另一端，穿上铁管再将铁管绑缚固定在绗染架上。接下来根据预设的花纹图案绑上黑线，从绗染架上取下线圈染色。染色后再与"鸭脚"一起煮沸，这一步骤旨在增强棉线的加固性，使其不易断裂，也能有效地防止虫蛀。最后，将绑在棉线的线捆上，拉开并捋平黏在一起的棉线并进行分线。在这个过程中，用脚撑住固定在棉线中的细竹竿，用手仔细整理经线。这一系列步骤完成后将带有绗染花纹的经线装

①　于伟慧. 黎锦绗染：中国独一的染色技艺［N］. 海南日报，2010－08－30（B9）.
②　马丽丽. 黎族织锦绗染技艺传承困境与对策［J］. 民艺，2022，30（06）：49－51.

到腰织机上即可进行织造。[①]

　　尽管绗染技艺具有独特性和稀缺性，但是白查村内却并没有政府认定的纺染织绣技艺传承人。可见绗染等织锦技艺并不是白查村主推的非物质文化遗产，保护和传承力度不能跟船型屋营造技艺相提并论。黎族织锦绗染技艺要经过采棉、轧棉、纺线、绕线、上浆、上经、扎结、染色、去线、上浆、织布等十多道工序。过程耗时长、工序多，且每一工序都需要耐心、仔细地完成，每个环节都相互影响[②]，对于手工艺者的时间和精力投入要求高。以前织锦技艺传承方式是家族传习，十七八岁的女孩开始跟家中女性长辈学习织锦，但现在的年轻女孩因为要上学或工作，没有时间也不一定愿意学这门技艺。长此以往，白查村会织锦的村民很有可能会越来越少，且出现断代现象。如今白查村会黎族传统纺染织绣技艺的大多为中老年女性，年轻女性基本不掌握这项技艺，传承现状堪忧。其次，绗染技艺主要原材料，多以当地的棉花、麻或混纺纤维为主，随着时代的变化，外来的棉纱大量替代了土纱，原材料愈加匮乏，这在某种程度上也为黎族织锦及纺染织绣技艺保存增添了难度。另一方面，因黎族传统服饰已经从日常普遍的穿着变为纪念仪式（如山栏节、婚丧嫁娶等）的特定穿着，具有了更强的象征意义和文化标志性。同时传统的黎族织锦很难融入现代新材料，装饰纹样与现代审美情趣相悖，致使传统织锦绗染技艺在现代文明的冲击下逐渐消失。

---

① 　徐艺乙. 黎族绗染［J］. 民族艺术，2017，No.136（03）：76+170. DOI：10.16564/j.cnki.1003-2568.2017.03.024.

② 　马丽丽. 黎族织锦绗染技艺传承困境与对策［J］. 民艺，2022，No.30（06）：49−51.

图 4-4　白查村妇女扎花（调研拍摄）

白查村织锦的商业化程度很低，村民做黎锦多是自用，通过这门手艺获取收入的主要方式有两种：一是出售给游客，一般情况是游客主动要求购买；由于工期长，所以一套衣服价格通常很贵，但标价过高又会影响游客的购买意愿。二是在旅游景点进行织锦技艺的展示，政府相关部门会给予一定补贴。这意味着白查村的纺染织绣技艺比较难通过旅游业的发展走出村外，提升知名度和流传度。

（四）黎族文身多见于老年女性，几近消失

在白查村，黎族文身仅能在 60 岁以上的女性身上见到。在当时黎族人认为文身是美丽的象征，也是不同宗族的标志。根据调

研团队对白查村一位文身老人的观察，其手臂和双腿的文身样式
以直线和几何图案为主，颈部文身样式以点为主，整体的纹样呈
现出简单且抽象的特征。文身并非一种职业，懂得这一技术的黎族
女性都可以为他人进行文身。操作文身的人通常为女性，并且往往
是与接受文身的人有亲属关系的女性，例如其母亲、祖母、姐姐、
姑婶等。

图 4-5 白查村老人文身（调研拍摄）

　　关于黎族文身诞生的原因大体有祖先信仰与原始宗教、身份识别、爱情观象征、审美观念四种说法①，但就实地调研结果而言，黎族村民对本民族的文身文化了解有限，部分文身老人无法解释自己文身的原因以及如何选择文身图案。在当下的现代社会环境中，文身在俄查村等黎族传统聚落难以有效传承。一方面是因为文身采用的方式较为原始，会产生强烈的痛感，"黎族的文身是用带刺的枝杈直接刺入皮肤，并不会打麻药，因此比现代的文身要疼得多"②。文身时执行者一手持藤刺，一手握针棒，沿图案纹路打刺，藤刺刺破皮肤，针刺入肉，即将血拭去，在创口上涂以染料，三五日后创口便脱壳愈合，文刺部位即现出永不褪去的青色花纹。也有的为了纹饰更清晰，要重复打刺2—3遍才能完成③。另一方面是因为年轻村民在社会化过程中的审美产生了变化，传统的文身图案并不符合年轻一代的审美，现在的女性都以脸和身体的白净为美。

二、白查村文化遗产的现存问题

　　白查村文化遗产，比较有代表性的是船型屋、船型屋营造技艺、黎族传统纺染织绣技艺、黎族文身、编织技艺等。船型屋和船型屋营造技艺，在白查村得到了较为完备的保护，也受到了政府和村民的重视。相比之下，同样具有独特民族文化价值的缬染织锦技

①　王学萍. 中国黎族 [M]. 民族出版社，2004：243–260.

②　白查村村民符某剑的访谈。

③　张引. 海南白查村黎族聚落环境探析 [D]. 苏州大学，2008.

艺却没有得到相应的重视。在梳理白查村文化遗产保护现状后，可以发现如下问题。其中，建筑原材料紧缺、船型屋空置不利于修缮保护主要是白查村在保护修复船型屋方面存在的问题；村民传承技艺的积极性不高主要是白查村在非物质文化遗产保护和传承方面存在的问题；而政府补贴和经费支持力度的不足则是洪水村、白查村、俄查村、初保村面临的共性问题。

（一）船型屋多空置，主要建筑原材料紧缺

船型屋建筑材料一般包括木料竹子红白藤、茅草、稻草泥等。目前船型屋保护和修复最直接的问题在于主要建筑原材料——茅草的紧缺。船型屋以茅草盖顶，由于茅草受潮容易腐烂，每3—5年都需要更换一次，因此船型屋的修复保护依赖充足的茅草供给。在白查村，传统上获取茅草的方式是去山上收割野生茅草。然而随着种植业的发展，大量土地开垦为农业用地，茅草资源越来越有限，村民修复船型屋已经无法依靠自然获取原材料，只能由政府寻找其他渠道获取茅草，这成了一个亟待解决的问题。

2008年起白查村民整体搬迁，白查老村现存船型屋建筑景观大部分保存完整，但空置状态事实上不利于船型屋的保护，主要有两方面原因：一是由于茅草自身的缺陷性，船型屋只有有人居住并且烧火做饭，才能保持干燥，避免茅草腐烂；二是过去村民居住在船型屋，出于居住安全的考虑会自发修复船型屋，但如今村民搬迁，修复船型屋已经不是维持生存生活环境的必要事项，村民对老村房屋修复的主动性不高。

（二）村民传承非遗技艺的主观意愿不强

白查村自上而下、多措并举开展非物质文化遗产技艺传承，尤其是船型屋营造技艺传承工作已形成一套较为完备的体系。该项工作已显现出一些成效，但仍存在村民传承技艺的积极性不高的问题。这一方面是因为掌握船型屋营造技艺的村民不在少数，但被认定为传承人的数量不多。而且村民认为传承人认定没有特别的好处，市级及以下传承人也鲜少得到政府的补贴，对申请传承人的主观意愿不是很强烈。另一方面，白查村并不富裕，地理位置位于较为偏僻的山区，交通不发达，村民收入不高，因此一些年轻人认为不如将学习技艺的时间用于务农或打工，获得收入以维持基本的生活。

海南黎族传统聚落建筑文化的保护工作离不开当地群众的参与和支持。在实地调研中，多数被访村民并没有因为船型屋的原始性而产生"自鄙"心理，反而对船型屋很有感情，但是将这种民族感情转化为传承技艺的行动，还需要政府等外部力量的推动。白查村村民对黎族传统纺染织绣技艺、编织技艺的态度更多的是将其当作传统日常生产生活的一部分。随着乡村生活现代化进程的加速，村民对该技艺的重视程度不如以往。如今村民对黎族文身的态度也和老一辈不同，不认为文身具有审美和宗族标志等意义，因此不再文身。

（三）修复资金主要为政府补贴，来源渠道较为单一

资金的投入是文化遗产保护的基础。根据对白查村村领导和村民的访谈，可以总结出政府资金在文化遗产保护方面的两大主要用途：第一，船型屋的修复和维护需要资金支持，包括招募村民修复船型屋，需要政府补贴提供维修工费；而船型屋在科技赋能下的日常维护和监测也需要资金支持。第二，非遗技艺需要资金支持，包括给省级及以上传承人的补贴，以及组织开展船型屋技艺和织锦技艺等培训班，对教学者和学员的补贴等。目前白查村没有固定的经费用于文化遗产保护，与此同时，资金的获取渠道比较单一，若单纯地依靠政府支持的话，也会带来资金的整合难度系数较高的困境。这让船型屋、船型屋营造技艺、黎族织锦技艺等具有代表性的黎族传统文化资源难以获得更多保障。

三、针对白查村的对策建议

白查村对船型屋的保护、管理、展示虽优于海南省的大部分黎族传统聚落，但非遗技艺难以实现"活态传承"、修复船型屋原材料短缺、船型屋建筑群周围环境原真性不强仍是该村在后续文化遗产的保护过程中亟须解决的问题。除此之外，在加大非遗技艺的传承力度、提升新村老村的协调性方面，白查村仍有一定的提升空间。因此，针对白查村的对策建议主要涉及设立生态博物馆、完善船型屋建筑群基础设施和智能设施、合理发展文化旅游产业三个方面。

（一）设立生态博物馆推动非遗技艺的活态传承

为实现物质文化与非物质文化的紧密结合，白查村可采取生态博物馆的模式，以"在地性"，即强调地域性和地方文化认同的理念为指导，进行人、物、文化协调性保护，从而推动非物质文化遗产技艺的活态传承。生态博物馆应设立在白查村传统聚落的原生地区，规划建设文化展示交流中心，一是针对黎族非物质文化遗产历史资料进行整理展示，对船型屋营造、纺染织绣、文身等技艺工具进行陈列，树立相关指示牌，用多种语言对黎族非物质文化遗产及其保护传承现状进行介绍；二是常态化组织织锦等非遗技艺展演活动，在非遗传承人的带领下发动村民参与到活动管理、讲解和演示中，树立村民"为自己民族文化代言"的主人翁意识；三是定期开设非遗技艺培训班，依托生态博物馆的文化资源和"在地性"的场地优势，增强学员们沉浸式的学习体验，并允许其他村民和游客观摩。

生态博物馆的设立一方面有利于向外来游客宣传黎族非物质文化遗产的历史文化价值，扩大其影响力，另一方面也有利于凝聚当地村民群体的集体记忆，提升文化自信。这两方面共同提升了村民学习非遗技艺的积极性，促进非遗技艺的活态传承。

（二）完善船型屋建筑群的基础设施和智能设备搭建

船型屋建筑、空间街道、基础设施等是构成白查村传统聚落的要素，对其整体的保护设计改造要按照"除旧建新"的思路，即整改或拆除现有不和谐的部分，建立所需的新设施设备，从而使得各个要素达到综合协调的效果，实现原真性保护。

一是对与船型屋建筑群不和谐的设施进行改造。对船型屋建筑群原真性和整体性保护，强调历史文化遗产和原生环境之间的内在联系。对于不符合黎族传统聚落文化风貌、与船型屋建筑群不和谐的设施，应进行修缮改造。白查村现有的铁丝围栏、消防栓和停车场等设施过于现代化，有损传统船型屋建筑群原真性。针对此问题，可以利用白查村周边的原材料进行道路改造，以干净的沙土或卵石铺设路面，用白查村原产木材等取代铁丝网制作围栏；此外合理规划停车场，配以种植椰树和槟榔等当地特色植物，丰富景观空间层次，和传统船型屋建筑群进行有机融合。从停车场进入展览区的道路两旁要设立指引牌、展示牌，对本展示区内的所有文化遗产所在位置进行指示和概要性介绍，至少包含简体中文、繁体中文、英语、日语的介绍。

二是增设科学监测设备，助力船型屋保护工作降本增效。随着现代科技发展，科学监测设备和技术手段可以运用到船型屋保护修复工作中。科学监测设备能够实现对船型屋内的湿度、温度进行实时、全程监测，当数据出现异常时及时调整，规避潜在破坏风险。科学监测的基础上制定精准、合理化的修复方案，一方面可以减少茅草的浪费，在一定程度上缓解原材料紧缺的问题；另一方面也可以适度降低修复船型屋的人力成本，有利于解决船型屋保护修复工作的痛点问题，起到降本增效的作用。

三是运用智能技术手段，丰富船型屋的文化展示形式。数字信息技术和智能技术可以应用于船型屋的文化展示，丰富展示形式。通过开通二维码讲解服务，使游客可以随时且反复收听语音讲解，同时利用 AR、VR 等新技术开设数字化展示空间，以虚拟形式复原船型屋原始面貌，呈现黎族先民在船型屋的生活场景，通过虚实结合让游客沉浸式体验以船型屋为代表的海南黎族传统聚落的文化风采。

（三）合理规划老村及周边环境，提升其整体协调性

白查村的黎族传统聚落的演变应当被视为一个有机整体，自身的发展，可以从文化旅游产业入手，加强对老村、新村和周边场所环境的整体性、系统性修缮，打造具有当地风情特色的环境设施，以实现老村与新村的协调发展。

对于老村，在保护老村原貌的基础上，实现社会功能的拓展，增加新的旅游、商业和娱乐等功能区和基础设施。例如部分船型屋可以改造为文化展示交流中心，定期举办特色文化展示活动；部分船型屋可以改造为文创产品售卖店、黎族织锦体验店、黎族特色食品展示店等。合理发展旅游业，既可以解决老村船型屋空置问题，又可以增加村民收入和船型屋修复工作的资金储备，同时能够促进白查村黎族传统聚落与现代社会空间实现适度融合。

对于新村，为了使黎族传统聚落文化和空间审美得以在新村延续，避免新村彻底被现代化而失去民族特质，需要一定程度上恢复新村的传统风貌。新村新修建的建筑可以在风格、颜色上保留白查村船型屋的特征，在外观上增添黎族文化元素，例如能凸显黎族民族特色的"刨隆扣"（大力神）、"甘工鸟"等。同时可以规划黎族特色美食餐饮店、黎族非遗文化体验馆，吸引游客消费。

对于周边环境，可以设立游客服务中心，安置石桌和石凳、生态长廊、文化娱乐设施等，为游客提供休憩空间。应深刻把握和积极利用白查村中休闲观光、文化传承等方面的文旅价值，依托自然景色、历史文化和民族特色等优势，促进文化保护和旅游业深度融

合，进一步通过旅游业串联起新村、老村和周边环境的风貌，提升新村、老村的协调性和整体性。

第二节　俄查村文化遗产的现状和问题

俄查村是海南省东方市江边乡下辖村，坐落在乡政府西南部，距离乡政府约 1.5 公里，地理位置偏僻，封闭性较高。该村经济状况较差，可利用土地面积较少，存在新村人均住房面积较小，老村传统船型屋建筑群损毁严重、几近消失的现实问题。截至调研日期（2022 年 11 月 9 日），村内常住人口达 616 人，共 140 户，外出务工人员 40 余名。根据 2017 年东方市乡村信息公开发布，俄查村全村耕地面积 928.3 亩，其中水田 260.19 亩，旱田 115.51 亩，坡地 556.5 亩。全村共种植橡胶 3 045 亩、芒果 389 亩、槟榔 180 亩，其中以槟榔种植为主要创收产业。①

俄查村与白查村虽同属于东方市江边乡，但与白查村不同的是，在俄查村的老村旧址，几乎所有的传统船型屋都已消失殆尽。而现阶段对该村船型屋的修复和重建工作仍未展开，如何在有限的时间内最大程度再现船型屋建筑群的真实性，是俄查村有效进行文化遗产保护和传承的关键。

---

① 东方党建网. 俄查村基本情况简介［EB/OL］.（2017 - 12 - 03）［2023 - 03 - 20］. http://www.dongfangdj.gov.cn/xzdj/jbx/ecc/bcgk_45870/201712/t20171213_2499714.html.

图4-6 俄查村旧貌（罗文雄供图）

一、俄查村文化遗产保存现状

作为曾经的"最原始的黎族村落"，俄查村目前已几乎没有保存完好的船型屋物质实体，加上俄查村黎族村民对船型屋与黎族传统聚落的保护意识有限，村中船型屋营造技艺传承情况虽较为良好，但持续性堪忧。总体来说，俄查村黎族传统聚落文化遗产的保护状况较差。

（一）船型屋破损程度严重，保护进度较为缓慢

船型屋是海南黎族传统聚落文化形成与体现的重要物质场所和载体，也是判断传统聚落文化保护情况的直观标准。目前，俄查村船型屋建筑群的破败速度与损毁程度远超其他村落。2011 年，随着

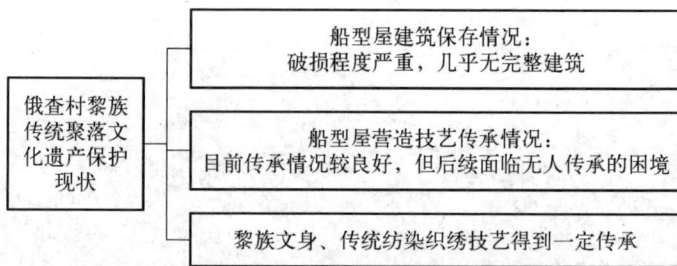

图4-7   俄查村黎族传统聚落文化遗产保护现状

政府新农村与现代化建设的脚步，俄查村村民全部搬迁至新村，更加安全的砖瓦房取代了黎族传统的船型屋民居，居民生活条件得到大大改善。居民由老村搬到新村虽然是好事，但由于船型屋存在长期无人居住更易损坏的特点，加之村民缺乏对船型屋的保护意识，俄查村在十年间几乎没有一间完整无缺的船型屋得以保留。无论是居民自住的船型屋，还是隆闺、谷仓、竹楼、晒谷场、牛栏、猪舍等代表黎族传统聚落文化特色的传统建筑均难觅其原始踪迹。

另外，俄查村当地的船型屋保护和修缮工作进度也相对滞后。根据实地调研结果，省市政府方面计划于俄查村旧村重新搭建与修缮船型屋，但由于资金、规划等相关问题暂未落实，修复工作尚未展开，在乡镇政府的信息公开当中仅涉及多项新村道路建设与村落修缮的工程招标文件。

（二）船型屋营造技艺保护良好，传承存在断代风险

作为非物质文化遗产的船型屋营造技艺是修缮、保护传统船型屋，体现聚落内黎族智慧的重要文化遗产。

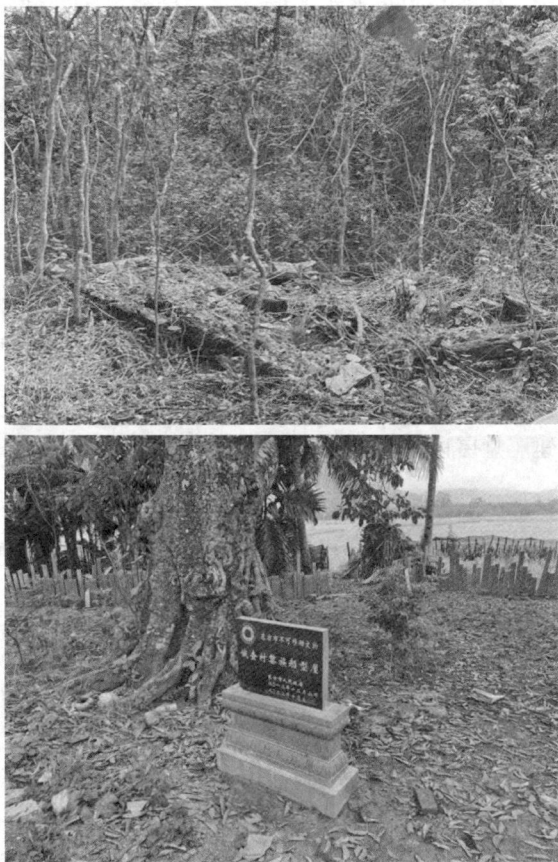

图 4-8　俄查村黎族船型屋遗址（调研拍摄）

　　从客观角度而言，在俄查村船型屋营造技艺的习得情况较为良好。俄查村的中年男性是村内掌握船型屋营造技艺的主要群体，并通过家庭教育的方式进行船型屋营造技艺的传承。年轻群体学习传承该技艺的主观意识与意愿较弱，学习相关技艺的比例大大下降。村内以第一产业为主导的生产发展模式使得村中青壮年劳动力以外出务工为主，空心化现象严重，加之俄查村由于缺乏船型屋实体，村内的船型屋营造技艺难以形成良好的"传帮带"实践体系，这导致了该村的船型屋营造技艺因村民学习的主动性较差，而存在传承断代的风险。

从主观角度来说，俄查村村民对船型屋和黎族传统聚落的认知态度同样是影响俄查村文化遗产保护的重要因素。调研过程中，受访村民对本民族文化的"自珍"意识和保护意识较为薄弱。在重修船型屋议题上，有村民认为船型屋美观且具有黎族民族传统特色，但对于重建船型屋民居没有明确看法。同时，俄查村居民普遍不了解船型屋修建与黎族传统聚落文化保护对本村落经济发展、本民族文化发展等带来的各类积极影响，村支书等村委会工作人员对船型屋搭建修缮项目以及申遗项目有基本认知，但并未对此进行相应的知识普及或宣传。

在营造传统聚落活态传承的问题上，俄查村本地村民对回迁船型屋的态度存在矛盾之处。以俄查村书记符亚加为代表的一方表示，出于土地面积受限、居民收入水平较低以及居民居住习惯等理由，当地村民有主动回迁至传统船型屋的意愿。俄查村新村存在的居住用地紧张和经济发展欠佳的问题可通过修建新的船型屋，并让部分村民回迁船型屋居住或在建筑群内进行黎族传统技艺与文创产品的展示得到一定程度的缓解，但仍需要政府财政补贴的支持。被访村民则表现出与领导层相反的态度，部分村民表示不愿迁回船型屋。

图4-9　俄查村铁皮盖顶的谷仓（调研拍摄）

（三）其他非物质文化传承情况较好

相较于损毁严重的船型屋，俄查村的非物质文化遗产得到了一定的传承和保护。根据实地观察和访谈情况，俄查村村落中女性掌握黎族传统纺染织绣技艺的人数较多。以40岁为主要年龄分界点，俄查村40岁以上妇女技艺习得比例较高，而在年轻一代中则出现断代现象。一方面由于织锦的技术复杂、难度大、贩卖渠道少、买家有限，对于年轻人而言，织锦的收入回报相对低，外出务工或务农等经济活动更能保证个人的基本收入水平。另一方面，黎族的传统服饰已基本不会在俄查村村民的日常生活中出现，传统节日、婚丧嫁娶、节日活动是传统服饰的主要出现场合。

村内主要通过家庭教育与乡镇政府的培训项目进行黎锦技艺的

传承和保护，其中家庭教育是主要的传承方式。乡镇政府会定期举办黎锦技艺的培训项目，邀请村民自愿报名学习，但在培训项目中仍然以中老年群体为主。就保护现状而言，俄查村对于黎族传统纺染织绣技艺的保护情况较为良好，仍然保持着传统聚落中的纺织技艺与生态。俄查村的船型屋修复与保护工作可从中借鉴部分成功经验。但从可持续发展的角度来看，族群内部的传承状况并不乐观，村内的黎锦技艺习得者多为中老年人且对黎锦本身所包含的图案纹饰意义和文化价值的理解有限，对于文化价值的保护更需要依靠外部力量引导。

二、影响俄查村文化遗产保护的因素

同洪水村、白查村、初保村三个村落相较，俄查村文化遗产保护较差的原因，大体可从经济水平与旅游产业发展较差、地理位置与交通状况堪忧、信息传播状况不平衡与当地政府保护精力有限四个方面进行分析。

（一）俄查村经济水平较低，旅游产业基础差

根据东方市江边乡村务公开网站的数据可知，俄查村村民 2016 年人年均纯收入 1 543 元，村集体年收入 2 万余元。尽管近年来因为大力发展槟榔种植，俄查村居民收入水平有所提高，但整体收入仍然较低。俄查村村民的生存需求和物质需求仍未得到有效满足，这在某种程度上也使村民难以形成较高的文化保护与传承意识。就现阶段而言，激发俄查村村民参与黎族传统聚落文化遗产保护规划的突出因素还是如何提升其生活水平的物质需求而非精神需

图 4-10　影响俄查村文化遗产保护现状的主要因素

求。白查村、洪水村和初保村都有一定的文旅项目支持，聚落建设中有基础的旅游公共设施建设，如标识牌、公厕、文物知识注释等等，旅游产业链雏形可见，而俄查村在文旅项目帮扶与产业形成上则大大落后。

表 4-1　初保村、洪水村、白查村、俄查村文旅项目支持情况

村　落	文　旅　项　目　情　况
初保村	中国少数民族特色村寨、海南省第一批非物质文化遗产保护名录
洪水村	"中国第一黎乡"与"黎花里"文旅项目、中国探险协会（NGO）出资改造
白查村	中国传统古村落、第三批海南省文物保护单位、第二批国家级非物质文化遗产保护项目
俄查村	无

（二）俄查村地理位置偏僻，交通状况较差

俄查村的地理位置相对偏僻，尽管临近 314 省道，但总体来说到达车程长、道路建设弱、进入性差。地理位置上的缺陷不仅影响着文化遗产的物理修复和保护进度，也会影响到当地旅游业的产业建立和配合。船型屋重建和日常修缮需要大量的茅草和泥土等原材料以及人力资源，黎族织锦及相关文创产品的售卖需要便捷的对外窗口及完善的交通。为实现黎族传统聚落文化遗产的科学化、高效化保护，除政府投入的资金支持外，文化旅游业的经济来源同样不

图 4-11　俄查村卫星地图①

① 图片来源：https://map.baidu.com/poi/俄查村/@ 12131170.017893601，2128919.4683197043，16.56z，2.41h/maptype%3DB_EARTH_MAP?uid=b292b3aa6abeaf56be4842fd&ugc_type=3&ugc_ver=1&device_ratio=2&compat=1&pcevaname=pc4.1&querytype=detailConInfo&da_src=shareurl，图片获取时间：2023 年 3 月 11 日。

可或缺。而相较于白查村，俄查村的地理位置与交通状况对游客的进入和流动造成阻碍，基础设施建设也存在一定的困难。

（三）俄查村信息对内对外传播存在缺陷

相较于白查村和初保村，俄查村的对内、对外信息传播存在相当大的问题。来自外部的信息冲击对这个黎族传统聚落产生了较大的影响，如网络传播下现代社会对聚落内群体，特别是年轻群体的冲击。外部信息的传播改变了俄查村黎族居民对于本族、本村的认知与认同，一定程度上影响了黎族人民对黎族传统聚落文化的"自珍"意识。

目前，俄查村并没有形成较为良性的信息接收状态。对内，俄查村家庭、学校与村委会没有开展的民族传统文化教育。俄查村村落的学校里也没有开设相关的黎族传统习俗与文化课程。非遗技艺的学习目前主要仍以家庭为单位，并未有效建立起由非遗技艺传承人前来授课并向村民讲解黎族传统聚落文化的多元培训路径。对外，村委会、乡镇政府、市政府对于俄查村传统聚落文化的宣传较为有限，申遗的宣传工作并未真正开展，而是仅停留于知晓当地政府下发的红头文件的层面。

（四）当地文化遗产保护任务重，资金和人力资源相对有限

2021年8月中办印发《关于进一步加强非遗保护工作的意见》，提出要完善区域性整体保护制度，继续推进文化生态保护区建设，建设非遗特色村镇、街区，全面推进"非遗在社区"等工作任务。[①]

[①]　中华人民共和国中央人民政府. 中共中央办公厅国务院办公厅印发《关于进一步加强非物质文化遗产保护工作的意见》［EB/OL］.（2021－08－12）［2023－03－20］. http://www.gov.cn/govweb/zhengce/2021-08/12/content_5630974.htm.

海南省已于 2018 年将东方市划定为海南岛中南部少数民族文化生态保护区。在船型屋保护早期，东方市内仍有三个村落保留规模较大的船型屋建筑群，即白查村、俄查村与那文村，而白查村因其"有山有水有溶洞"的整体生态环境成为当地政府有限保护资源中的最佳选择。① 因此，尽管俄查村遗存的船型屋规模较之白查村更大，但并没有得到系统保护，整体的文化遗产保护规划与实施相比较为滞后。

在东方市政府出台保护规划、文物保护单位评定申请、媒体宣传与营造技艺培训等政策扶持和鼓励措施后，白查村黎族传统聚落文化遗产得到良好保护。自 2006 年起，海南省东方市人民政府设立的"东方市非物质文化遗产保护中心"便对白查村老村进行了较为科学、系统的普查与保护工作。在随后的十年间，白查村依靠"中国传统村落"及"海南省第三批文物保护单位"等认定工作实现保护的合理性、合法性与修复资金支持。同时，通过海南省旅游和文化广电体育厅、东方市政府资金投入和鼓励，实现与白查村农户合作进行一系列修缮保护工作。在《东方市乡村振兴战略规划（2018—2022 年）》中也明确提出做好白查村船型屋保护、开发和利用。② 此外，东方市政府还通过"文化和自然遗产日"促进白查村文化遗产保护同旅游产业相结合。在非物质文化遗产传承上，由

① 潘琦. 黎族船型屋：活化传承"非遗"之难［J］. 农村·农业·农民（A 版），2014（02）：44 - 46.

② 东方市人民政府. 解读《东方市乡村振兴战略规划（2018—2022 年）》之十七［EB/OL］.（2019 - 01 - 21）［2023 - 03 - 18］. http://dongfang.hainan.gov.cn/ywdt/jrdf/201901/t20190121_2261018.html.

东方市文化馆牵头在白查村定期举办船型屋营造技艺培训班。调研团队也发现有多地媒体对白查村进行实地探访与宣传工作。

图 4-12　作为文物保护单位与中国传统村落的白查村（调研拍摄）

反观俄查村，受船型屋长期不住易损毁的特征、保护资金与力度等主客观因素的影响，当地船型屋建筑群的保护及船型屋营造技艺的培训工作，进度均较为迟缓，现传统聚落旧址上已鲜见保存完整的传统船型屋。

三、俄查村文化遗产的现存问题

就实地调研结果而言，其一，遗产修复和保护方面，俄查村目前存在的问题主要包括船型屋破坏殆尽、文化遗产"突出的普遍价值"仍不凸显，村民的"自珍"意识与传承意识薄弱等。其二，在双遗产结合方面，俄查村在目前的规划上缺乏文化遗产同自然遗产的有机结合。其三，在文化特色的挖掘上，俄查村村民有一定的主动性，但在本村的活动与文化建设中仍然缺乏自主性。

（一）传统聚落重建规划不明朗，船型屋修复原材料短缺

俄查村船型屋建筑群因损毁严重，其后续的修复和保护工作面临巨大挑战。主要涉及船型屋的修复与重建设计、俄查村的村落规划这两个方面。

在实地调研和访谈中，项目组发现船型屋的修复与重建工作面临如下两个问题。一是重建的原材料及技艺问题。俄查村周边缺少搭建船型屋屋顶所用到的茅草，茅草需要从外地购买，这大大增加了搭建的成本，同时村内的年轻人营造技艺习得有限，人力成本也有所增加。二是船型屋的设计问题，出于对民居设计安全性和传统性的平衡，重新修建必然面临是否需要进行现代化改造的问题，以及确立现代化改造的程度和标准。在重修过程中还需考虑现代化改造后是否符合文化遗产申请中"突出的普遍性"原则，即船型屋本身特有的就地取材、因地制宜、与当地自然环境和谐统一的建筑设计科学性和艺术性。

与之密切相关的问题是传统聚落重建的规划与标准。在东方市江边乡政府 2021 年 12 月 30 日发布的《东方市江边乡布温村、俄查村、白查村、老村村庄规划（2021—2035）》① 文件中显示，俄

① 东方市人民政府.《东方市江边乡布温村、俄查村、白查村、老村村庄规划（2021—2035）》规划公示［EB/OL］.（2021-12-30）［2023-03-20］. http://dongfang.hainan.gov.cn/xxgkzl/dfsjbz/xxgkml/202112/t20211230_3122174.html.

查村村域的 14.88 公顷都已划入生态保护红线，基本农田、种植园用地、居住用地将大幅缩小，本村内不存在文物保护单位。相较于白查村而言，俄查村老村已被破坏，因此在村落规划中缺失了对传统聚落保护的部分，这也是文化遗产保护和乡村规划的冲突结果。如果已确定俄查村将要列入申请名单，当地则要面临传统聚落建设和现代乡村规划之间的问题。

对于传统聚落的重修设计而言，聚落保存的可持续性问题同样不容忽视。即聚落内部建筑搭建后，是将其作为仅供参观、游览与学习的文化生态保护点，还是引导居民回迁形成新的黎族聚落生态区，抑或是取两者之间的折中模式。前者需考虑船型屋的修复与保护成本问题，后者则仍需考虑居民是否愿意回迁，回迁后如何融合居民生态与文化遗产产业建设的问题，这涉及"突出的普遍性"原则中物质文化遗产所需包含的文明象征、历史价值、文化价值观念和审美观念等。

总而言之，俄查村的物质文化遗产需要在进行适当的用地规划与乡村建设、技艺培训、回迁意愿征集等操作后进行重建保护工作。在现状的原因分析中也提及，目前俄查村的资金补贴、政府政策规划和落实、俄查村的道路建设、旅游产业引导和建设进度较为落后，村民本身对于申遗概念的模糊和民族文化保护意识的缺位都是亟待解决的重点问题。

（二）村民汉化程度较高，对船型屋营造等非遗技艺传承参与性不高

对于俄查村的非物质文化遗产保护而言，传承的可持续性是关键问题。尽管目前俄查村掌握船型屋营造技艺的村民较多，但村民

图 4-13　俄查村乡村村庄规划公示①

① 图片来源：《东方市江边乡布温村、俄查村、白查村、老村村庄规划（2021—2035）》。

对船型屋与黎族传统聚落的保护意识有限、传承断代问题凸显，非物质文化遗产保护与传承工作的整体参与性不足。

从调研现状中不难发现，俄查村黎族居民的汉化程度较深，对于"黎族传统聚落文化"和"世界文化遗产"这些较为抽象的、建构的概念认识有限。这一方面是历史因素形成的，另一方面则来源于大众媒体、网络与新媒体信息传播的影响，即年轻村民在对现代社会的认知塑造过程中容易形成对本民族文化的忽视。此外，相较于其他村落，俄查村及其县乡的学校缺少有关黎族民族传统文化的教育，而村委会也存在着对海南申遗工作对内、对外宣传有限的问题。目前，俄查村在宣传上既没有普及相关知识，也没有强调在文化遗产项目申请成功后能够为村民带来的积极影响等，这些均不利于俄查村居民形成强有力的弘扬黎族传统聚落文化的意愿。

就调研结果而言，俄查村的非遗文化保护工作主要受到政府的主导助推，存在政府"输血式"主导保护工作，主体单一的问题。实现可持续保护更需"造血"而非"输血"，村民参与主体性的缺失不仅会使得造成政府保护工作超负荷，也极易导致黎族传统聚落文化精神内涵的缺失。

（三）文化遗产与自然遗产的结合面临彼此割裂的困境

在调研与座谈会中俄查村双遗产结合的相关内容被提及得相对较少，在海南省"双遗产"的申报过程中自然遗产与文化遗产也面临彼此割裂的困境。从俄查村的乡村规划文件和地图分布中可以发现，作为黎族传统聚落的俄查村与海南热带雨林国家公园内的尖峰岭片区具有进行"双遗产"结合的可能性。

据村民所述，俄查村祖辈从尖峰岭搬迁至如今的居住地；而在海南相关的旅游产品和旅游路线推荐中也将俄查村与尖峰岭国家公园相关联，作为"一日游"路线进行规划。因此还需要在后续的文化遗产保护与修复工作中考虑如何结合尖峰岭的地理位置与热带雨林植被样貌对俄查村这一传统聚落进行规划和重建。

（四）传统聚落场所消失，村落自身文化特色较为模糊

俄查村在文化遗产特色挖掘方面所面临的最大问题是传统聚落内物质建筑消失后，交流空间载体的缺失所造成的聚落文化认同和聚落独立性的减弱。生物性给予了黎人赖以为生的自然生态资源获取来源，社会性由相对稳定的居住场所文化逐步演化而来，两者之间相互耦合并最终影响了黎族聚落民居文化的双重性。[①] 从目前的调研结果中不难发现，俄查村村落本身的特色比较模糊，自主性较低，例如举办大型的黎族传统节日庆祝活动时，俄查村村民通常会前往白查村老村一同参加活动。俄查村老村的传统聚落消失，而新村在目前的规划中没有适宜的公共活动场所，在这样的情况下俄查村很难频繁地聚集本村村民，以使村民在交流中形成对俄查村本村传统聚落文化的共同认识，从而形成独特的黎族传统聚落文化。

四、针对俄查村的对策建议

俄查村申遗工作面临的突出问题是如何在有限的时间内快速重建船型屋与传统聚落，并使其完全符合申报世界文化遗产的真实性

① 高铮. 海南黎族船型屋的传承保护和创新设计研究 [D]. 海南大学，2022.

标准。除此之外，该村还面临经济收入与文化价值认识不全面导致的非遗传承积极性低、双遗产结合彼此割裂、村落自身文化特色较为模糊等问题，针对俄查村的对策建议主要涉及制定重建规划和修复标准、与白查村联动打造申遗"双子村"、利用四级媒体传播加大宣传力度三个方面。

（一）制定俄查村黎族传统聚落重建规划和修复标准

俄查村的黎族传统聚落重建中最重要的是规划部分，因此需要科学完整的顶层设计，通过设立《俄查村传统聚落保护发展规划》《俄查村传统聚落保护条例》《俄查村传统聚落修复标准和规范》等文化遗产保护条例与规划，成立俄查村规划保护小组，为后续的工作落实提供指导性意见与规范性纲领。

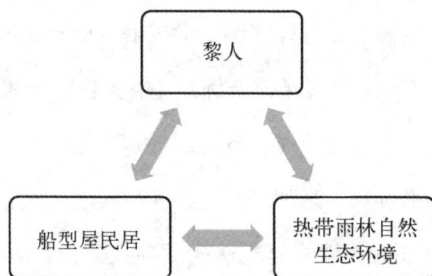

图 4-14　黎族传统聚落的重要组成要素

在《俄查村传统聚落保护发展规划》当中最关键的部分是规划俄查村传统聚落的搭建位置与整体布局。

第一，黎族传统聚落由其所处的自然生态环境、黎族人民传统技艺营造的聚落民居与黎族人民的生产生活组成。在进行重建规划过程中需要依照黎族传统聚落选址的原则划定重建场所。同时不但要关注船型屋的修建，更应对聚落周边的生态环境进行恢复性保护，包括植被、山势等。

第二，要与已有的《东方市江边乡布温村、俄查村、白查村、老村村庄规划（2021—2035）》相配合，确保村民用地，避免同已规划用地产生冲突，合理利用《规划（2021—2035）》内的留白用地，同时尽量实现周边地区的资源整合。如将除遗产复原区以外的文旅展示区与现有规划中的体验区衔接，或与沿村域南北向主要道路的骑行绿道与驿站相结合。

第三，在民族文化专家、历史学家、营造技艺传承人与村中老人的协商制定下对整个聚落布局进行规划，发挥各类参与者的正向作用。有别于其他村落，俄查村需要实现的是聚落整体重建。当地可根据专业人士给定的修复目标样式制定形成俄查村黎族传统聚落修复技术规范。《俄查村传统聚落保护条例》《俄查村传统聚落修复标准和规范》需要根据《俄查村传统聚落保护发展规划》制定，对规划内区域进行分区标准设定，区别遗产核心区与其他区域。在遗产核心区内，船型屋建筑群的整体修复应遵循世界文化遗产标准中的真实性原则。对传统聚落内建筑物的外形、材料、布局、色彩等建筑风貌提出基本样式标准。船型屋建筑物内部的生产生活用具、节日祭祀礼器、内部装饰等可以通过向村民征集或政府向村民采购的方式，实现最大程度的还原。遗产区内部的公共基础设施以及遗产区外的其他区域，需要在符合功能的现代化建设基础上突出建筑外形与内部的黎族特色，保证整个俄查村黎族传统聚落遗产区的和谐度。

　　俄查村需在上述条例基础上，加快公开招标建设，明确县、镇、村具体的村落保护发展责任人，统筹使用国家重点文物保护、中央补助地方文化教育与传媒事业发展、非物质文化遗产保护等专项资金，做好监督、管理、评估工作，并将聚落重建后的保护发展纳入村规民约。

（二）与白查村联动共同打造申遗"双子村"，引导村民助力活态传承的实现

　　俄查村应充分利用与白查村地理位置接近的优势，与白查村联动打造申遗"双子村"，形成"雨林+聚落+江河"旅游带。具体而言，可通过以下几方面打造"双子村"。第一，共同建设使用茅草种植区，便于规划管理和成本缩减。俄查村与白查村在地理位置上十分接近，且同隶属于东方市政府与江边乡政府管辖。两村共建原材料种植区域可以大大缩减交通、种植、劳力与行政管理成本，有效缓解船型屋搭建的原材料缺乏且成本高的问题。第二，在船型屋搭建与非物质文化遗产传承问题上，依靠白查村非遗传承人对俄查村进行"传帮带"。一方面引入白查村丰富的规划与建设经验，另一方面通过两村村民与非遗传承人的人际交流，改善俄查村村民对黎族传统聚落与世界文化遗产的认识，使其积极参与后续的建设和保护工作中。第三，结合白查村"现存最完整的黎族传统聚落"与俄查村"布局最还原、最完整的黎族传统聚落"的聚落特色，形成"双子村"宣传，除了体现聚落间的连接与黎族人民的友爱互助等文化价值，亦可在后续文旅发展上形成规模效应。除了上述三点，俄查村与白查村还可以结合周边的尖峰岭雨林区与昌化江进行自然与人文结合，通过建设沿线旅游带，弥补目前双遗产结合有限的问题。

在白查村传帮带与俄查村已有的非遗传承人带领下，政府与规划小组应吸纳村民作为主要劳动力参与船型屋的建筑修复。就世界文化遗产申请的真实性与完整性而言，船型屋搭建需要传统的营造技艺，因此上述群体作为亲历者和技能习得者必不可少。同时，中青年村民参与传统聚落重建工作中可以获得比补贴与务农更优厚的经济收入，从而推动更多俄查村村民参与非遗保护工作，为后续实现聚落内的活态传承与定期维护奠定基础。村民的重建参与工作可加深其对聚落的文化认同，利于推动非遗技艺传承和聚落建筑保护工作，缓解目前非遗传承积极性低的问题。

（三）充分利用四级媒体传播，加大对外宣传与对内培训力度

针对黎族传统聚落的非物质文化技艺传承断代、文化遗产认同感缺失的问题，俄查村还需更进一步关注两个问题。一是年轻人对黎族传统聚落保护的投入程度，二是俄查村村民参与其中获得的物质或精神满足程度。

政府和上级主管部门可以组织定期的宣传和培训，注重俄查村及周边村落的基层传播。通过定期的村内公共活动，聘请省级专家组成员开展"非遗"讲座，确保村民们能够正确认识到黎族传统聚落文化遗产的历史价值、艺术价值与科学价值，提升其学习与传承作为非物质文化遗产的各类技艺，参与重建和保护工作。组织俄查村的非遗传承人和技艺习得者开展非遗技艺培训，通过教授行为加深认同感。

此外，还需充分利用中央媒体、省级媒体、市级媒体和县级媒体四级媒体传播，通过省市县级政府、旅游文化主管部门、博物馆、林业局与相关机构的媒体矩阵，联动其他提名村落在社交媒体与短视频平台对俄查村传统聚落与其非物质文化遗产进行定期曝光，传播其文化价值，辩证吸纳受众关于文化遗产保护和申请工作的意见反馈。

同时，可在申遗工作小组与俄查村规划小组指导下，吸引村民乡民参与俄查村黎族传统聚落的宣传工作。利用当地年轻人对社交媒体、短视频的喜爱度与熟悉度，辅以一定的物质激励机制，鼓励其进行相应的社交媒体宣传工作，建设并运营俄查村黎族传统聚落的官方宣传账号。除了从历史、文化、科学角度展现已有的物质文化遗产和非物质文化遗产，亦可在规划修复基础上合理利用慢直播发布修复进度、对比聚落中各建筑物的样式与功能差异，展示政府征集文物的故事等内容实现对外宣传申遗工作和对内吸引更多年轻人主动投入俄查村申遗工作中。

第三节 初保村黎族传统聚落及其文化保护

初保村位于五指山热带雨林片区西麓的毛阳镇。村落内部船型屋的种类齐全，保留了古老黎族聚落的原貌与特色，记录着黎族传统民居从"船型屋"向"金字型屋"变迁的轨迹，是目前仅存保留完好的"黎族干栏建筑生态自然村"，极具研究和保护价值，因此被誉为"黎族传统民居的博物馆"与"黎家第一村"。

图 4-15   "黎家第一村——初保村"（调研拍摄）

一、五指山热带雨林与初保村黎族传统聚落

五指山热带雨林是海南省的一片珍贵自然资源，也是黎族传统聚落初保村的自然环境所在。作为中国的国家级自然保护区，五指山热带雨林拥有丰富多样的动植物资源和壮丽的自然景观。

初保村是五指山热带雨林中的一个黎族传统聚落，位于五指山脚下，被郁郁葱葱的热带雨林环绕。这个村落保留了丰富的黎族传统文化和建筑风格，其建筑主要为黎族民居金字型屋，建筑材料与聚落布局受到自然山势、气候环境与当地自然资源的影响，注重实用性和功能性。村民们在这里过着俭朴的生活，坚守着自己的传统习俗和生产方式。他们的传统文化表现在传统民居营造、手工艺品和纺织技艺等方面，展示了黎族人民的才华和独特的文化传统。这些特点也使初保村成为黎族文化的重要代表之一。

初保村黎族传统聚落与五指山热带雨林形成了一种互补关系。热带雨林为初保村提供了丰富的自然资源和生态环境，为村民的生活和文化活动提供了保障。初保村的存在也是对热带雨林的一种文化保护和传承，使这片自然环境与黎族文化相互交融，形成了独特的自然和人文景观。

初保村是典型的黎族传统聚落，位于杞方言的黎族聚居区，其地名源自黎族方言中的"猪槽"，因与村落地形相似而得名。初保村以其瑰丽的自然风光和完整的人文景观而成为黎族村落的典范。在这个传统聚落中，黎族的传统生产方式、本民族方言、民俗民风、饮食习惯、民间纺染织绣技艺和干栏民居建筑等传统文化得到较为完整地保留和传承，具有重要的展示价值。

初保村的选址和聚落布局受到地理环境的影响。进入初保村的入口是一条狭长的山坡路。聚落的代表性传承人王仁达习惯用黎语称呼村子为"德什龙"，意为"在大水田的上面"①。这个描述不仅形象地描绘了聚落的特征，也精确地概括了初保村的选址原则。初保村的聚落选址和民居排布体现了黎族人民因地制宜的生活智慧。整个村落依山势而建，建在向阳的山头上。村前的牙合河水清澈见底，流水淙淙，田地沿河而布，环境宜人。民居按照阶梯状排列，

---

① 陈小慈. 黎族传统村落形态与住居形式研究［D］. 南京农业大学, 2011.

呈现出"山包村、村包田、田围水"的布局。与大多数传统聚落相似，初保村也被茂密的阔叶林与灌木丛形成的天然屏障环绕，周围种植着椰子、槟榔、菠萝蜜、芒果等经济作物，在为居民提供"食"与"护"的同时，呈现出一派自然闲适、耕采相宜的景观。

黎族先民从五指山的热带雨林中找到适宜生存的地方，也在适应自然的过程中发掘出船型屋的建造智慧。初保村内的民居以金字型屋顶的落地船型屋为主，除此以外还保存有干栏式金字型屋与传统谷仓建筑，成为研究黎族传统聚落民居演变历史的有力证据。因此，初保村被赋予"黎族干栏建筑生态自然村"之名，并于 2005 年被列入海南省第一批非物质文化遗产代表作保护名录。[①] 作为热带地区岛屿性部族聚落建筑的典型代表，初保村反映出的人地互动关系、生活习俗特征和村落物质遗存彰显出黎族人的生活哲学。

2010 年以来，五指山市将初保村黎族传统聚落保护、新村建设改造与毛阳镇风情小镇规划和非物质文化遗产保护相结合，一定程度上实现了黎族传统聚落文化保护与民族地区发展同步推进。

二、初保村黎族传统聚落文化保护现状

在丰厚的自然资源与僻静的地理位置之下，初保村的黎族传统聚落文化未受到现代化的强烈冲击，保持着良好的传承与保护情

---

① 海南省人民政府网. 第一批海南省级非物质文化遗产名录 [EB/OL]. (2008 - 08 - 04) [2023 - 06 - 20]. https://www.hainan.gov.cn/hainan/whjq/200808/0d49931cd45c4170b49688 a013f4da71.shtml.

况。黎族传统民居与聚落布局仍保存完好，村落与建筑仍是黎族人民生产生活的空间场所之一。当地居民掌握着较为完整的干栏式建筑营造技艺和黎族传统纺染织绣技艺。在当地政府和居民的积极推动下，初保村凝聚了黎族人民艺术才华和审美观念的建筑风格和文化面貌得以展现在世人面前。

（一）金字型屋传统建筑群保存较为完整，原真性较高

初保村聚落内建筑布局因山势而显得错落有致，房屋前后之间以小径连通，上下之间以村民挖成的土阶或加砖石铺设的石阶相接，居民之间往来联络方便，原始的黄泥道路蕴含着自然韵味。区别于其他村落，初保村现有的黎族传统建筑主要为金字型屋且建筑保存较为完整，屋顶大部分以茅草覆盖，少部分在修复过程中并未继续使用茅草，而是采用了铁皮材质。建筑四周墙体使用木板搭建，全屋以矮脚柱架空，屋檐下及墙体上一般挂置农具与生活用具，屋后设有排水沟。随着大部分村民迁移至新村，以及小部分村民离开初保村生活，有部分金字型屋长期无人居住打理，而屋内的三角灶①一旦废置不用，金字型屋将很快腐烂坍塌。据统计，目前初保村现存金字型屋数量约为 36 间。

初保村金字型屋与其他船型屋的主要区别体现在屋顶部分。村落内的传统建筑屋顶呈金字型，斜梁的下端不再呈现船型屋的弯曲状，而是以直柱支撑保持挺括，即屋顶较之有一定弧度的船型屋会形成一个尖尖的夹角，形似"金"字。此外，金字型屋的屋檐离地

---

① 三角灶，即黎族用于生火做饭的三角灶台，由三块石头组成，一般埋设在屋中靠近水缸的位置。

面较高，不再与地面贴合。从这个角度来讲，初保村的黎族民居具有了一定的金字型屋特征，是海南当地少有的保存较为完整、数量较多的金字型屋建筑群。初保村的金字型屋既利用了金字型屋顶的优势，又保留了传统船型屋的风貌。可以说这种过渡形态的金字型屋见证了黎族民居从原始船型屋向汉族金字型现代建筑变迁的过程。

图 4-16　初保村金字型屋顶（调研拍摄）

除此以外，初保村金字型屋与传统船型屋的区别还体现在建筑材料方面。传统船型屋的主要建筑材料是茅草和泥巴，而初保村现存的金字型屋墙壁基本上以木板为主材质，这是初保村民居最独特的地方。

据了解，初保村最早的金字型屋墙体也是由泥巴构成，在20世纪80年代前后，村民才开始使用木板来代替泥巴构建外墙。初保村村民对此变化的原因说法不一。据初保村的村长讲述，一开始是由于年轻人使用木板建隆闺，而这种小房子无论是质量还是外观都相当不错，因此后来村里的老人也都借鉴这种方式使用木板建房。也有一些村民从建造原材料的角度分析了这种变化。由于土地使用的限制，村民们很难获得足够数量的泥土来搭建金字型屋的外墙。同时，传统金字型屋的墙体中需要掺杂一定量的茅草，然而茅草的获取随着建厂种桉树、禁止烧山以及大面积使用除草剂变得日益困难，海南全省建造船型屋所用的茅草都处于紧缺状态。而初保村在地理位置上有别于洪水村、俄查村和白查村等，村落紧邻大山与植被，村民们更容易在山上获取木材，因此便以木板代替。此外，木板的使用使得屋内的居住环境更加整洁干净，不会像泥土那般产生碎屑而使室内陈设蒙上尘土的现象。总而言之，尽管相比于泥巴外墙，木板墙体的连接处存在缝隙往往会漏风，然而出于原材料与整洁度的考虑，当地居民选择采用木材而非泥巴作为墙体建筑材料。从建筑结构的角度而言，对木板和木架榫卯板材结构的使用也是受到汉族建筑和文化的影响而革新的结果。

除了独特的金字型屋民居，初保村内部还建有隆闺、谷仓、晒稻架、猪圈、牛栏等特殊用途的建筑，较为完整地保留了一个黎族传统聚落的生态布局。村口的谷仓极具特色，除了以茅草做顶，木板为墙，屋顶外形看似一艘倒扣的木船，底部还以矮脚柱支撑起整个建筑，呈现出典型的"干栏式建筑"特点，房屋与地面保持一定间隔，起到防湿、防潮、避免虫蛇侵害的作用。

部分初保村居民会在房屋周围划定空地作为饲养家畜的牛棚、猪圈、鸡舍或菜园等，以竹片编织而成的围栏或用木头柱子组成的篱笆圈围起来。地势较高的居民还能利用房屋周围有限的廊道作为生产生活的平台，在屋檐下或墙上放置各类生产生活用具。初保村的谷仓建筑也沿袭了与其他黎族聚落的习俗，谷仓集中建在村落的晒谷场周围，各家的谷仓相邻并有序排列，谷仓之间留有足够的空间，以便于粮食的通风防潮和搬运需要①。目前，在当地政府与文保单位的保护之下，初保村内的建筑都已标号，在部分典型建筑上还挂有科普标识。但保护的标识并未掩盖掉船型屋民居的生活气息，门前张贴的春联、门板或屋内墙壁的涂鸦与屋内留有的草席和生活用具等都展现出初保村以往的生活气息。

2007 年左右，初保村的村民全体由老村迁移到新村，两村之间的直线距离约一公里。新村房屋采用现代建筑工艺，配套设施齐全，不同于老村泥泞的土路，新村道路都是平整的水泥路面。尽管如此，无论是村民圈养的家畜还是耕地都分布在老村，村民的生产活动仍在老村范围内。这在某种程度上反映了初保村村民生产和生活的一种分离状态，也反映出传统民居建筑空间场所的保留对当地居民生产生活习俗文化传承的作用。只有保留空间场所，民族文化才能更好地持续传承。

---

① 熊清华. 海南黎族传统村落人居环境的美学研究［D］. 中南民族大学，2018.

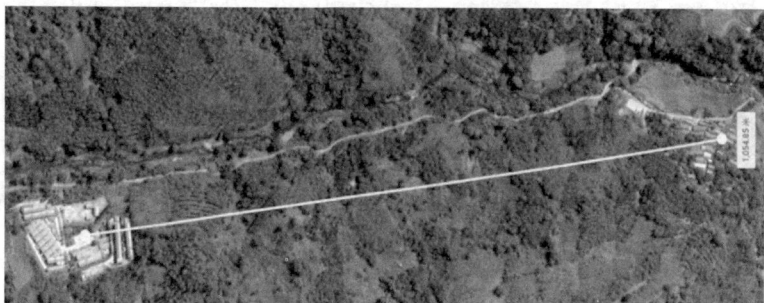

图 4 - 17　初保村新村与老村的地理位置①

　　初保村传统建筑的良好保存得益于政府和当地居民的共同保护。五指山市政府与文物保护单位共同对初保村黎族传统聚落进行了保护规划，采取文保单位申请、进行文物保护与标识、开展文物保护法与初保村民居保护知识宣讲活动、举办五指山市"文化和自然遗产日"活动等一系列措施，从调研规划、实地保护、宣传推广和监测优化方面保护了初保村的金字型屋与其他传统建筑。

　　虽然村民们从老村迁移到了新村，生产和生活产生了一定的分离，但老村的金字型屋仍是当地黎族居民生命中不可或缺的一部分。从观念上来讲，很多村民都出生在金字型屋里。与黎族传统服饰和织锦技艺不同，这是一种物质空间中"家"的概念，是一种根源性的思想寄托，因此金字型屋很难在村民们的思想层面上被抹去。而在日常生产生活中，村民们的农耕习惯并没有发生改变，他

①　图片来源：Google Earth。https://earth.google.com/web/search/%e5%88%9d%e4%bf%9d%e6%9d%91/@18.87801895,109.58589874,465.35199487a,2380.60757272d,35y,359.63408322h,0t,0r/data=CiwiJgokCctbRsjWeDZAEXVAECu2HjbAGQrBq2G6RVZAIQQHzzKphi_AQgIIAUICCABKDQj_8BEAA，图片获取时间：2022年11月23日。

们仍然会在老村从事生产活动，金字型屋也是他们生产生活中不可或缺的一部分。

在内生性驱动与外部动力的双向加持下，对于当地黎族居民来说，船型屋营造技艺是始终需要传承的黎族传统聚落文化。村长王家琼的父亲是船型屋营造技艺的非遗传承人，通过"传帮带"的方式教会了大部分村民建造和修缮金字型屋。老村的很多屋子如果出现了损坏，村民可自行组织来进行维修。而对于长期居住的船型屋，为了不让其彻底损毁，村里也会安排定期的修缮工作。因此，村民们的金字型屋制造和修缮技艺并不是纸上谈兵，而是经过实践，从而内化于心的一种必备技能。2023 年 6 月，五指山市还在初保村所在的毛阳镇牙合村设立"黎族干栏式建筑技艺传承人孵化基地"①。这种延续千百年的传统黎族物质文化载体并未被工业化时代的价值取代，从而完好地保存了下来，这也使得初保村的黎族传统聚落文化相较之下保有良好的"活态传承"。

（二）黎族传统纺染织绣技艺传承积极性较高

初保村黎族传统聚落中的空间场所仍有保留，这也使得当地黎族居民的生活方式依旧焕发活力。初保村的黎族传统服饰具有杞方言聚居区的特色，妇女通常头系黑色长巾，并挂以流苏的花头巾。上衣多为黑色或深蓝色中长袖，对襟开胸，无领无纽，以白布镶边。衣前有袋花，绣各种彩色植物和几何花纹，衣后有腰花，绣各

---

① 五指山发布．"加强非遗系统性保护　促进可持续发展"我市非遗宣传展示活动异彩纷呈［EB/OL］．（2023-06-11）［2023-06-20］．https://www.thepaper.cn/newsDetail_forward_23446776.

种五彩的动植物花纹。衣背下摆和袖口有精美多样的彩色图案；下穿及膝中筒裙，通常以三幅布缝接而成，裙头黑色素面，裙身、裙尾通体织花，图案精美。杞方言织锦图案侧重于描绘人体形态以及舞姿，生产劳动等场面，以此表现平安和人丁兴旺①。由于筒裙的花纹图案较多，有些筒裙为了突出主要花纹，会沿织布边补充刺绣上亮度较好的颜色，当地人称为"牵"②。

在初保村，村中大部分的妇女基本掌握了机织黎锦的技艺，这在很大程度上是由于村民对保护自身黎族传统聚落文化的积极态度。这些掌握织锦技艺的妇女集中在青、中年人群中，而村内老人并非人人都会织锦。可见这一技艺如今的传承并非完全是在村落内部驱动下的自然世代传承，而是部分依赖于五指山市政府与相关单位的文化保护措施。村民通过自主参与市县政府开设的黎锦技艺培训班，实现文化的传承。

五指山市的黎锦技艺保护措施十分丰富，通过织锦技艺的培训与商业工艺品的结合实现了黎族传统技艺的传承。在政府指导和帮助下，本地有多位黎族传统纺染织绣技艺国家级与省级代表性传承人，通过开设黎锦技艺传习所免费开办培训班实现技艺传承与文化保护。当地政府还将黎锦技艺培训带入学校的教育体系之中，提倡文化传承从小培养。此外，也有五指山黎族的年轻人返乡创业将现代生活用品与非遗技艺融合，通过商业化方式解决文化保护中的内

---

① 钟廷雄，莫福山. 国家级少数民族非物质文化遗产集解［M］. 北京：中央民族大学出版社，2014：316-317.

② 王娟. 五指山黎族传统织锦服饰特色浅析［J］. 琼州学院学报，2011，18（6）：27-28.

驱力难题。五指山市良好的文化保护氛围和举措推动了初保村黎族传统聚落内织锦技艺的传承生命力。

（三）其他技艺与习俗民族特色不凸显

与海南目前已有的黎族村寨风情旅游景点，如保亭"槟榔谷"、黎陶文化村等不同，五指山初保村是更具代表性与真实性的黎族传统聚落，能够最大限度地还原黎族人民的建筑变迁与生活场景。居民在生产生活、饮食酿酒、习俗节庆等方面仍保持着黎族传统，在初保村民居内仍可以见到舂米桶、犁、耙等加工农产品的工具，也有用山藤编织的器物，如竹篓、摇篮、衣篓等；还有用于防身与采摘的骨器、铁器，如匕首、钩刀等；亦有自制的陶器和用于酿制山栏酒的酿酒器具，这些都体现出聚落内的文化传承。

但或许是为了避免在初保村发生破坏性保护，或许是不同黎村有自身的传承特色，或许是出于五指山黎族文化保护的整体规划安排，相较于金字型屋与船型屋营造技艺，黎族的其他文化习俗与技艺传承在初保村内部并不凸显，而是体现在五指山附近的其他黎村。举例来说，当地黎族"三月三"节庆活动、黎族文化活动和黎族非遗活态展示常常会在毛阳镇或是水满乡毛纳村举行，包括初保村在内的黎村居民会就近前往集中参与文化活动；海南五指山"合亩制"地区民间传统舞蹈"黎族共同舞"由毛阳镇方满村村民传承至今①；黎族传统骨伤疗法与黎族传统制茶技艺受原材料影响在

---

① 五指山市人民政府网. 毛阳镇庆祝 2021 年海南黎族苗族传统节日"三月三"系列活动圆满结束［EB/OL］.（2021－04－12）［2023－07－20］. http://wzs.hainan.gov.cn/wzsdjmyz/xzdt/202104/f3491f611164450dadf3d7dfd4878db2.shtml.

深入五指山腹地的水满乡更为凸显；黎族竹木器乐等民艺主要流传在五指山南麓的保亭黎族苗族自治县；而黎族藤编与黎族山栏酒这类融入黎民日常生活的文化在每个黎村都能见到。

传统民居建筑与聚落布局	干栏建筑营造技艺	黎族服饰与传统纺染织绣技艺	其他文化保护
保存较为完整，以金字型屋为特色，已申请文物保护并对建筑进行统一管理	保护与传承情况良好，有多位认定非遗技艺传承人	受当地政府引导，保护情况较好，但缺乏一定持续性	饮食、节庆、编织技艺仍作日常保留，其他黎族传统聚落文化特色不明显

图 4 - 18　初保村黎族传统聚落文化遗产保护现状

三、初保村黎族传统聚落文化保护的现存问题

尽管初保村的物质文化与非物质文化保存现状较好，但作为黎族传统聚落文化的集中体现之一，其在文化保护过程中仍存在一些问题。一是部分修复后的金字型屋现代工艺突兀，损害了传统金字型屋的原真性。二是初保村的特色黎族文化同当地山水田园景观的结合较差。三是黎族传统聚落文化立体化生动化呈现不足，除干栏建筑营造技艺以外的非物质文化传承有限。

（一）原材料缺乏与居民修复意识影响金字型屋原真性

金字型屋作为黎族传统民居建筑中极具代表性的一种，其修复和保护有着很大的必要性。虽然整体上看，初保村的金字型屋保护较为完善，聚落形态也保存完整，但在未来的修缮和保护事宜上仍然存在一系列的难题。

政府从保护雨林地区生物多样性的角度出发，制定了一系列禁止砍伐、烧山的政策。这种政策保证了雨林地区的可持续性发展，从而保护了黎族人民的长远利益与文化生存的自然空间。然而禁止烧山意味着茅草难以生长，成为较为匮乏的建筑原材料。同时村民的生产活动在老村聚落，家畜养殖与人类行为会影响建筑保护的完整性，所以金字型屋修缮对于部分村民而言具有必要性。在保护的必要性和成本较大的冲突下，初保村的村民对金字型屋不同方面的修复和保护态度差异使得当地金字型屋的原真性受到破坏。

具体而言，在建筑形态方面他们积极地维护和修复老村的金字型屋，但在金字型屋建筑的原真性保护方面，初保村村民的重视程度并不高。村民难以找到适用的茅草作为原材料，使得传统修复工艺无法得到完整的体现。同时出于建筑实用性的考量，铁皮代替茅草能够提高房屋的耐用性和防护性能，这种选择使得金字型屋存在失去传统风貌的风险。

综上所述，原材料的匮乏迫使初保村村民在修复金字型屋对原真性保护方面的片面性，可能导致金字型屋在历史传承和文化价值上的缺失，使得传统建筑风格逐渐被现代化的建筑材料和工艺所替代。

（二）山水田园景观与黎族特色传统文化的结合较弱

初保村的金字型屋保存相对来说较为完整，可以作为黎族先民在原始社会阶段的重要见证,是研究人类原始社会时期聚落特征和民居形态的活化石。此外,当地居民干栏建筑营造技艺的传承具有很好的连续性,是能够贯穿黎族历史有着很好佐证作用的线索。同时,初保村所处的五指山地区具有独特的地形地貌特征和极佳的生态环境。

初保村虽然环境优美,却并没在自然遗产的基础上对黎族传统聚落文化进行突出呈现,当地美景也与黎族特色传统文化的结合相对割裂。通过与其他黎族传统聚落进行对比可以发现,初保村的传统聚落并没有与黎族的标志性文化符号如大力神、甘工鸟、鱼纹等进行有效的结合。以王下乡为例,该聚落在入口处的地标上,着重

图4-19　王下乡入口处的黎族传统文化符号——人形纹(调研拍摄)

突出了大力神以及鱼图腾，很好地体现了黎族的传统文化符号。对于文化保护而言，聚落选址的地理环境与背靠五指山热带雨林的动植物自然资源也应当逐项纳入初保村黎族传统聚落文化的保护规划中。例如：基于自然环境的黎族藤编、黎族医药等技艺和基于山势河流而形成的聚落布局和排水智慧。

（三）黎族传统聚落文化生动化呈现不足

与自然环境结合不足相匹配的是初保村对黎族传统聚落文化立体化、生动化传承与展现不足的问题。黎族传统聚落文化不止由物质文化及其营造技艺构成，黎族人民生活中展现出的传统口头文学、传统民间艺术、传统技艺、医药、体育和游艺、礼仪节庆等民俗都包含在内。目前初保村仅能通过老村聚落的建筑物和生产生活用具等体现出这一文化的一部分风貌，而难以实现立体化、生动化的呈现。此外，由于上述文化保护内容往往依赖于传承人或习得者的培训，但是传承人分散在各乡镇村，一些传承人因为路途遥远等原因就放弃培训。

以黎族纺染织绣技艺为例，虽然在政府的大力倡导和支持下，大部分的初保村中青年妇女还是学会了织锦，使得这种技艺可以传承下去；但对于部分村民而言，由于黎族服饰制作工艺较为复杂、目前生活没有必须穿着黎族传统服饰的需求，且黎锦与现代前沿时尚相比差距甚远，这导致他们已不再局限于黎族服饰。以初保村当地居民王氏阿姨的女儿为例，在新媒体与现代生活的冲击下，年轻人的消费观念不再受制于一千元左右的补贴，政府的激励措施很难让他们重新学习织锦这种相对枯燥的技艺，充斥着现代元素的崭新时尚产品对于年轻人而言仍是陌生而新奇的，这样的情况也体现在其他传统文化的传承中。而且相较于其他三个村落，初保村的产业结构更加多元化，村民们有更多营生渠道。因此，村民会选择经济收益更高的行业比如种植橡胶、槟榔。初保村其他技艺的传承存在内生动力缺位的情况，如若政府补贴不足则难以形成可持续的发展模式。

四、针对初保村文化遗产保护的对策建议

针对上述问题，为使初保村的黎族传统聚落文化保持原真性、凸显民族特色，实现活态传承，需要细化金字型屋的修复和保护标准，向村民普及文物保护知识，以及通过与其他相近村落的交流学习提升黎族传统技艺的传承效果。

（一）制定并细化金字型屋建筑群的修复和保护措施

初保村金字型屋原真性修复和保护需要保证三个基本原则。一是严格要求修复过程必须使用传统的金字型屋建造工艺。二是严格规定修复所使用的材料，为了保证原真性不使用仿生茅草等。三是严格要求修复后的还原程度。这种还原程度不应该局限于建筑形式层面的相似，应该将建筑、文化符号以及周边环境作为一个完整的整体进行考虑。

在上述标准下，针对初保村金字型屋由于居民修缮导致呈现状态参差不齐的情况，需要基于金字型屋建筑现状，分类采取不同的举措。第一，对于保存现状较好的金字型屋，注重日常的保养修护。建立规范化的日常保养制度，从茅草维护、局部补

漏、防腐防虫等方面进行全方位的修筑。此外，要建立长期连续的监测制度，聘请专业人员对金字型屋的状况进行定期的监测与管理。

第二，对于受损不严重、整体框架依然完整的金字型屋，应采取重点修缮的举措。在原有的结构基础上，使用必要的工程手段对金字型屋进行修缮。在确保金字型屋结构安全、稳定、完整的前提下，尽可能地保存有价值的历史痕迹。此外，如果不得已要添加或更换构件，那么尽量将其置于隐蔽部位并且保证有年代标志。

第三，对于整体框架已经发生改变的金字型屋，要做到原状修复。初保村金字型屋现存的最大问题之一，便是存在使用铁皮替代茅草作为屋顶。因此，在保证整体结构稳定性的情况下，应该尽可能地复原错乱、坍塌的构件，拆除近代添加的有损金字型屋原真性的部分。修缮要尽可能地采用传统技术，最大程度保留各个历史时期有价值的遗存。

初保村最大的特点就是新村和老村分离，新村为初保村村民目前的居住地，老村则保存着黎族传统的金字型屋，就此老村可被打造成为规范化的黎族传统聚落文化展演地。第一，可以选择一间修复和保护现状较好的金字型屋作为开放式展览的样本，还原传统黎族人民在金字型屋中真实的生活状态，保证房屋的外观构造和内部布局的原真性。此外，屋中所陈列的家具也要保证历史真实性，可以从村民的家中收集一些年代久远且保存较完善的家具。第二，全方位展现村民的生产生活方式。由于初保村村民生产生活相对分离的现状，如何凸显老村文化遗产的完整性就显得格外重要。完整性不仅体现在建筑修复方面，同样体现在对黎族人民生产生活的还原程度上。因此，老村不应该是一个博物馆村，而应该是一个充分还原黎族人民生产生活状态的动态社区。基于此，可以将老村的某一特定区域指定为展示区域，向参观考察的人们展示黎族人民传统的生产生活方式。此外，也可以修建一条小路，让游客可以到黎族人民劳作的现场进行实地参观。

（二）培养居民原真性保护意识，多渠道激发保护动力

黎族传统聚落文化的保护状况，很大程度上基于村民对黎族传统聚落文化的保护意识。因此，着力提高村民对黎族传统聚落文化的保护意识至关重要。针对初保村的现存问题，提高村民保护意识的对策建议可以大致分为以下五条。

一是开展文化遗产宣传教育。通过举办讲座、展览、文化沙龙等活动，向村民普及金字型屋等传统建筑的历史、文化价值和保护意义，提高村民的文化认同感和保护意识，重点突出对文物私自进行修改拆除的违法性的宣教。二是成立文化遗产保护志愿团队。鼓励村民加入志愿者团队，参与金字型屋的保护和修复工作，通过实践活动增强村民的文化保护意识。三是创办文化遗产传承基地。在村里设立一个文化遗产传承基地，以金字型屋为核心，向村民展示传统建筑技艺，传授修复方法，并组织实践活动，使村民更直观地了解金字型屋的价值。四是文化旅游项目开发。利用金字型屋等文化资源，开发具有特色的文化旅游项目，吸引游客参观体验。通过旅游业的发展，帮助村民认识到保护传统文化的

经济价值，从而提高他们的文化保护意识。五是举办传统文化节庆活动。定期在村里举办以金字型屋为主题的传统文化节庆活动，邀请村民参与，让他们亲身体验传统文化的魅力，从而增强文化保护意识。

（三）发挥孵化基地作用，形成黎族传统聚落文化交流组，完善技艺传承

在五指山市，市旅文局与市文化馆会举办非遗系列（文体类）培训活动以促进文化保护，助力乡村振兴。为提升初保村其他文化技艺的传承情况，应当充分发挥好初保村已有的船型屋营造技艺、毛阳镇"黎族干栏式建筑技艺传承人孵化基地"与黎锦技艺资源，积极参与其他文化培训活动，如黎族竹木器乐、传统民歌、黎族医药、黎族山栏酒酿造技艺、黎族舂米舞等。基于地理位置接近，可以在毛阳镇黎族村间形成文化交流组，鼓励村民根据兴趣利用务农休闲时间参与文化学习活动，从而实现当地文化传承立体性。

此外，还需关注在初保村老村传统聚落内的活态传承。目前仅能在传统聚落内的建筑、农耕种植与家畜饲养方面感受到聚落的生产生活气息，但其他饮食习俗、营造技艺、服饰、方言等都难以在传统聚落内体现，而是在新村区域有所展现，呈现出场所与文化的分离。久而久之原先的聚落场所也会失去文化活力。针对这一问题，一是可以组织掌握相关技艺的居民在初保村非核心保护区开展小型的文化展览、演示活动或文化技艺比赛，非大型的文化活动能够减少破坏建筑群的风险。二是在分区规划的金字型屋建筑群内，在已有的开放式民居内呈现当地黎族居民所有的特色制品，在新建金字型屋内依靠数字新媒体实现全景 VR 展现，打造一系列交互式数字作品展现黎族传统聚落文化，以在保证文化立体化的基础上避免保护性破坏。

　　总而言之，在政府与当地村民的共同努力下，初保村传统聚落文化保持着良好的生态，在船型屋营造技艺与聚落生态方面格外突出。但黎族织锦、黎族医药、藤编等当地其他区域的文化保护状况并不突出。面对这些状况，初保村需要继续加强文化保护和传承的努力。除了修复和保护传统建筑，还需要注重传统知识和技能的传承，加强对年轻一代的文化教育，使他们更好地理解和传承黎族文化。同时，需要制定相关政策和规划，合理引导旅游开发和商业化，确保保护和传承工作与可持续发展相协调。

第四节　洪水村黎族传统聚落及其文化保护

　　昌江王下乡的洪水村坐落于霸王岭山间盆地之中，是海南省黎族文化保留最完整的村落之一。2014 年被列入第三批中国传统村落名录，并于 2019 年入选第一批国家森林乡村名单。村落距离县城近 2 小时车程，其生态环境是全海南省最好的，拥有 98% 的植被覆盖率。在当地文旅项目开发的背景下，洪水村主打"旅游观光"概念，是目前王下乡"黎花里"文旅小镇中的一环，现存的金字型屋改造为民宿，供景区游客体验黎族风情。

图4-20 二十一世纪初洪水村旧貌（王静 摄）

一、霸王岭热带雨林与洪水村黎族传统聚落

洪水村作为一个传统的黎族聚落所形成的黎族文化和建筑特色离不开当地的自然环境——霸王岭。它被视为热带雨林的绿色宝库和物种基因库，拥有丰富多样的野生动植物资源，为洪水村提供了丰富的生态环境和资源支持，成为村民们生活和文化活动的重要依托。洪水村村落的建筑以黎族民居金字型屋为主，这种建筑风

格经过多年的传承与演变，与周围的山脉、植被和气候环境相协调。从传统民居的营造、文身老人的存在到牛皮凳技艺与黎族制陶技艺的存在，都体现了黎族人民对自然环境和生活的独特理解和表达。

王下乡洪水村地处霸王岭国家森林公园腹地，被雅加大岭和黎母岭群山环抱，形成了一幅壮丽的自然画卷。这片地区山深林密，地广人稀，拥有着宝贵的原始生态山水资源，使其成为海南保存最完好的黎族村落之一。

洪水村是黎族杞方言聚居地区，关于村落来源大致有两种说法。一种是山洪、台风和泥石流将一半村落冲垮，所以叫洪水村。另一种则说洪水村原称红水村，"红水"的黎语叫"浓塞"，即血水的意思，因村前的河而得名。每当雨天或山洪来时，河流便会因红土呈现红色，所以叫"红水村"。

现今的洪水村委员会由俄力、南力、南方、桐才四个自然村共五个支队组成，村内有符、韩、林、陈四大姓氏，同初保村一样，家族和亲族组织由血缘与亲缘关系组成，氏族近亲挨近居住、聚族而居。在经济收入方面，洪水村以农耕为主，并以捕鱼、饲养家畜、采摘、割橡胶作为其他的经济收入来源，也有村民种植着黄花梨以供出售。现下由于交通不便，当地的商品生产和贸易并不发达，不少青壮年劳动人口选择外出务工补贴家用。

洪水村黎族传统聚落的选址按照黎族人民的典型方式，选取靠山沿河地势较为平坦的地点，并以密林与植被为掩护。洪水村地处河谷之中，四面环山，两山之间为谷地。北面山脉称为岐量岭，山脉皆为东西走向，南北山脉环绕谷地形成梭织型，只有两个尖端顺河流方向有小路与外界相通。老村沿南部山脉留下的溪流沿河而建，河流由南尧河支流南屯河与陈巴河汇合并流而成，均属于昌化江支流。天然的屏障使洪水村免受外来者的侵扰，也因此保留了较为完整的金字型屋建筑群且内部建筑存在一定的个体差异性，这也是其区别于其他黎族传统聚落的特点之一。

在这个古老的村落里，黎族人民秉承着传统的生活方式和价值观，与自然和谐相处。洪水村的基本生活图景展现了一幅充满生机和宁静的田园景象。沿着村子边缘流淌着清澈的溪水不仅是稻田的生机之源，也是居民休闲与交流的纽带，展现着活力和欢乐。

河流旁边延伸着广阔的稻田，金黄的稻穗随风摇曳，宛如一幅丰收的画卷。这些稻田是村民们辛勤劳作的见证，也是他们日常食物的重要来源。黎族传统聚落的民居错落有致地分布在稻田和河流周围。金字型屋是洪水村最具代表性的建筑之一，这些屋舍是黎族人民生活、聚会和传承文化的场所，体现着他们对自然环境的理解和对传统价值的尊重。

经由政府保护与改造后，原先的黎族传统聚落旧址已不作为当地黎族居民的住宅和生活用地。虽然村民已搬迁至上游的新村，但由于传统聚落原址与新村较为接近，聚落内的传统生产生活器具在新村依旧发挥着功能，村民也会前往老村旁的耕地务农。在传统聚落的民居住宅中仍留有黎族人民的生活痕迹，房屋外侧的墙壁上挂置着各色生产器具，屋檐下放有陶缸、柴火垛，室内陈设着石灶、木床、藤编衣篓等生活用具。因此，洪水村呈现出较为鲜活的黎族生活气息。

二、洪水村黎族传统聚落文化保护现状

在政府和社会组织的帮助下，洪水村现存的金字型屋存在两类。一类是保留一定传统搭建的金字型屋生态展馆，另一类是仅在外形上体现金字型屋外貌的旅游民宿建筑，整体仅能作为当地黎族传统聚落文化存在的现代证据。洪水村内目前的非物质文化包括黎族织锦技艺、牛皮凳制作技艺与由旅游项目组织的黎族制陶技艺等，村民的饮食与节庆风俗等仍保留着黎族传统特色。在文化保护过程中，年轻一辈的村民参与的人数却是越来越少。

（一）传统金字型屋建筑群原真性丧失

洪水村的黎族传统聚落与许多传统黎族村一样，也存在传统聚落原址与新村并存的状态，但洪水村两址间的距离最近，仅以一条干涸的不足两米宽的河床分隔。洪水村的传统聚落中包括落地金字型屋住宅、谷仓、牛栏、猪舍、隆闺等建筑，高耸的椰子树与芭蕉树穿插其间，在中心还形成了公共性的聚会活动场所。且因为洪水村周边的石材资源丰富，当地的黎族人民也充分利用资源在民居基座中大量使用石材，聚落内的小径也铺设有砖石。

洪水村的金字型屋与初保村不同，墙壁材料依旧是由泥土与茅草混合制成，保留了船型屋住宅的营造技艺，同时融合了汉族传统的建筑艺术。建筑采用柱子与横梁支撑屋顶的主体结构，以麻竹、毛竹等材料作为墙体内龙骨以及屋架的次要承重构建，其屋顶形状已完全呈现较尖锐的金字型，屋檐较之初保村的金字型

屋离地更远。

2008 年以前，洪水村村民都居住在原始的金字型屋里。原始金字型屋墙壁由泥巴、稻草、木材黏合构筑，房顶由茅草平铺而成，两面通风，清凉宜居。村民会在屋内放置自制的草药驱蚊，生产生活皆在传统聚落之中。但也由于金字型屋原有的泥巴和稻草结构不够结实耐用，以及金字型屋顶本身存在的火灾隐患，需要经常进行金字型屋修缮工作。

2008 年之后，在乡村振兴危房改造政策的引导下，为解决村民的住房问题，提升村民生活质量。在政府提供水泥、砖头等原材料的基础上，村民出钱修建了平房，陆续从原有的金字型屋搬迁至新村。新建的房屋使用砖瓦结构，建筑成本比金字型屋要高，且房屋外形跟金字型屋有着较大差别。为了使村民自建房看起来干净整洁，且在一定程度上保留黎族村落的原始特色，政府提议用茅草覆盖铁皮屋顶。由于 21 世纪初橡胶产业的兴起，茅草被大量砍伐，如今茅草已经成为一种稀缺资源，因此村民自建房的屋顶也只能使用仿真茅草覆盖。

与白查村和初保村不同，洪水村在传统民居建筑的保护过程中，主要采用传统建筑形式与现代技术相结合的路线。一部分传统聚落内的船型屋按照"修旧如旧"的理念，经由修缮采用原真的建筑风格与材料运用，在房屋构造、布局与内部器具上保留了传统原始的风貌。另一部分则在建筑内部进行了现代化改造作为非遗技艺展馆、活态博物馆与民宿。该村正在修复的金字型屋，基本上采用的都是"仿真茅草"，与普通茅草相较，"仿真茅草"不易着火，

图4-21　洪水村仿金字型屋民宿（调研拍摄）

安全性更高。这虽在一定程度上降低了金字型屋的安全隐患，却彻底损害了黎族传统建筑的原真性。

在这一过程中主要由昌江黎族自治县政府及非政府组织共同对洪水村传统聚落中的金字型屋进行开发保护。2008年，村民与（香港）中国探险协会达成协议，由协会出资给村民修缮民居建筑，并由村民保护目前现存的金字型屋。昌江政府通过打造"黎花里"文旅项目，将原先的传统聚落开发为旅游景区，与王下乡其他两个黎族村一同发展横跨一二三产业、兼顾生产生活和生态的乡村旅游。基于生态保护和文化保护的双重因素，洪水村景区的打造没有大拆大建或者向村民征地，而是在原来的基础上重建和修复。村政府将现有的金字型屋打造为"时光里"民宿，让游客体验最原始的黎族风情。外形保留原始的金字型屋形态，房屋内部设施进行一定程度的改进，配置 Wi-Fi、装玻璃窗、加装空调等。经此改造后的金字型屋民宿，虽能在一定程度上带动当地旅游经济的发展，但也失去了金字型屋的本真韵味。

总而言之，洪水村的传统金字型屋几近消失，现存金字型屋均是后来修复重建的。据洪水村村民介绍，洪水村现存金字型屋约 47 间，20 间为原有金字型屋修缮改造而成，26 间由香港探险学会捐助，还有一间最原始的金字型屋已经由于年久失修而塌陷。尽管在传统建筑原真性和活态传承方面仍存问题，但当地政府的保护措施还是较为完好地保存了洪水村黎族传统聚落的物质空间，并通过研学参观、民宿打造与生态展演的方式使聚落文化中的非物质文化得以传承和展现。

但洪水村的船型屋营造技艺传承保护并不乐观，难以维持传统建筑持续、良好保存。村内只有上了一定年纪的老人才会建造船型屋，而新一代年轻村民对传统技艺的传承意愿逐渐减弱，有能力的年轻村民，即便有空闲时间，大多也都选择走出乡镇务工学习，对传统船型屋营造技艺不甚了解。

黎族传统技艺想要持续传承下去，传承人的带头示范工作是其中很重要的一环。洪水村对非遗传承人的重视程度较高，市、乡政府会对传承人进行一定补贴。王下乡虽然没有政府认证的非遗传承人，但会有传承人来到王下乡进行教学培训。比如在 2021 年，洪水村就曾组织过织锦的专项培训，只要感兴趣的村民都可以来学。洪水村某村民提道："建议政府加大非遗传承人的培养力度，让专业人做专业事。"在非遗的宣传工作上，手艺人是一个相对被动的角色，由于文化教育水平以及个人能力有限，手艺人并没有自发地对自己所掌握的非遗技艺进行宣教的想法，只能将这种期待寄托给政府，希望政府能够对非遗进行宣教，让更多的人了解到黎族非遗文化。

（二）黎族传统纺染织绣技艺传承情况欠佳

与五指山市浓郁的黎族传统文化传承氛围和保亭县的黎族传统纺染织绣技艺传承情况相比，洪水村的传统织绣技艺传承保护情况并不乐观。如今习得这一技艺的黎族居民大多通过昌江黎族自治县文化馆主办的"黎族传统纺染织绣技艺培训班"学习黎锦传统技艺。尽管村内老一辈的村民多数掌握着织锦的工序和技艺，但年轻一代的村民掌握织锦技艺的比例大幅下降，向家中老人学习织锦技艺的愿望也并不强烈。

洪水村黎锦技艺传承的内驱性不足不仅是受到现代化冲击的结果，也有缺乏政府认证的黎族传统纺染织绣技艺传承人的原因。反观保亭县全县现有省级黎族传统纺染织绣技艺非遗项目代表性传承人3名，县级传承人50名，织娘600余名。从2013年起，保亭番道村便建起黎族传统纺染织绣技艺传承馆、黎锦传习所和黎族织锦传承村，在2023年保亭黎族传统纺染织绣入选第一批全国"一县一品"特色文化艺术典型案例，实现文化保护与当地社会经济共同发展。

（三）牛皮凳制作技艺较具特色

在洪水村每户村民家中都能看到样式典雅古朴的牛皮凳或藤条

凳。村内不少黎族男同胞都会制作牛皮凳，或用作自用家具，或向游客贩卖。牛皮凳制作技艺是洪水村内现存保护最好的文化遗产。制作一张牛皮凳，除了牛皮，还需粗细两种规格的藤条和一种黎语称作"赛胜"、成形性较强的乔木。牛皮选用水牛或黄牛皮皆可，一般是直接购买可耐用久存的黄牛皮，这些材料如果在农贸市场上买不到，就要回到王下乡的山里找。

牛皮凳的制作工序如下：首先用竹子制作最底层的竹木圈，对力气的要求比较高，也是工艺中最难的部分，随后制作凳脚，最后蒙上牛皮晒干。总体而言，牛皮凳的制作工艺相对简单，一天可以做2—3个凳子。

同其他传统技艺类似，牛皮凳的制作技艺也是通过代际传承。居住于洪水村的某牛皮凳手艺人自述从28岁开始，在父亲的教授下便学习制作牛皮凳，自己有空闲的时候就会做牛皮凳，积攒一些留在家里慢慢用。政府也会定期组织年轻人，采取自愿报名的方式去掌握技艺者家中学习。面向家庭状况不景气的农户，鼓励他们将牛皮凳技艺传承下去，并能够通过制作牛皮凳补贴家用。2022年7月份，政府就曾组织过一次为期5天的牛皮凳制作技艺集体学习活动，培训结束后政府会给予手艺人一定的奖励和补贴。

前来学习的村民中，女性较少，因为牛皮凳的制作对制作者的力气要求比较高。有时也会有年轻人前来学习，但年轻一代大多都在外打工，或者在本地经营农家乐。在疫情之前，来到洪水村农家乐的游客也会有人想要购买牛皮凳，高凳400—500元/个，矮凳大约250元/个。由于牛皮凳除了游客外没有其他的销售渠道，且对原材料的需求标准比较高，加上洪水村大多年轻人不再掌握牛皮凳的手艺，因此牛皮凳制作技艺在洪水村的传承情况并不乐观。

在洪水村仍有文身老人，承载着黎族传统文身习俗。霸王岭片区与昌江黎族自治县区域还保留着黎族制陶、藤编等传统手工艺与舞蹈民艺。依山傍水的地理位置使得当地拥有大量的植被资源与野味，由此诞生霸王岭山鸡、五脚猪、野菜等黎族特色美食。

就洪水村黎族传统聚落文化保护现状而言，政府主导的"黎花里"项目，通过市场化运作方式使得当地修复后的金字型屋建筑群在外观上保持着传统建筑的风貌形状，并且为黎锦技艺、黎族制陶技艺提供展演空间。但修复后的金字型屋在内部构造上部分已经失去原真性，传统建筑与改良后的金字型屋共同组成了现有的聚落布局。经济因素是驱动文化传承和保护的最重要因素之一。相较于初

传统民居建筑与聚落布局	船型屋营造技艺	黎族服饰与传统纺织绣技艺	牛皮凳制作技艺	其他文化
以屋檐离地较远的金字型屋为特色，但几乎没有原初村民建造的建筑保存	保护与传承情况较差，村内无技艺传承人，年轻一代缺乏保护传承兴趣	受当地政府引导，保护情况较好，但缺乏一定持续性	最具特色且掌握情况较好，存在断代风险	文身老人、饮食、节庆习俗仍保留，受文旅项目支持增加制陶技艺体验，其他黎族传统聚落文化特色不明显

图 4-22　洪水村黎族传统聚落文化遗产保护现状

保村和白查村，对于洪水村村民来说，仅凭"兴趣爱好"无法维持生计，织锦、牛皮凳是长久存在他们生活之中普通得不能再普通的东西，因此在自然状态下难以萌生出保护和传承的想法，当地在技艺培训和培养民众对黎族传统聚落文化的认同感方面仍处于起步阶段。

三、洪水村文化遗产的现存问题

金字型屋建筑是洪水村黎族传统聚落文化中研究历史和文化意义的物质载体，是黎族人民智慧的结晶与聚落文化发生的空间，因此其原真性与长久保存是文化保护中必须关注的问题。聚落内的金字型屋营造技艺、黎族织锦技艺和牛皮凳技艺虽有保护，但由于缺乏传承人的带领和内驱力不足而面临着断代的风险。就目前的保护现状而言，洪水村仍面临着物质与文化保护的多个问题，影响着聚落文化的持续传承。

（一）金字型屋因原材料紧缺而修复成本偏高

从洪水村目前的情况来看，在 2008 年扶贫政策引导下，村民们已经全都搬迁至新村。传统金字型屋无人居住，再加上没有足够的财政补贴和金字型屋维护成本较高等现实因素，造成了当地金字型屋建筑群保存较差的问题。目前，原材料紧缺是影响洪水村金字型屋修复与持续的核心因素。洪水村为了腾出更多空间种植经济作物，再加上除草剂的使用，原来的万亩茅草现在已经所剩无几，真正的茅草现在村子里很难找到，只能靠政府采购或使用仿生茅草代替。

图 4-23　洪水村水稻种植（调研拍摄）

如何有效降低金字型屋修复的频率、节约修复的成本，是洪水村在金字型屋保护方面的另一难题。除了作为民宿的现代化金字型屋以外，仍有部分建筑保持传统特色并作为黎族传统聚落文化的生态博物馆。随着洪水村传统聚落被改造为旅游地，这些作为展示的金字型屋与聚落内部建筑也面临着保护性破坏和旅游伤害带来的风险。在保亭槟榔谷旅游区作文化展示用而重新修建的船型屋，便因无人居住与旅游破坏需要频繁修复。

（二）村内现存技艺传承内驱力弱，缺乏良好"传帮带"格局

洪水村目前在非物质文化传承方面所做的工作还不够到位，一是村民对金字型屋营造技艺与黎族纺染织绣技艺的传承积极性不高。一方面是由于新村生活脱离传统聚落空间。早年，修建金字型屋、制作织锦和牛皮凳等传统技艺是村民日常生活中的一部分。在这种需求的驱动下，人人都会去学这些技艺。而现在无论是服饰还是家具，不仅可以直接从外界购买，甚至还可以买到品质更高的，因此学黎族传统手艺的人也就慢慢变少了。另一方面在经济驱动下，受地理位置的限制，村民制作的非遗工艺品难以找到稳定的经销渠道，这也导致了村民对非遗传承的动力不足。洪水村村民对金字型屋、织锦、牛皮凳等事务或者技艺并没有很强烈的情感寄托，也并不把传承非遗文化看作是一种义务。村民对金字型屋的保护有着较大的态度差异。对于老一辈的村民来说，他们世世代代生活在金字型屋，突然从原始的房屋搬迁至水泥房中，必然会存在不舍的情绪。但原始的金字型屋已无法满足村民对更高生活质量的需求也是不争的事实，比如需要时常修缮，住久了无法防风、防雨、防火、居住条件简陋等。仅有部分村民认为如果某项技艺失传了，会有点可惜。

二是洪水村内缺乏政府认定的技艺传承人，"传帮带"格局尚未实现良性运转。据了解，海南省政府会根据地方政府推举选拔，评定省级、市级、县级非遗传承人，每年都会给予传承人相应的补贴。但由于地理位置的相对封闭，洪水村目前没有被政府评定的传承人。虽然会定期组织来自其他乡镇的传承人或者请本村经验丰富的手艺人进行教学，但难以形成规模效应以及"传帮带"的非遗传承文化氛围。在洪水村，村民与非物质文化遗产之间并没有形成互相成就的良性循环，村民对于文化传承的积极性不够高，文化保护也没有对村民生活起到反哺的作用。

（三）文化保护和商业化运营之间的矛盾尚未缓解

与白查村和初保村等仍有传统建筑的村落相比，洪水村具有历史的、原生的民居建筑已不复存在，这意味着承载记忆与文化的空间也已不在。这种失去传统建筑的情况在一定程度上削弱了洪水村作为黎族传统聚落的独特性和文化价值。

尽管洪水村的新老村距离比其他村落更近，但老村在商业化运作和保护之下与黎族居民基本割裂。商业化运营往往以吸引游客和提升旅游体验为目标，因此进行大规模的改造和开发，将传统建筑改造成商业设施，甚至将其完全摧毁重建。这种商业化运营的做法可能会导致洪水村的原生文化和历史风貌丧失，新村居民与传统聚落文化之间产生断裂感。商业化运营与文化保护之间的矛盾源于对于村落发展的不同追求。商业化运营通常追求经济效益和吸引游客，而文化保护注重传承和保护历史、传统文化的价值。

对洪水村的旅游化改造本是为了更好保护黎族传统聚落文化，带动当地黎族居民生活向好发展，而如今由现代材料与建筑结构组成的金字型屋建筑与原本的意图有所出入。因此，在商业化运营中，必须更加重视文化保护的方面，确保在发展的同时不损害村落的文化保护和独特性。

以保亭县槟榔谷为例，尽管槟榔谷旅游区有着浓厚的商业化气息，但其在传统船型屋展演上采用的是原始的材料，追求复原的真实性，原貌呈现船型屋内部的构造与黎族居民的生活工具。同时请村落的老人进景区，使鼻箫演奏、茅草编织、藤编技艺、首饰加工、牛皮凳制作等黎族文化与手工活动在仿船型屋与黎族聚落中呈现。

四、针对洪水村的对策建议

在当地黎族传统聚落文化保护工作中，洪水村面临的最大挑战就是传统与现代如何结合的问题。除此之外，该村还面临金字型屋修复成本高、非遗传承积极性较低、文化遗产宣传教育工作不到位等一般性问题。因此，针对洪水村的对策建议主要涉及金字型屋差异化修复、多元化宣传教育、开发凸显黎族特色的文旅产业三个方面。

（一）金字型屋建筑群按功能分区，采用差异化的修复方案

洪水村传统建筑群修复的核心是将金字型屋投入日常使用，增添洪水村金字型屋建筑群一带的烟火气，让金字型屋实现可持续发展。为确保洪水村金字型屋建筑群后续可以投入正常使用，需将现有的金字型屋按编号归档，建立起金字型屋信息系统便于后期精准维护与修缮，并根据旅游资源开发需要，按功能划分区域，采取差异化的金字型屋修复方案，具体内容如下：

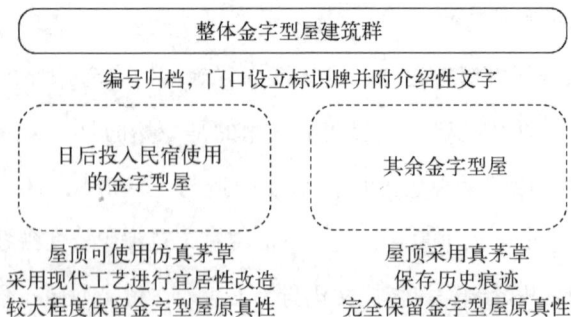

整体金字型屋建筑群

编号归档，门口设立标识牌并附介绍性文字

日后投入民宿使用的金字型屋	其余金字型屋

屋顶可使用仿真茅草
采用现代工艺进行宜居性改造
较大程度保留金字型屋原真性

屋顶采用真茅草
保存历史痕迹
完全保留金字型屋原真性

图 4-24　洪水村金字型屋差异化修复方案

对于整体金字型屋建筑群而言，为现存金字型屋、谷仓、隆闺进行编号，门口设立标识牌标明房屋类型并配有简单介绍，增进外来游客对黎族传统聚落文化的认知与了解。对于日后作为民宿投入使用的金字型屋，修复时，屋顶茅草可以采用仿真茅草代替。在保持整体结构完整的情况下，内部构件、设施，可以采取现代工艺进行宜居性改造，如安装玻璃窗、安装空调或新风系统、通电通网等，保障居住所需的基础条件；但内部陈设方面，不建议安装电视、电脑等现代家具，应尽量还原金字型屋的原真性，较大程度保留黎族传统聚落文化中的民族特色。

对于其他金字型屋，主要用作黎族传统聚落的原貌展示，在修复过程中应尽量保存有价值的历史痕迹，屋顶须采用真茅草，不可用仿真茅草代替，修补增添的结构应置于隐蔽部位，内部陈设以现存实物为依据，不做增减。其中一间现存最大的金字型屋可用于多媒体展示，这一间金字型屋在外部结构造型维持原状的基础上，可根据需要对内部陈设进行现代化改造。

（二）采用多元化的宣教方式推动牛皮凳制作技艺的传承

洪水村文化保护目前存在村民自身积极性不高、政府激励力度不够两大问题，可以通过软性的宣传鼓励、硬性的政策规划相结合的方式，推动非遗技艺的展示曝光与学习传承力度。在政策制定方面，首先，洪水村所在县级人民政府文化主管部门应当组织本地区牛皮凳制作技艺非遗代表性传承人保护培养和认定工作，并将非遗传承人保护培养经费列入财政预算。其次，对于年事已高的文化传承人，在进行额外补贴的同时，应当抓紧抢救性记录工作。例如通过文字、影像资料翔实记录洪水村内文身老人对于黎族文身习俗的解读和亲身经历。

在宣传教育方面，应采用村民喜闻乐见的、更加贴近生活的方式对黎族传统聚落文化技艺进行宣传。第一，转变上传下达的传播语态。处理好与当地村民的友好关系，让他们意识到文化保护和旅游开发能够帮助他们发现黎族传统聚落文化的经济价值，改善居民生活。在此基础上形成身份认同和对文化的历史价值和美学价值的认识。由于洪水村居民的受教育程度普遍偏低，因此，在宣传教育时应采用更加通俗易懂的语言，从村民本身能获得的好处切入。面向受教育水平及媒介素养相对较高的黎族年轻一代，可以加大黎族传统聚落文化相关内容在新媒体平台的定向投放，帮助其建立黎族传统聚落文化的文化自信与文化自豪感，并鼓励他们积极以黎族文化为主题进行内容创作，让年轻人成为黎族文化在互联网平台的传播主力军。

第二，积极组织开展牛皮凳制作技艺教学活动，并将其纳入现有的"时光里"文旅项目中。目前项目已有的文化展现仅包括黎族织锦、黎族制陶体验，而作为昌江黎族自治县县级物质文化遗产的牛皮凳却并没有充分体现。牛皮凳与牛皮凳制作技艺是洪水村区别于其他黎族传统聚落的一大特色。短期来说，可对从事教学的手艺人以及前来学习的村民分别进行补贴，提升当地村民学习的积极性；长期来讲，因大部分村民没有通过牛皮凳手艺谋生的想法或渠道仅将其留作家用，所以在解决当地非遗手艺逐渐式微的困境时，可以由政府牵头让村民通过非遗传承实现创收。当地政府可以邀请专家评选出制作牛皮凳最纯熟的几家，作为度假村的一个站点，专门从事黎族手工牛皮凳制作，并出售给游客。这样不仅可以更好地展示洪水村的民族特色，还可以帮助当地村民创收，激励更多黎族村民从事非遗的传承工作。

　　第三，提升对黎族传统节日、黎族文化宣传活动的重视程度。除了三月三等传统节日之外，定期举办黎族文化节，给各种非遗技艺、非遗传承人一个展示的窗口，提升其知名度与曝光度。并加大补贴投入，让作为黎族传统聚落文化的非遗技艺在具有活力的文化氛围中传承。一方面增强非遗传承人的传承信心与自豪感，促进他们更好地对非遗技艺进行宣传；另一方面让黎族年轻一代在传统文化氛围的熏陶中成长，提升其对黎族传统聚落文化的认同感。

（三）将黎族制陶、织锦与船型屋营造技艺融入洪水村文旅产业

　　洪水村位于海南省中部山区，拥有丰富的自然旅游资源，但人文旅游资源的开发相对较少。由于其偏远的地理位置和有限的经济实力，村庄的基础设施建设还远未完善。为了推动旅游业发展，政府需要增加财政支持，以改善基础设施。此外，洪水村地域面积较小，景区景点较为单一，要在当地实现旅游业的发展，需要积极探索周边地区的潜在旅游资源，寻找自然旅游资源与人文旅游资源结合的新亮点，从而增强对游客的吸引力。并且基于昌江黎族自治县已有的非物质文化遗产优势，将黎族制陶、织锦与牛皮凳制作技艺带入经由旅游项目改造后的老村，实现在传统聚落空间的生态展演。同时作为一项文艺体验活动，吸引更多游客与参访者到来。

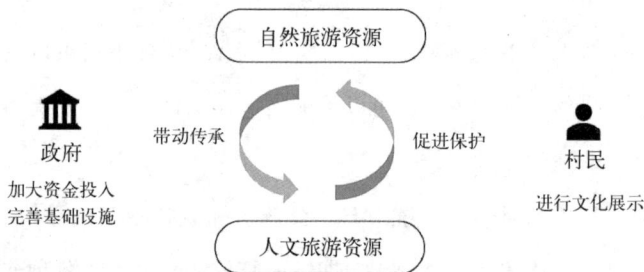

图 4-25　洪水村文旅产业开发示意图

　　当地政府可以考虑将修复后的金字型屋建筑群开辟成黎族文化主题博物馆。并在周边开发具有黎族地方特色的风味餐厅，选用具有民族色彩的餐具、桌椅、桌布等，将聚落文化内的饮食习俗通过旅游业的实践得以保护和弘扬。充分发挥金字型屋作为黎族传统聚落文化的代表性，并着力凸显其展示价值，使之成为一个面向学者的研究黎族文化的考察站和面向游客的民族文化旅游度假村，这也是平衡洪水村文化价值与旅游价值的举措。

　　需要注意的是，在维护黎族传统聚落环境和民居建筑的完整性，有效保存和发展独具特色的民族手工艺品、民族歌舞、民族节日等传统优秀文化的同时，也要防止过度的旅游开发对当地黎族传统文化的侵蚀。洪水村在发展民族文化旅游的同时，还应把握好开发的方向和力度，合理制定文化遗产的展示规划。不能完全按照旅游市场的需要去改造洪水村的文化遗产，也不能完全迎合游客的喜好而牺牲当地文化遗产的原真性。而是要将旅游业的发展与生态环境的保护相统一，充分考虑资源和环境的承载能力，确保保护和开发并重，以避免无序开发对生态环境和民族文化造成破坏。

总而言之，在文化保护方面，洪水村当地政府和相关机构积极推动传统建筑的修复和保护工作，使得传统建筑得到修缮，展示了黎族人民的艺术才华和审美观念。此外，一些文化活动和节日也得到了保留和传承，有助于年轻一代对传统文化的认同和理解。

然而，受到现代社会变迁的影响，洪水村的文化传承仍然面临一些困难。年轻一代逐渐疏离传统的黎族文化和生活方式，导致传统知识和技能的流失。此外，旅游开发和商业化对初保村的文化保护产生了一定的冲击，有时甚至使得文化变得表面化和商业化，使得保护和传承工作受到挑战。面对这些状况，初保村需要继续加强文化保护和传承的努力，加快村内非遗传承人的认定工作与培训激励，围绕牛皮凳与黎族制陶打造聚落特色，在现存的金字型屋建筑群内尽可能多地展现当地的饮食、生产生活、节庆等习俗，避免过度商业化和现代化的呈现。

第五节 海南黎族传统聚落文化遗产保护面临的问题与困境

黎族传统聚落与传统民居船型屋主要集中在海南中南部地区，早年东方、乐东、保亭等市县均保留有一定数量的船型屋与金字型屋。① 东方市柴头村 44 户人家，仅隆闺就有 16 间②，占比超过三分之一。但随着现代化进程和城市化发展的加快，许多黎族传统聚落中的民居已被拆除或改建，目前仅有初保村、洪水村、白查村与俄查村的文化遗产保存相对较好，并被海南省政府初步选定为 2025 年申报世界文化遗产的重点村落。

其中，白查村和俄查村的传统建筑群主要为船型屋，初保村和洪水村为金字型屋。白查村处于相对平坦的地势环境中，聚落布局较为规整清晰。与白查村相较，俄查村早期的落地船型屋密度相对较高，其布局沿陆地两侧设置，朝向与入口具有一致性。初保村处于山谷之间，村落依山沿河而建，其传统金字型屋建筑墙面以木板材料为主，内部多三角形梁木结构，整体依照山坡高低地势与河流走向进行布局。洪水村现在的金字型屋，屋顶由仿茅草材料构成，原先依照山势呈散点式分布，重修后的金字型屋建筑群分布较为密集。

一、传统船型屋建筑群大量消失的原因

20 世纪 80 年代末、90 年代初，海南全省共有 80 万（近 16 万户）黎族群众居住在船型屋及由其组成的村落里。③ 但是，这些作

---

① 中南民族学院海南岛黎族社会调查组. 海南岛黎族社会调查（上卷）［M］. 广西民族出版社，1992：159 - 163，251 - 255.

② 中南民族学院海南岛黎族社会调查组. 海南岛黎族社会调查（下卷）［M］. 广西民族出版社，1992：201.

③ 新华社.《即将消失的"船型屋"，能否搭上申遗"快车"出圈?》.（2022 - 04 - 19）［2023 - 03 - 12］. https://baijiahao.baidu.com/s?id=1730495115627092577&wfr=spider&for=pc.

为黎族人民重要智慧结晶与居所的黎族船型屋和金字型屋，在短短30多年后却仅留存下来了数百间。整体而言，这些黎族传统民居大量消失的原因大致有以下三个方面。

（一）自然环境与原材料缺失不利于船型屋的长久保存

海南岛地区自然环境不利于以茅草与泥土为主要材料的民居建筑保存与保护。海南地区降雨频繁、日照充足，常有暴雨与台风天气加速破坏传统民居。另一方面，随着黎族人民生产方式的改变和新居所的搭建，往日传统聚落所依赖的、作为天然保护屏障的自然环境发生变化。传统的船型屋建筑材料来自海南岛上的森林与茅草资源，但随着过度的开发以及经济作物种植业的转向，海南黎族传统聚落船型屋的建造材料逐年匮乏，修复成本不断上升。这成为当地船型屋逐渐减少的重要原因。

（二）黎族人民的生活需求与民房改造政策带来的无心之失

为进一步提升黎族群众的生活水平，满足农村居民的居住需求和生活安全。自 1992 年起，海南省实施茅草屋改造工程，帮助黎族群众搬出低矮阴暗的船型屋。至 2010 年底，全省少数民族同胞"不落一户"，彻底告别了住茅草屋的历史。[①] 整洁安全的砖瓦房虽然可以避免传统民居的安全隐患，为居民提供更便利的生活设施，但在某种程度上也加速了黎族旧有的传统民居大范围消失的进程。

另外，闭塞的地理位置和信息环境使当地大部分的黎族村民缺

---

① 潘琦. 黎族船型屋：活化传承"非遗"之难 [J]. 农村·农业·农民(A 版)，2014 (02)：44-46.

乏对传统聚落与传统民居历史和文化价值的认知。很多村民在迁入新村之后都对旧村进行了一定程度的破坏。例如，部分村民将民居内部的物品全部清除，失去居住功能的船型屋加上难以保障的定期修缮与维护，经数年的风吹日晒之后便破败不堪；还有些村民对原有的船型屋或金字型屋肆意改造，用铁皮替换原先传统的茅草编制的屋顶，并在附近搭建水泥、铁皮畜棚和仓库；亦有村民直接将船型屋拆掉，用作耕种或畜养家禽的场所。这些均对传统船型屋和金字型屋的保护和修缮起到了负面作用。

（三）保护性破坏与保护资源匮乏问题渐成隐患

　　尽管在发展过程中，政府、文物保护单位、民族学者与社会组织等注意到船型屋与黎族传统聚落的宝贵文化价值，并积极开展认定与保护工作，但这其中仍出现了保护性破坏[①]；文物保护单位负担过重难以顾全所有传统民居；政府保护过程受属地原则影响，难以有效配置经费进行资源整合等现象。这就导致目前海南仅有初保村和白查村，被列为省级文物保护单位的村落，得以保留了传统船型屋和金字型屋较为古老的原貌。

　　以俄查村为例，海南省纵然自然资源与历史文化资源丰富，但当地有限的人力、财力资源，却难以保证所有的黎族传统聚落都能得到完善保护。同白查村相较，俄查村虽然同样是较晚完成新村搬迁的黎族传统聚落，而且在当时还拥有比白查村规模更大的传统船型屋建筑群，但因为白查村更具"有山有水有溶洞"的自然环境优

---

① 保护性破坏是指在城市建设和历史文化保护利用中，对文化遗产超载开发或错位开发。

势，因此率先获得了财政方面的支持。这在某种程度上也解释了俄查村的文化遗产保护工作因进展缓慢，而最终导致传统船型屋大量消失的原因。

二、海南黎族传统聚落文化遗产保护工作的困境

白查村、俄查村、洪水村与初保村，地势特征各异，有的处于山地丘陵上，有的三面环山，普遍存在进入性差的特征。在海南茅草屋民房改造的进程中，因这些地方的建筑材料难以运进村落，故而政策推行进度较其他区域相对缓慢。另一方面，这些村落较高的封闭性，也使当地村民的思想较为保守，并且保留着更多原生态的生活状态。在民房改造初期，不愿搬离传统船型屋的居民并不在少数。例如，俄查村直至 2010 年才完全实现新村建设与搬迁工作，当地原有的 165 间船型屋（占地面积 21 万平方米）①，在此前相当长的一段时间内，都仍保留着居住功能，并得到了村民的自觉修缮。不过，这些船型屋现已基本消失，仅存的少量船型屋也损毁严重。

相较而言，白查村是现存黎族传统聚落中船型屋的原真性保留最为良好的村落，也是拥有目前最完整、最庞大的落地船型屋建筑群的聚落。海南民族地区民房改造期间，在东方市"非遗"工作领导小组、文物保护单位等的多方努力下，白查村的 74 间落地船型

---

① 东方市旅文局. 文化和自然遗产日系列④走进黎族村落遗存｜白查村·俄查村船型屋［EB/OL］.（2023－06－15）［2023－06－20］. https://mp.weixin.qq.com/s/5J9SoObzqiUs LXVQ0TNidA.

图 4 - 26　俄查村妇女（胡亚玲 摄）①

屋、6 间谷仓、7 间隆闺最终免受拆除。② 在后续文化遗产的保护工作中，东方市一方面编制了船型屋保护方案，包括对船型屋进行编号、设置消防灭火器、聘请管理员、平整村内道路、设置宣传警示牌等措施。另一方面还通过异地建房安置、文物保护单位认定、财政保障、实地调研、开设船型屋营造技艺培训班等方式，对现有船型屋及其他文化遗产进行保护和传承。

　　另外两个以金字型屋建筑群为主的初保村和洪水村。前者的传

① 图片来源：东方市旅文局. 文化和自然遗产日系列④走进黎族村落遗存｜白查村·俄查村船型屋 [EB/OL].（2023 - 06 - 15）[2023 - 06 - 20]. https://mp. weixin. qq. com/s/5J9So0bzqiUsLXVQ0TNidA.

② 潘琦. 黎族船型屋：活化传承"非遗"之难 [J]. 农村·农业·农民（A 版），2014（02）：44 - 46.

统金字型屋建筑群原真性较佳,是目前保留完好的"黎族干栏建筑生态自然村"①,并在 2017 年入选第二批"中国少数民族特色村寨"②。而洪水村早期的金字型屋建筑群已基本废弃。近几年,洪水村通过引进非营利组织的资金对传统聚落民居进行修缮和翻新,并借着王下乡"中国第一黎乡"与"黎花里"文旅项目将重建的金字型屋打造成特色民宿供人参观、游览、住宿,形成了另一种宣传金字型屋的方式。

　　白查村、俄查村、初保村、洪水村四个黎族传统聚落,其传统船型屋、金字型屋建筑群各具特色(详见下表),各村在文化遗产保护方面面临的问题既有差异性也有共性。

表 4-2　海南黎族传统聚落民居建筑现状统计表

村落名称	白查村	俄查村	初保村	洪水村
地形特征	属东方盆地,地势平坦,三面为山地丘陵,依山傍林。	属东方盆地,地势平坦,三面为山地丘陵,依山傍林。	四面环山,处月牙形河谷中。	处五指山腹地,山地丘陵,环山依水,聚落沿山体呈阶梯状。
代表建筑形态	落地船型屋	落地船型屋	干栏式金字型屋	金字型屋

---

①　海南省人民政府. 第一批海南省级非物质文化遗产名录 [EB/OL]. (2008-08-04) [2023-03-20]. https://www.hainan.gov.cn/hainan/whjq/200808/0d49931cd45c4170b49688a013f4da71.shtml.

②　海南省人民政府. 第二批中国少数民族特色村寨公布我省 11 个村入选 [EB/OL]. (2017-04-20) [2023-03-20]. https://www.hainan.gov.cn/hainan/zdny/201704/3e933e90102146db95f0e43b9cc03549.shtml.

村落名称	白查村	俄查村	初保村	洪水村
建筑保存状态	规模最大、保存最为完整	几近消失	保存状况良好	以翻新或改造民居为主
营造技艺培训项目	有	无	无	无
营造技艺传承人	有	有	有	有
文物保护项目或乡村建设项目	国家级非物质文化遗产保护名录，中国传统古村落，海南省文物保护单位	东方市不可移动文物：俄查村黎族船型屋	海南省非物质文化遗产保护名录，中国少数民族特色村寨	第一批国家森林乡村名单
文旅开发项目	无	无	无	有
是否有大量财政支持	有	无	有	无
是否有社会组织支持	无	无	无	有
是否保存生产生活功能	无	无	有	无

（一）共性问题

白查村、俄查村、初保村、洪水村这四个黎族传统聚落在传统建筑群的保护和修复、非物质文化遗产的保护和传承这两方面的共性问题，大体分为四个方面。

其一，船型屋、金字型屋等传统建筑群因原材料短缺、缺乏烟火气、修复或重建的投入产出比低等主客观因素而面临原真性和完整性被损害的风险。一方面，黎族传统民居受民房改造和水利等基础设施建设的冲击，消失速度加快。民房改造虽然改善了村民的住房条件和生活水平，但因在某种程度上存在盲目照搬城镇建筑模式的隐患，故而当地在对黎族传统聚落进行民房改造期间，并未兼顾对黎族传统民族特色的保护、抢救和传承。[①] 这就导致了大多黎族传统聚落因建造平顶房或砖瓦房，大量传统船型屋或金字型屋建筑群被直接推平或拆除的后果。另一方面，当时修建传统船型屋所用的茅草，学名为葵叶，具有良好的防虫蛀、防潮、防雨、隔热功能，十分便于就地取材。[②] 但现在随着种植其他作物期间除草剂的滥用（大量使用过除草剂的土地，多年都难以长出茅草），茅草的数量急剧减少。传统民居缺乏"烟火气"（长期空置，无人烧火做饭），开辟专门地块花高价种植、运输茅草，这些均增加了传统船型屋的修复成本和修复频率。

其二，船型屋营造技艺、黎族传统纺染织绣技艺等非物质文化遗产的保护和传承情况均有所欠缺。其中洪水村和俄查村的情况较为糟糕，黎族传统纺染织绣技艺甚至有断代的危机。黎族非物质文化遗产面临的困境，一方面离不开现代工业文明对当地传统文化的冲击。随着工业产品逐渐占据黎族人民的生产生活，许多具有民族特色的手工用具，由于工期长、销路单一而几近停产，这也在某种程度上使黎族的部分村民丧失了对黎族牛皮凳技艺、黎族藤编制作技艺等非物质文化遗产的学习、传承热情。另一方面则可归因于黎族传统的葬俗。当黎族老人去世时，其生前穿过用过的服饰及其相

---

① 王建成. 首届黎族文化论坛文集 [M]. 民族出版社，2008：126－127.
② 张引. 海南黎族民居"船型屋"结构特征 [J]. 装饰，2014（11）：83－85.

关的生活用品基本上都会当作陪葬品，人死物亡，使黎族早期的古朴器物难以实现代代传承，部分精美的黎族织锦制品也难以被更多人看到，这并不利于黎族传统文化的宣传和推广。

其三，黎族同胞对本民族文化的认同感不强。一方面，非遗传承人老龄化突出，年轻人参与不足、积极性不高，例如是否愿意参与船型屋的修复、织锦技艺的学习主要取决于政府补贴的多少。另一方面，黎族中青年村民逐渐放弃了黎族传统的生活方式。大多村民对当地正在进行的文化遗产保护工作并不了解，也难以意识到申报世界文化遗产对弘扬黎族传统文化的促进作用。以黎语和黎族民间歌舞为例。现在虽然大多数老一辈黎族人都能够用黎语熟练交流，但年轻黎族人却不喜欢讲黎语，而是更愿意讲普通话或海南话。这使大量传统的黎族语言面临消失的困境。除此之外，能用黎语唱民歌的黎族青年也正在减少。在过去黎族小伙子晚上去黎族姑娘的“隆闺”串门时，为使姑娘开门，都要唱黎族民歌①，但现在大多黎族青年都更倾向于用汉语唱现代流行歌曲以及观看汉语影视剧，这也导致了越来越多被汉化的黎族青年缺乏对本民族传统文化的认同感。

其四，文化遗产与自然遗产的结合问题。白查村、俄查村、初保村、洪水村的位置都较为偏僻，普遍存在进入性差的困境。前往四村进行旅游观光不仅路途耗时较长，安全风险也较高。另外，这些黎族传统聚落及周边环境也未能有效展示黎族传统文化及民族特

① 王建成. 首届黎族文化论坛文集［M］. 民族出版社，2008：127.

色。目前，虽然四个村落中的大多数黎族居民都已迁入新村，但新村与老村在展示黎族文化遗产方面未能有效衔接的问题，却较为突出。老村对黎族传统文化的展示并未实现活态传承；在通往老村的新建筑上，亦缺乏能凸显诸如"刨隆扣"（大力神）、"甘工鸟"等当地黎族特色文化元素的呈现。

（二）个性问题

白查村的船型屋以原真性、完整性为突出特色。该村对船型屋的保护、管理、展示都优于其他三个村，目前面临的是"活态传承"问题，即织锦等非遗文化展演活动与船型屋建筑群展览区两者之间相对割裂的关系。白查新村与老村相距较近，集中展现传统船型屋的老村，因无法同周遭的现代建筑环境进行有机融合，而整体较为突兀。加之缺乏黎族传统文化的整体展示，这就导致了前来参观的游客在老村驻留的时间尚不及从城市开车前往该村在路程上耗费的时间。对当地黎族传统文化讲解和普及的缺位，使游客难以对当地文化遗产形成深刻印象。

俄查村与白查村虽同属于东方市江边乡，但与白查村不同的是，在俄查村的老村旧址，几乎所有的传统船型屋都已消失殆尽，修复和重建工作仍未展开，该突出问题使俄查村与文化遗产的申遗标准之间存在巨大差距。另外，当地政府在保护文化遗产方面的大包大揽，在某种程度上也导致了当地村民文化情结和文化自信的降低。[①] 加之俄查村村民在参加传统节庆活动时，都是赶

---

① 张引. 黎族传统聚落民居原生态保护与再生设计研究［D］. 西安美术学院，2021：92.

往白查村同白查村村民一起庆贺，这在某种程度上既消减了俄查村的特色，也使大多数村民丧失了主动保护本村文化遗产的行动积极性。

洪水村主要走的是传统建筑形式与现代技术相结合的路线，该村在文化遗产保护中面临的主要问题是现代工艺的使用对传统船型屋原真性的破坏。当地背靠"中国第一黎乡"打造的"时光里"民俗，为提升旅游体验，将传统金字型屋进行现代化改造并进行商业化运营。但文化的传统性与商业化，文化遗产的保护与旅游开发之间，如何拿捏尺度，进而防止洪水村原生态文化和传统历史风貌的遗失，是洪水村不得不考虑的问题。

初保村的情况与其他三村又不同，主要表现为两方面。其一是金字型屋墙壁基本上都以木板为主要材质，木板较之泥巴在应对台风等恶劣天气方面更具优势。其二是该村的金字型屋建筑群已沦为饲养家畜的场所，居民大多数时间都在新村生活，每天只抽出少量时间回到老村的船型屋中照顾家畜。初保村面临的主要问题是老村与新村难以实现有效衔接，老村的金字型屋展示价值较弱，新村的黎族传统文化并不凸显。此外，因缺乏原材料，初保村老村的部分金字型屋在后续修补中不得不用铁皮屋顶替代茅草屋顶，这不仅使新修复的金字型屋十分突兀，也是对传统金字型屋原真性的破坏。

表 4-3 黎族传统聚落文化遗产的现状和问题

文化遗产类型		洪水村	白查村	俄查村	初保村
物质文化	船型屋	—	船型屋保存相对完整，呈集群样态。需要关注船型屋空置问题。	当地政府的修缮、保护和重建工作进度滞后，村民收入水平低，对黎族传统聚落文化遗产的认同感有限，保护意识弱，建筑群损毁严重。	—
物质文化	金字型屋	因原材料短缺，修复后的金字型屋基本未用文化真茅草。这有损于文化遗产保护的原真性原则，不利于申遗的成功。	—	—	金字型屋保存较为完整，也面临原材料匮乏、部分房屋在修复后原真性遭致损害等问题。
非物质文化	1. 船型屋营造技艺 2. 黎族干栏建筑技艺	由于茅草等原材料紧缺，培训班较少，宣传和财政补贴力度不够，村民对技艺传承积极性不高。	在东方市文化馆牵头，定期举办培训班，形成"传帮带"格局，给予一定财政补贴等措施的保障下，该技艺的保护传承效果优于洪水村、俄查村和初保村。	中年男性是村内掌握船型屋营造技艺的主要群体，受技艺习得难度、现代化与城市化网络信息冲击，年轻群体学习传承该技艺的意愿较弱，存在传承断代风险。	保护和传承状况良好。一方面，村中的非遗传承人积极教授该技艺；另一方面，原金字型屋仍由个人所有，村民可在老屋从事生产养殖活动，对营造技艺的学习有驱动力。

续　表

文化遗产类型	村落	洪水村	白查村	俄查村	初保村
非物质文化	黎族传统纺染绣织技艺	黎族传统服饰穿戴合有局限性，村里年轻人掌握该技艺的比例有大幅下降，技艺传承存在断代现象。	中年女性大多掌握该技艺，大部分年轻女性因为上学或工作的需要，没有时间同也不愿意学习这门"在现代生活中并不实用"的技艺，传承现状不容乐观。	掌握者与学习者多是中老年女性，且对其图案纹饰意义和文化价值的理解有限。同时因为技术复杂，缺少产品售卖渠道等现实因素，年轻人参与该技艺的比例较少，后续的传承情况不容乐观。	传承和保护取得了一定的成果。受现代服装的便利性和易得性冲击，人们对黎族传统服饰的需求有限，统服饰的需求较少。消费观念、审美变化与城乡流动带来的价值重塑，也使得部分村民缺乏对该技艺的重视。
	黎族文身	因为文身采用的方式较为原始，物质文化遗产的含义等并不完全了解。	会产生强烈痛感。村中仅有的文身者均为高龄老人，他们对黎族文身的历史、意义及文身图案	因传统的文身图案不符合年轻一代的审美，且传统的文身者均为高龄老人，他们对黎族文身的历史、意义及文身图案	同为非物质文化遗产，船型屋营造技艺良好的传承现状，得益于内生性的驱动与外部动力的双向加持。而黎族传统纺染绣织技艺的传承则存在生内生动力不足的情况，如若政府补贴不足则成以形成可持续的发展模式。
	备注	当地比较突出的非遗技艺是黎族牛皮凳技艺，因为牛皮凳销售途径有限加上年轻人学习该技艺的积极性不高，保护和传承现状不容乐观。	白查村目前还流传着一种黎锦"絣染"技艺，该技艺在其他方言区已基本失传，具有独特性和稀缺性，但保护和传承力度大佳。	俄查村的文化特色比较明显，举办黎族传统节日庆祝活动时，该村村民通常会前往白查村参加活动。	

第五章

村落类文化遗产保护经验借鉴

　　海南黎族传统聚落与我国村落类文化遗产在文化保护状况与传承价值上有着一定的相似性。首先，在中国现代化发展的大背景下，海南黎族传统聚落面临的文化保护难题在众多村落类文化遗产中亦有所体现，大多传统村落都经历了乡村变迁、人口外流、农村基础设施建设更新等变化过程。其次，村落类文化遗产不仅体现着当地传统文化、建筑艺术和村落布局等方面的独特性，还反映出传统村落与周围环境和谐相处的关系。可以说，每一个蕴含传统文化的村落都承载着人类与自然和谐相处的美学理念和生态智慧，是活着的文化遗产。因此，海南黎族传统聚落文化的特色挖掘和保护传承，不仅可以从中国传统村落类文化遗产中汲取精髓，也可以从国外的修复案例出发，探寻海南黎族传统聚落文化保护工作可供借鉴的成熟经验。

第一节   中国广东省开平碉楼与村落

坐落于广东省江门市开平的开平碉楼是广府文化与广府建筑的杰出代表之一。村落中矗立的座座碉楼是中国本土建筑的一种独特形式。它们不仅将防御、居住、避险等功能相结合，呈现出多层塔式的建筑风格，还融合中西建筑艺术，展现当时当地民众对多元文化开放包容的心态。

一、开平碉楼与村落基本情况和文化价值

开平碉楼与村落不仅是融合中西建筑与装饰形式的艺术杰作，更记录了 19 世纪末 20 世纪初，开平侨民在南亚、澳洲、北美各国发展过程中所扮演的重要角色，印证着海外散居的华人华侨与华夏故土紧密联系在一起的事实。这些碉楼保留了当地传统塔式建筑的最后繁荣时刻，这一表现特定历史时期社会背景的防御性建筑，目前仍保持在一种相对完整和未被改变的状态，与当地的农业景观构成了一种和谐的关系。

开平碉楼有着丰富的文化价值，在历史、艺术与科学层面都有着重要的意义。因此当地政府很早就对其开展了文化保护措施。具体而言，开平碉楼与村落主要体现了中国历史上防洪御匪以及从传统向近代社会转型期间融合中外多元文化的历史价值、综合中西方建筑艺术与风格的艺术价值以及改变了以秦砖汉瓦为主的传统建筑

技法的科学研究价值。

（一）历史价值

开平碉楼是中国社会转型期间不可多得的、主动接受外来文化的重要历史人文景观①。开平碉楼与村落是在特定的动荡年代和频繁的洪涝水患等社会和自然条件综合作用下产生的，直观生动地记载着当地的历史活动与海外华人华侨群体自强不息的拼搏精神。其诞生与发展反映出一种特殊的社会和历史形态。它们活灵活现地向世人呈现了碉楼这一特色乡土建筑的历史发展，也彰显出当时中国社会文化交流和社会变革的生动风貌。

（二）艺术价值

开平碉楼包含着中西合璧的建筑艺术，展示了中国乡村建筑独特的文化价值与审美表现。碉楼建筑群既保留了明朝碉楼的传统样式，又吸收了来自不同时期、不同流派、不同宗教的外国建筑艺术元素，成为中国乡村建筑的杰出代表和集中展示。

在开平碉楼建筑中，古希腊的柱廊、古罗马的柱式、拱门和穹顶、欧洲中世纪哥特式尖顶、伊斯兰风格、欧洲古堡构件、葡萄牙风格建筑中的骑楼、文艺复兴时期和17世纪欧洲巴洛克风格的建筑等元素在同一空间内融合交汇，形成了一种不同于传统建筑的风格。在开平碉楼内，这些风格迥异、宗教背景各异的建筑元素得以和谐共处，共同打造出一个别开生面、别具一格的建筑造型。这些建筑也展示了精湛的建筑技巧，包括独特的楼梯设计、雕花和装饰品，

① 开平碉楼文化旅游区官网. 开平碉楼与村落价值［EB/OL］.［2023-06-29］. http://www.kptour.com/legacy/readlist.aspx?cls=1&id=109.

反映着当时的艺术水平。此外，开平碉楼还是一种独特的载体，它将外国建筑艺术的各种风格和种类集合在一起，这些建筑艺术扎根于中国的乡村，保存得相当完好。它是开平侨民自愿吸收、融合、消化西方建筑艺术的结果，体现了面对外来文化和建筑艺术时，开平侨胞所表现出的豁达、包容、自信的胸怀。开平碉楼展现了非凡的人文历史价值，完美地融合了特色建筑、自然环境和人文理念。

（三）科学价值

开平碉楼在建筑技法与艺术、华侨文化、外交文化与区域历史等研究中都有着相当的科学价值。在建筑及艺术上，开平碉楼是中国与西方建筑艺术上的融合，在建筑中融合西方的柱廊、拱券和穹窿等技术，将西方建筑技术与中国传统防御民居结合，是民居建筑的创新，具有重要的研究意义。作为世界建筑技术在中国乡村民间建筑中的开创者，开平碉楼扮演了独特的历史角色。近代中国的城镇建筑大量采用国外建筑材料和工艺，开平碉楼作为一种乡土建筑也大量使用进口水泥、木材、钢筋、玻璃等材料，钢筋水泥结构一改以秦砖汉瓦为主的传统建筑技法，在注重形式变化和美观的同时，更好地发挥其使用功能①。

二、开平碉楼与村落文化保护

开平碉楼的文化挖掘与保护工作涵盖物质文化与非物质文化两个方面。作为一种独特的民居建筑。开平碉楼具有鲜明的地方特

---

① 开平碉楼文化旅游区官网. 开平碉楼与村落价值［EB/OL］.［2023－06－29］. http://www.kptour.com/legacy/readlist.aspx?cls＝1&id＝109.

色，其建筑风格、功能、结构特点、装饰工艺和材料、村落布局等都蕴含着宝贵的文化价值。多层结构呈现出独特的塔楼式样，多样的建筑材料反映了当地人民应对多雨、多风气候条件的建筑传统和材料选择智慧，碉楼内部的多房间布局也满足了家庭居住、社区集体活动和紧急避险的需求。此外，开平碉楼还承载着丰富的非物质文化，包括灰雕工艺和装饰图案的传统技艺，以及与碉楼相关的民间文学与艺术、民俗习惯和宗族文化等。通过对这些非物质文化的挖掘和传承，可以了解到当地丰富的民间故事、审美观念、历史发展、生活方式和社会结构。

开平碉楼作为岭南地区独具特色的传统乡土建筑，在物质文化方面展现出鲜明的民族和地域特征，其兴建背后根源于社会动荡与时局不安。一是当地村民为应对躲避盗匪的自卫需求，纷纷建造碉楼。二是开平地理位置特殊，位于低山丘陵地区，河流交织纵横，每当台风季节来临，暴雨滂沱之际，洪水泛滥，带来巨大的自然灾害威胁。为了避免洪水的侵袭，村民们兴建碉楼作为避难所。除此之外，在碉楼的建筑风格和规模上反映了当时归国华侨之间一定的相互攀比和炫富的社会风气。碉楼从整体上讲，是集防盗、防洪、居住功能于一体的群体性建筑，体现出当时的历史背景与当地的自然环境特征。

开平碉楼根据其功能特点，可分为三大类：众楼、居楼、更楼。众楼是由多户人家或整个村落集资共同兴建的，主要用于应对洪水或匪盗袭击，具备集体居住和防御功能。这类碉楼通常具备较为简朴的外观设计，外部装饰相对较少，体积庞大，外形封闭。居楼就是庐居（类似近代别墅），到目前为止尚没有一个十分严谨的科学划分碉楼与庐居的界限①。这一类碉楼主要是由个人或家庭独资建造，专供一户或几户居住，也有一定的防御功能。它们主要为个体居民提供安全的居住环境，较为注重居住的舒适性。更楼通常位于村口或村外，充当为整个社区或多个村落提供防御功能的建筑物。这类碉楼一般会配置探照灯和警报器，以保证社区治安，以便及时侦察匪情，向村庄发出预警信号，采取阻击行动。这三类碉楼在选址、功能和资金来源等方面存在着显著差异，分别反映了不同层次和规模的防御目标，构成了开平碉楼多样性的重要组成部分。

　　以锦江里碉楼中的瑞石楼为例，更能看出开平碉楼作为物质文化所蕴含的历史价值与人文智慧。它被誉为"开平第一楼"，是一座典型的中西建筑风格结合的碉楼，也是开平现存最高、最漂亮的碉楼②。楼高9层的瑞石楼采用结实牢靠的钢筋水泥结构，配备探照灯，居高临下，成为锦江村的守护神，有效保护了村民的安全。建筑立面设计异常独特，每层都呈现出独特的线脚、柱饰和窗花，彰显了富有灵活性的美学魅力。顶部设有三层亭阁，罗马穹窿顶和拜占庭穹窿顶的造型独特，赋予了楼体西方建筑的特色，给人带来异于常态的美感。内部布置和用具则展现了岭南传统样式，门窗上雕刻着龙凤图案和中国传统祝福字眼，充分体现了主人对西方文化的接纳和融合态度，整体建筑结构与细节设置无一不反映出中西艺

---

①　程建军. 开平碉楼中西合璧的侨乡文化景观［M］. 中国建筑工业出版社，2007.

②　开平碉楼文化旅游区官网. 锦江里瑞石楼［EB/OL］.［2023－06－29］. http://www.kptour.com/JinJiangLi/aboutus.aspx.

术的融合。

　　而从碉楼相关的故事里更能感受到南方的华侨文化与地方特色。清朝末年，为维持生计，主人黄璧秀（号瑞石）为谋生移居美国，并携两个儿子一同前往。由于黄璧秀的父母和妻子还住在锦江里老家，1921 年他决定回乡修建瑞石楼，以求家人平安。黄璧秀与父亲在建造过程中，多次因观念不同而产生矛盾。黄璧秀的父亲希望 6 层时碉楼封顶，但黄璧秀坚持要建 9 层，使之成为全村、全乡，乃至全县最高的碉楼，以凸显家族的显赫地位。在命名时，黄璧秀坚持以自己的号命名碉楼，并得到广东著名书法家铁禅大师的赠字，使瑞石楼的文化品位更加凸显。黄璧秀在建造瑞石楼时进行了盛大的庆祝，连续 5 天设宴款待全村人，最终花费一万多港元，相当于建造瑞石楼一半的价钱。

　　瑞石楼的自主设计背后反映了中国传统社会向近代社会过渡时，中国乡村居民积极吸收和融合西方建筑艺术的现象。当地村民结合自己在外接收的所见所闻、审美情趣，引进西方的建筑构件、艺术和技术，为中国乡土建筑作出突出贡献。建筑群承载着当地村民包容开放的自信心态、落叶归根的中华传统观念、步步高升的美好愿景和勇于拼搏的实践精神。

　　开平碉楼、村庄及其周边环境构成了一个综合完整的农村社会生活环境。这些元素蕴含丰富的华侨文化与当地村民的社会文化，以及珍贵的非物质文化遗产和传统风俗习惯。这一生态系统中展示出独特的文化价值和历史传承。在开平政府进行文化挖掘与保护时，开平碉楼建筑群除了一些轻微的自然风化，以及一些人为的破坏外，绝大部分的开平碉楼和村落住宅都完整地保留了其原有的形式和特征，保持了完整的真实性。虽然有些房子被现代化，经历了不同的修改，但村庄的整体格局和真实性没有改变。当地传统的水稻种植生活方式以及社会关系模式也被完整地保留了下来。自然环境也没有被破坏，而是大致保持了原样。

随着时间的推移和社会的变化，碉楼作为御敌防洪的避难所和住宅，虽然已经逐渐失去了其早期的重要性，生活居住功能也基本丧失。但碉楼的主人依旧会指定代表对碉楼进行修缮维护并保证它们的安全。因此，许多碉楼内部仍然有着原来的配件、家具、传统的农具、不同种类的文件和其他日常使用的物品。所有能体现开平碉楼本身价值的要素都还存在，在碉楼及其周边的房屋、农田村落里都充分体现了开平碉楼和村落的价值，其整体性、完好性一览无余。除三门里村部分民居外，被提名的碉楼及其周边的村居农田均为实景。到 2007 年申遗前，开平碉楼整体保护完好，村落民居保存完整，农耕景观保护状况尚可；没有进行大规模的保养工作，只在必要时进行了小范围的修补工程，停止了不适宜的建设工程①。

在非物质文化方面，除了碉楼建筑及其背后的整体精神文化，开平碉楼这一物质实体与空间场所还承载着丰富的非物质文化，包括碉楼布局与风水文化、开平碉楼的命名文化、建筑装饰中的壁画、楹联、匾额文学与开平灰雕技艺。

碉楼是注重自然环境与人类和谐共处的建筑，同时也承载了中

---

① 联合国教科文组织世界遗产中心. 开平碉楼及村落 [EB/OL]. [2023 - 07 - 26]. https://whc.unesco.org/en/list/1112.

国传统的风水文化。在规划和设计中，碉楼考虑了地势、气候、环境和交通等因素，选择适宜的地址、坐向、建造和布局，形成天人合一的氛围。碉楼村落的规划则依照中国传统理念，在村前设置公共活动场所，兴建宗祠、社稷坛、灯寮等，并种植榕树以象征根深叶茂、落叶归根①。开平碉楼的命名也富含传统文化含义，瑞石楼、竹林楼、升峰楼、居安楼等名字以楼主姓名、位置、美好寓意等方式命名，对研究历史与社会文化有着独特意义。

而在建筑装饰中，碉楼的匾额也反映着当地居民的美好愿景与时代的伦理道德观念，匾额上包含着字、印、雕、色各类技艺，是窥见当时文化艺术与民俗发展的一扇窗口。与之类似的还有建筑装饰中的楹联和壁画。楹联作为中国的独特文学形式与当地华侨受西方影响形成的思想碰撞出不同的火花，有的华侨返乡后建筑的居楼楹联能长达 50 字，其内容与书房呈现都有一定的文化价值。

其中特别值得一提的是开平灰雕技艺，目前已被申报为广东省非物质文化遗产。开平灰雕技艺是一项独特的、充满浓厚地方特色的民间艺术。它的起源可追溯至清代中叶。最初出现在礼堂和庙宇的墙上，作为吉祥的装饰物。后来，随着青砖民居的兴起，灰雕工艺广泛应用于民房墙面，成为许多民间建筑中重要的装饰工艺。灰雕的材料也体现出岭南人民适应自然气候的建筑智慧。灰雕材料主要以石灰为基础，经特殊处理后适应岭南地区潮湿和炎热的气候。

灰雕多用于碉楼外墙立面，也会用于门楣、神位、天花等室内

① 张梦. 开平碉楼中的传统文化与民族特色［J］. 大众文艺, 2012（13）: 194 - 195.

装饰，所呈现的题材丰富广泛，通俗易懂，图案以猴子对球、双凤朝阳、鸟语花香、八仙过海、福禄寿、三仙献瑞等吉祥寓意为主①。随着华侨的归国，灰雕工艺融合了西方绘画元素和材料，如巴洛克风格的绘画以及火车、轮船等西方题材图案。灰雕工艺有平雕和立雕两种表现手法，分别用于墙面浮雕和传统题材的表现。灰雕与各式各样的开平碉楼形成了绚烂多彩的组合，成为碉楼不可或缺的一部分。例如瑞石楼以其多样的灰雕图案和精美的工艺而著名，尤其有寓意喜庆和幸福的"双喜"图案。

在开平碉楼与村落的文化保护过程中离不开政府、当地民众与社会组织、相关领域专家与大众媒体的多主体共同努力。政府主导协调、社会各方面共同参与的模式，在迄今的保护过程中已经呈现。其中，开平市政府对开平碉楼的文化保护起着决定性的作用，不仅深入挖掘了碉楼的文化价值，还带动了当地的经济、社会、文化发展。

（一）政府指导下的保护措施

广东省政府和开平市政府在开平碉楼及村落的文化保护和开发过程中扮演了重要角色。1983 年以来，广州市组织全市性文物普查工作，其中特别关注对碉楼的调查，并在此期间积累了大量宝贵资料。开平县人民政府还将南楼列为县级文物保护单位，加强了对碉楼的保护措施，开平县华侨博物馆也编纂了《开平县文物志》，在其中专开一节介绍碉楼相关内容。此后数年间，开平市人民政府还

---

① 开平市图书馆. 开平灰雕 ［EB/OL］. （2020 - 12 - 24）［2023 - 06 - 29］. http://www.kaiping.gov.cn/kpswhgdlytyj/kptsg/btwh/kpfwzwhyc/content/post_2334562.html.

集资兴建南楼纪念公园,并将中山楼列为市级文物保护单位,以保护开平碉楼。按修旧如旧的原则,对南楼碉楼进行修缮,另增设纪念馆、雕像、牌楼等围绕碉楼打造旅游景点和爱国主义教育基地。直到2000年11月,开平市人民政府公布所有经市文化行政主管部门登记在册的碉楼都已列为开平市文物保护单位,在这一过程中当地政府对开平碉楼的文化价值挖掘不断深入。

此外,当地政府还制定并出台相关法律法规,为文化保护工作提供有效保障。2002年,广东省人民政府颁布了《广东省开平碉楼保护管理规定》,这是我国所有世界文化、自然遗产保护法规中第一个以省长令形式通过的法令①。在随后的两年里,政府主管部门与专家共同对开平碉楼与民居文化遗产进行实地保护。

2007年以来,开平市政府为加强文化遗产保护管理,采取了多项措施。这些举措包括挂牌成立开平市文物局暨碉楼研究所、开平市世界遗产管理中心、碉楼文化研究中心,出台《开平碉楼与村落世界文化遗产保护管理暂行办法》、召开广东省开平碉楼认养大会,并建立文化遗产监测管理平台、开平碉楼与村落监测预警平台等。

为更好地保护开平碉楼,开平市还于2011年重新制定了《开平碉楼及村落保护规划》,对开平碉楼的保护范围、建设控制地带、碉楼修缮及环境整治等方面进行了明确的保护规定。保护规划划定了碉楼保护的核心区和缓冲区,限制了核心区内的建筑高度和人数进入。这样的界定有助于保护整个碉楼及其周边环境,确保其作为

① 开平碉楼文化旅游区官网.开平碉楼申遗历程 [EB/OL].[2023-06-21].http://www.kptour.com/legacy/index.aspx.

文化遗产的完整性和协调性。此外，规划还针对"旅游热"带来的保护压力制定了相应措施，限制了每次进入碉楼的人数，以缓解碉楼内部空间与游客容量之间的矛盾，提高游客的旅游质量。同时，开平市政府也制定了相关规定，例如在核心区内进行建筑兴建和树木栽种需要经过文物部门批准，旅游设施的建设必须远离核心区等。这些保护规定有利于配合保护规划的实施，进一步确保开平碉楼的保护和传承。

（二）当地居民、华人侨胞与社会组织的积极参与

开平华人华侨和当地居民在整个保护修复过程中扮演了至关重要的角色。他们的积极参与和支持不仅为文化遗产的保护提供了宝贵的资源，还传承了丰富的历史知识和技艺，促进碉楼的传统文化传承和保护工作。在政府政策的实施过程中，当地侨胞与居民主动配合政府保护措施。例如，蚬冈镇锦江里昇峰楼业主及其兄长就将他们的碉楼无偿委托给开平人民政府管理，开启了文化遗产政府托管的新模式。2006年，经业主方其祥、方其赏、方其锦授权，塘口镇自力村三座尘封了大半个世纪的居庐——叶生居庐、官生居庐、澜生居庐被依次打开，并发现大量珍贵文物[1]。

此外，当地大学的研究人员与学生也积极进入文化保护的进程中，他们的保护不局限于列入世界文化遗产的开平碉楼建筑。例如，五邑大学的老师便带领学生团队走进仓东村，学习借鉴海外文化遗产保护与开发、建筑修复与保护等方面的经验，鼓励居民在进

---

① 开平碉楼文化旅游区官网. 开平碉楼申遗历程［EB/OL］.［2023－06－21］. http://www.kptour.com/legacy/.

行文化传承的同时，保留当地文化，延续传统生活方式[①]；五邑大学学生在传统手艺人的指导下学习和实践灰塑和彩画修复上色工作，传承灰雕技艺，保护碉楼建筑[②]。开平碉楼文化价值被挖掘以后，政府通过推动旅游业发展保障和吸引更多人加入开平碉楼的保护与发展中。基于碉楼的历史文化、艺术风格和开平的田园风光、华侨历史文化，不少当地人与华侨回国参与旅游业的发展，通过民宿、文创和展览策划等方式加入文化传承与保护的队伍中。

（三）文化保护研究与宣传结合下的持续意识培养

开平碉楼的研究始于 20 世纪 90 年代对岭南侨乡建筑的关注。先后有《粤中侨居研究》《闽粤民居》《沧桑碉楼记》等著作论文，通过对岭南沿海地区华侨文化的研究和当地居住习惯的研究，对岭南地区华侨文化进行了深入的探索，它阐述了碉楼产生的时代背景与建筑特征[③]。

在围绕开平碉楼进行的相关研究中，碉楼建造技术成为了一个突出主题。如《心像意象开平碉楼》《开平碉楼——中西合璧的侨乡人文景观》等书，详细介绍了碉楼的设计图纸、地基施工、墙体材料等建筑技术内容，并对碉楼建筑进行了深入细致的讲解。《开平碉楼建筑艺术》《开平碉楼与村落文物保护与利用研究》等书籍也陆续出版，逐步深入研究碉楼建筑及其文化，走入广大百姓的视

---

① 光明日报：盘活散落乡间的记忆——分散性村落遗产保护的开平经验［EB/OL］.（2023 - 06 - 29）［2019 - 01 - 03］. https://m.gmw.cn/baijia/2019-01/03/32287088.html.

② 光明日报：盘活散落乡间的记忆——分散性村落遗产保护的开平经验［EB/OL］.（2023 - 06 - 29）［2019 - 01 - 03］. https://m.gmw.cn/baijia/2019-01/03/32287088.html.

③ 陈伟军. 开平碉楼结构特征研究［J］. 华中建筑，2018，36（11）：147 - 151.

野。相关研究也扩展至碉楼的造型、装饰细节等艺术领域。原先受到破坏的碉楼群在学术研究的支持下得到系统的修复与保护，其承载的各类文化价值也得到深度的挖掘。

在开平碉楼与村落文化保护的工作过程中，当地政府充分发挥主导作用，以省、市世界文化遗产领导小组为核心进行合理分工。同时，文物保护单位和相关领域专家实施具体规划工作，媒体宣传提升知名度并吸引资金，推动当地居民和海外侨胞共同合作。

三、海南黎族传统聚落文化保护可借鉴的经验

基于开平碉楼与村落的文化保护措施与上述经验总结，对于海南黎族传统聚落文化的保护可从中获得借鉴经验。主要从政府、与文化高度相关人群以及以大众媒体为主的社会组织三个方面吸取经验。

（一）保证政府主导者角色的系统性与全局性

在文化保护的整体进程中，需保证政府在整个黎族传统聚落文化保护过程中的总体指挥、领导与系统性组织的角色作用。海南黎族传统聚落在文化保护工作中可借鉴开平碉楼真实性和完整性的评估标准，以决定如何规划四处提名村落的保护和修复工作。第一是聚落的完整性和真实性，包括聚落内部的各类居住与功能建筑、格局及其自然环境的完整性，建筑本身的形式和特征的保留程度及其材料的运用。第二是聚落传统的生产生活方式以及传统社会关系模式保留的完整程度。第三是聚落内部的非物质文化保留情况。此外则是借鉴开平市政府在文化保护过程中采取的创新性措施，如发布"省长令"和开创"领养制"。

　　1."省长令"强制性与鼓动性相配合,调动全民参与文化保护

　　广东省及开平市政府不断创新模式,以实现对开平碉楼与村落的保护工作。如确定实施保护的主体行为人,包括行政管理系统、学术研究所或研究部以及监测系统。文化行政、建设、规划、国土、房管、公安、侨务、民政、旅游、环保等行政部门,开平碉楼所在地的村民委员会、群众性的保护组织等都被包含在内,强调任何单位和个人都有保护开平碉楼的义务①。政府还明确保护经费来源于政府,并鼓励通过各种渠道筹集开平碉楼保护经费,建立开平碉楼保护专项基金,相关费用由开平市文化行政部门统一管理,接受监督和检查,切实加强对开平碉楼的保护工作②。

　　《广东省开平碉楼文化遗产保护管理规定》是全国第一个以省长令的形式颁布的专项文化遗产保护法令。《规定》以保护碉楼真实完整为重点,规范了各级组织和个人保护碉楼的行为,明确规定了碉楼保护的重要意义、价值、措施、途径和规范。几乎每个分布有碉楼的村庄都贴有这一保护法令,以促进居民对碉楼的认知、重视与保护行动。这一规定强调群众性保护,倡导开平碉楼所在地的村民委员会在文化行政部门指导下,由开平碉楼所在的村民委员会成立群众性保护组织,开展碉楼保护工作。同时还规定,开平市人民政府应当对保护开平碉楼有功的单位或者个人进行奖励。具体的保护实施办法大多在自立村、虾村新村、马降龙村(包括5个自然

---

① 广东省人民政府.《广东省开平碉楼保护管理规定》[EB/OL].(2020 - 12 - 30)[2023 - 08 - 01] http://sft.gd.gov.cn/sfw/zwgk/gdsrmzfgz/content/mpost_3574044.html.

② 广东省人民政府.《广东省开平碉楼保护管理规定》[EB/OL].(2020 - 12 - 30)[2023 - 08 - 01] http://sft.gd.gov.cn/sfw/zwgk/gdsrmzfgz/content/mpost_3574044.html.

村）、开平碉楼较为集中的锦江里等地展开，尤其是虾村新村的村民还把保护遗产的意义和村里的保护措施以特有的诗歌形式向前来参观的群众进行了宣传①。

在对海南省黎族传统聚落文化重点村落的调研过程中发现，很多村民乃至村委会干部并未充分、准确了解黎族传统聚落文化的含义、内容与价值，对于本民族所特有的文化没有良好的认知，故而应当对此有相应的措施，来帮助村民认识和重视黎族传统聚落文化的价值，同时采用一定的鼓励奖励政策，将保护工作推进到各个层级直至个人。

2. 推行"政府托管制"和"认养"，将文化遗产保护落到实处

在开平，大部分碉楼业主散居海外，而且后人众多，产权复杂。地方政府首创"产权不变，政府代管"模式以解决这一难题②。在申报点内的碉楼业主可以将其点内的碉楼委托给政府管理部门进行管理。其保护管理经费由开平市人民政府承担，省人民政府和江门市人民政府给予适当补助。当地居民积极支持这一创新文化遗产保护管理模式，使碉楼的维修管理难题得到了有效解决。许多碉楼业主自愿将碉楼托管给政府部门，并主动将珍贵文物、文献交由政府部门展览、研究，为维修工作提供资金支持。2010年，当地推出首批32座碉楼供社会各界人士"认养"，截至2015年，开平共有24座碉楼被成功"认养"，428万元认养经费全部到位，相

---

① 申秀英，刘沛林，LiuAbby. 开平碉楼景观的类型、价值及其遗产管理模式［J］. 湖南文理学院学报（社会科学版），2006（04）：95-99.

② 开平市政府网. 碉楼申遗为乡土建筑保护树立风向标［EB/OL］.（2022-11-25）［2023-08-01］. http://www.kaiping.gov.cn/kpszfw/kpfc/lswh/kpww/content/post_571226.html.

关维修工作均已完成①。

海南在 1998 年"民房改造"项目后，村民搬迁至政府修建的新居。相较于开平碉楼，目前海南黎族传统聚落文化保护的重点村落中，剩余的船型屋与金字型屋暂没有发生产权纠纷，但其保护修复可以借鉴开平碉楼与村落的"托管"与"认养"方案。例如，在初保村旧村的传统民居建筑大多仍由村民自己所有，部分村民会对自家房屋进行修缮，并当作农忙时午休的地点，但大多数村民并不会看管自家房屋，或选择将茅草换成铁皮以实现一劳永逸，这时就可以发挥政府在其中的作用，代为保管或选择有保护修复意愿的专业人士以实现对船型屋、金字型屋的有效保护。

（二）充分发挥村民主体性与能动性，实现文化传承活化

虽然开平碉楼与村落的居住功能基本消失，但开平碉楼与村落仍然是"活的遗产"。传统农耕文化也是遗产的一部分，为保证农田不被随意开发，当地政府将田地收购，返还农民耕种，鼓励他们在农闲期间种植油菜花。同时开平还蕴藏着无形的传统文化遗产，开平乡土文化的保育和盘活通过各种文化教育基地得到了实践。这种文化生态保护区将非遗项目、传统村落与物质文化遗产联系起来实行整体性保护，打破文化遗产属性上的壁垒，让非遗传承人、非遗项目能够在原初的适合的自然、经济与社会环境中得到可持续的生存与发展，并成为当地旅游产业的重要资源。

目前海南黎族传统聚落保护中的船型屋与金字型屋所面临的一

---

① 开平碉楼保护启示录：除了碉楼，还要保护村落的整体环境［N］.南方日报.2017－06－09.

大问题就在于其建筑原材料的获得日渐困难，极少有人种植茅草，因而建筑与周边自然环境产生了割裂，也使得建筑本身难以持续；而村落内的非物质文化遗产项目，如黎族传统服饰、黎族民歌等也渐渐退出了黎族人民的日常生活场景。注重非物质文化的功能性，创造非物质文化"活化"场景十分重要。

（三）学术调研持续背书，文化宣传接连不断

开平碉楼在保护初期便建立整治组、资料组、宣传组，逐渐形成文化遗产领导小组，经过多次实地调查，生成《开平碉楼与村落保护管理规划》，并在保护的全阶段针对现存问题进行挖掘和研究，提出保护建议，始终配合科研活动，以保证工作的科学性。在宣传上，当地政府吸引影视产业前往拍摄、制作大众传播文化产品，通过电影、电视剧等受众喜闻乐见的文艺形式吸引更多人前往开平碉楼旅游，参与文化保护和研究工作。在科研上，开平碉楼的相关学术研究工作便如雨后春笋般不断涌现，研究涵盖面广、角度丰富、时效性强。目前海南黎族传统聚落虽有一定权威性的相关学术著作，但在时效性上仍需要基于当前的聚落研究进行适当补充。

由此可见，海南可从下述方向进行黎族传统聚落文化保护工作的规划与优化：

第一，海南省省级政府应当出台专项文化遗产保护法令，做好上层规划，科学系统指导下属各级部门开展工作。同时，大力倡导群众性保护，激发重要传统聚落村民委员会和群众性保护组织对海南黎族传统聚落的保护，对有突出贡献的单位或个人进行实质性奖励。文化行政部门给予相应科学指导，将保护工作推进到各个层级

直至个人。

第二，通过"政府托管制"和"认养"方式进行聚落内建筑物修复。前者可有效缓解居民自行修复船型屋、金字型屋过程中有损原真性的问题。后者则需要通过不断的宣传，发挥文化、经济、教育、娱乐等各界人士的文保力量和公益资金支持，与全国各族同胞一起，提高保护上限，以保证修复工作能够强有力地开展下去。

第三，围绕非物质文化遗产的功能性与"活化"场景打造文化生态保护区。目前海南黎族传统聚落的四个村落保护状况不一，方向不同，但都需要建立一定的文化生态保护区，以体现黎族传统聚落生态的整体性。可根据四个村落的优势特色打造各类非物质文化遗产项目传习所或传习基地，承担村内的公共活动功能，并在此基础上延伸出文化教育、文艺展演、休闲娱乐、旅游功能。

第四，持续做好科研与宣传工作。科研方面积极采用多学科、跨学科方向调研团队，注重海南黎族传统聚落著作的时效性。在宣传上结合传统媒体的权威性和新媒体的灵活性，在普及海南黎族传统聚居地文化知识的同时，吸引更多的人投入文保工作。

第二节　中国安徽省皖南古村落

皖南古村落的代表，位于安徽省黄山市黟县东南偏北、历史悠久的西递村和宏村，分别建村于北宋庆历七年（1047）和南宋绍兴元年（1131）。这些村落至今保留着明清时期典型的古村落风貌，古朴的建筑风格加上传统的居住方式，使得这些村落被称为"活的古民居博物馆"。

一、皖南古村落基本情况与文化价值

皖南古村落作为中国封建社会后期文化的典型代表，集中体现了徽派民居精致工艺的特点。这些村落基本还保留着 20 世纪消失或变迁的西递和宏村的田园风光。其街巷规划，古建筑装修，完备的供水系统，为人们了解徽州文化，探寻徽州文化提供了一个珍贵的视角，是一处极具特色的人文遗迹。

西递村位于黟县县城南 8 公里处。该村古民居保存完整，共有122 栋，居住人口 1 000 多人，共有 300 多户。西递村被誉为"中国传统文化的集大成者""中国明清民居博物馆"，其古民居蕴含着丰富的历史文化。村落四周山峦环绕，两条溪流穿越其中。村中街道沿溪而建，皆以青石铺成。整个村落空间布局自然流畅，街巷两旁的古建筑古朴典雅，错落有致。西递村现存 124 间明、清古宅和3 座宗祠，均为徽派古宅建筑艺术的范本。

宏村位于黟县县城东北 10 公里处，村域面积约 19 公顷，现存137 处明清古建筑。宏村地势较高，常有云雾缭绕的景象，又有"中国画里的乡村"之称。古宏村人独具匠心，对牛形村落和人工水系进行了规划建设，其奇特设计被誉为"建筑史上的奇观"。①

---

① 中央政府门户网站. 世界文化遗产——皖南古村落［EB/OL］.（2006－03－29）［2023－07－29］. https://www.gov.cn/test/2006-03/29/content_239263.html.

在历史价值上，皖南古村落保持了 20 世纪已经消失或改变的村容村貌，体现了当地明清时期物质富足的历史状况，商业发展别具一格。村落建设布局符合天人合一的理想境界和尊重自然的理念，在艺术上体现了高超的建筑水准，也体现了中国传统的文化审美。在科学价值上，人文水利工程建设格外突出。

（一）历史价值

皖南古村落一方面保持了 20 世纪古村落的相对完整的原型。村落中体现徽派建筑最高技艺的是祠堂和牌楼。这里的祠堂和牌坊数量可观、规模宏伟、装饰精致。

另一方面，皖南古村落还反映了明清时期当地物质富足的历史情况。透过古村商贾故居，特别是徽商府邸，可以看到当年徽商繁荣的景象。皖南古村落的建设和发展已经基本不再依靠农业，人们纷纷外出经商赚钱来反哺乡里的村庄建设。所以，古村落居民的思想觉悟、生活方式、审美品位等，都大大超越了农民、一般市民，而是与士大夫阶层一致。年纪较大的商人、官员退休返乡后，用自己的物质力量改造、发展了村庄，赋予了村庄浓厚的文化氛围。

（二）艺术价值

在艺术价值上，皖南古村落的地方建筑特色和风格有突出体现。白粉墙、马头墙、小青瓦、木构架等，融汇中原建筑与南方干栏式建筑手法，形成鲜明的建筑特色，具有防雨、防盗、通风、亮化、装饰等功能。皖南古村落的布局很精致，常常有意模仿一些有意义和韵味的图案。例如，歙县里方村似铜钱，洪岭似鱼；绩溪石家村似棋盘；黟县西递似船，宏村似牛，塔川村似塔；徽州唐模村似龙。在基本格局的基础上，皖南古村落建小院、挖水池、设漏窗、巧设盆景、雕梁画栋、题栏题匾，采用不同的装饰手法，营造出一派风雅之风。这些都体现了本土居民的极致创意，同时也体现了他们文化素养、艺术修养的高水平。

（三）科学价值

古宏村人规划建造的牛形村落和人工水系是建筑奇观：雷岗为牛头，古木为牛角，由东向西错落有致的民居群像一具庞大的牛骨。引清泉为"牛肠"，经过村中流入被称为"牛胃"的月塘后，经过滤流向村外被称作是"牛肚"的南湖。人们还在绕村的河溪上先后架起了四座桥梁，作为牛腿。这种别出心裁的科学的村落水系设计，不仅为村民解决了消防用水，而且调节了气温，为居民生产、生活用水提供了方便，同时创造了一种"浣汲未防溪路远，家家门前有清泉"的良好环境①。

二、皖南古村落文化保护

皖南古村落——西递宏村作为一项文化与历史价值突出的世界文化遗产，其丰厚的物质遗产和非物质文化遗产得以保存。西递宏村包含了完整的生态景观和独特的 14 世纪以来的村落巷道、建筑、水道，实地保留了其作为中国传统村落的商业经济和宗族社会结构的特征。此外，该遗址还保留了区域艺术、习俗、美食以及其他形

---

① 中央政府门户网站. 世界文化遗产——皖南古村落 [EB/OL]. (2006 - 03 - 29) [2023 - 07 - 29]. https://www.gov.cn/test/2006-03/29/content_239263.html.

式的文化和传统生活方式。

西递宏村的建筑无论是布局还是工艺，都体现出当地在物质文化底蕴上的卓尔不群。

传统古民居的基本单元一般为平面布局对称的三开间、内天井。民居建筑色彩古朴典雅，基本结构为外墙围护结构的人字形坡顶抬梁或穿斗，与山墙相隔离。在建筑技艺上，除重视装饰外，皖南古民居用材十分庞大，以砖、木、石为基本材料，以建筑的梁架等木为主的主体结构，与其他地区相比较为显著。立柱也十分粗壮，上半部稍显纤细，显得很有气势。梁托、爪柱、叉手、霸拳、雀替、斜撑等，大多会以精美别致的图案和线脚装饰，进行雕刻加工。巧妙组合的梁架结构部件和装饰，将工艺和艺术融合到了极致的境界。这些梁架一般都不施彩漆，而是涂上桐油，显得古朴典雅，别具一格。以青石、红砂石、花岗岩切割成条状，用石板砌成墙脚、天井、栏杆、照壁、漏窗等，刻画出细腻的图案。有些石料会利用本身的自然纹理，按照一定的规律砌成。墙面基本用小青砖砌成马头墙，古宅别具一格的韵味展露无遗。①

在非物质文化遗产方面，皖南古村落在建筑营造技艺、民间文化、传统技艺、民俗等方面具有较高的造诣。

徽州传统民居建筑技艺入选 2008 年度国家非物质文化遗产名录。徽州民居作为中国传统建筑艺术的主要类型，其建筑技艺在历史文化上具有重要价值。徽州传统民居营造技艺在安徽徽州世代相

---

① 吴晓勤，陈安生，万国庆.世界文化遗产——皖南古村落特色探讨［J］.建筑学报，2001（08）：59-61.

传，表现出浓郁的地方特色，具有很高的学术和艺术价值。徽州传统民居建筑技艺源远流长，最早可追溯到秦汉时期。待发展到宋代，穿斗式和提梁式融为一体，施工技艺有了很大提高。明代徽州民居中出现了内天井的平面布局和三间五架的建筑形式，并基本形成了固定的程序。徽州民居建筑技艺由此趋于稳定，并以口授形式代代相传。徽州建筑工匠在传统民居建设过程中，运用锯、凿、尺、刀、板、锤、铲等工具，各显神通，协同作战，技艺高超。每一个匠人，都有着明确的分工。如铁匠、窑工提供建房材料，砖木、石匠相互协作，各尽所能。以徽派木雕、砖雕、石雕为精华的徽派古建筑，也将彩绘艺术运用得炉火纯青，为传统徽派民居平添了浓墨重彩的一笔。

徽州楹联匾额为徽州地区民间文学类非物质文化遗产项目，入选安徽省首批非物质文化遗产名录。徽州楹联匾额的存在依附于村落空间环境，是村落建筑的组成部分。楹联匾额多被保存于村落中的民居、祠堂、书院等传统建筑中，其中，黟县西递和宏村保存的楹联匾额最多，也最具代表性。徽州传统建筑重视室内陈设和装饰，而最能体现家族品位与格调的，就是悬挂于室内的楹联匾额。在不同的建筑中，悬挂或雕刻不同内容的匾额，体现该建筑的不同功能，也体现家族的家训和追求。徽州民居的厅堂正壁一般高悬匾额，通常题有堂名，下悬中堂字画、楹联，有的民居两边墙壁也会悬挂字画、楹联，或直接在立柱上雕刻楹联。这些对联多为教化格言，如西递村"履福堂"中有副楹联，"几百年人家无非积善，第一等好事只是读书"；宏村汪氏宗族的乐叙堂联"基开雷岗绵世泽，绪承越国萃簪缨”等。①

生活习俗类民俗中，西递宏村闹灯会等列入省级非物质文化遗产名录。"闹灯会"主要流传于黟县城中及西递和宏村雉山等地，其中宏村的雉山灯会最具代表性。在每年的大年过后，即开始准备闹灯会。城中、乡村以宗祠及各大姓氏为活动组织核心；要搭建为活动使用的灯棚、牌楼，还要制灯谜及扎龙狮来助兴；正月十三日为上灯，各家都会将扎制好的灯悬挂在自家门楼前；十四日为试灯，十五日为正灯。正月十五这一天，锣鼓喧天、热闹非凡，百姓举灯涌上街巷，观灯赏灯；十六日闹灯会正式结束。②

皖南古村落的文化遗产保护体系较为完备，包括规划各级保护区、明确保护主体、注重建筑修复及宣传教育等。

（一）划分古建筑保护层次，制定相应保护整治措施

皖南古村落——西递宏村作为国家级历史文化名村，受到了《中华人民共和国文物保护法》《中华人民共和国城乡规划法》《历史文化名城名镇名村保护条例》《世界文化遗产管理办法》《皖南古民居保护条例》等相关法律法规和政策文件的保护。此外，当地还制定了《西递、宏村村落保护管理办法》等多个规范性保护文件，修订实施了《西递、宏村村落保护规划》等一系列专项规划，进一步加强了对西递、宏村等遗产地及其周边区域的监测和管理。遗产地还成立了保护管理委员会，负责监督和协调世界遗产管理办

---

① 汪欣. 传统村落与非物质文化遗产保护研究——以徽州传统村落为个案 ［M］. 知识产权出版社，2014. 150－151.

② 常河. 安徽黟县宏村：灯会里的年味 ［N］. 光明日报，2023－01－29（10）.

公室和其他专门的管理和保护机构，并建立了一支专业的保护队伍。有关部门还力求保护好西递宏村的整体空间格局和风貌，保护好文化遗产的构成——包括村落的面积、边界、节点、地标、街巷布局、建筑、水道、传统园林、山川名胜及其村落风貌，保持村落生活形态的延续和生命力，从而在保护文化遗产的真实性、完整性方面做到长期化、长效化。① 县政府于 1984 年起草了一份关于西递的总体规划，重点保护和指导古村落及其古民居建筑。

在建筑修复方面，按照保护原则对多处建筑进行了改造修复。专业机构在对古建筑进行修缮和维护时，所使用的材料和技术必须严格与古建筑相同。除楼房外，改善村民居住条件仍需对村庄环境进行治理。因此在古村落的主要街道上设置了消防栓，并在每家每户安装了消防设备。严禁汽车进入村落，以保护村里的道路不受破坏。

在保护主体上，成立保护规划委员会，起草保护规划，还拨款建设和改善基本设施：排水系统、供水、供电、电信等，为村落提供煤气灶，以改变传统的木材燃料，保护周围的山林。

宣传教育方面，当地为发挥西递、宏村两村的文化底蕴，制定了详细的政策和方案，例如出版各种书籍、图片和视频资料，向全社会展示和宣传这些珍贵的文化遗产；组织有关学术研究，在更深层次上寻求对皖文化的认识。营造良好的环境，吸引人们来参观、考察和研究这一遗产。使其成为年轻人对中国文化感到自豪的教育

---

① 吴晓勤，陈安生，万国庆. 皖南古村落申报世界文化遗产方法——以西递、宏村为例 [J]. 江淮论坛，2001（02）：93-97.

基地。同时进行保护古村落的地方性法规普及、中小学古建筑保护教育课程、对重点建筑进行保护，加强旅游宣传和导游培训。

更进一步的保护工作也在继续进行：挖掘遗址的历史文化资源，系统地保护遗址的非物质文化；完善基础设施，提高传播和展示能力；加强安全和生态支持系统；使遗址的经济、社会、人口、资源和开发水平不断提高，环境质量不断改善，促进遗址经济、社会、人口、资源的和谐友好发展。管理机构严格执行遗产地的保护和管理规定，有效控制遗产地的容量和开发活动，遏制和减轻开发对遗产地的负面影响，规划和协调各利益相关方的要求，在遗产地和缓冲区外为古村落居民建设新的住宅，以及合理和有效地保持保护措施与旅游和城市发展的平衡。①

（二）落实环境整治

环境整治是文化保护工作的重头戏。要做好这项工作，必须做到心中有数：（1）修缮的目的：把文化传承的本真性维护好，完整的古村风貌，统一的建筑风格，独特的文化气息。（2）整治原则：石板路、牌坊、宗祠、民居、围墙、庭院、水井、土壤坝等历史遗存的真实信息，必须保留原样；原则上应保留使用传统材料和保持传统工艺的传统样式，并对一些不协调之处进行调整；对采用新材料、新工艺，式样、外观与传统不符的新建、改建建筑物和构筑物，原则上予以拆除，少数经过技术处理能达到式样统一的，应采取措施予以治理；建筑风格不一致的部分（虽然都是传统风格，但

---

① 联合国教科文组织世界遗产中心. 皖南古村落——西递宏村［EB/OL］.［2023－07－26］.https://whc.unesco.org/en/list/1002.

制作方法、工艺不统一），原则上应首先进行调整和统一，至少在小范围内（景观视野范围内）；改造环境并非改建或新建，严禁利用改造机会拆除重建；装修必须严格规范，不能有丝毫马虎大意。（3）整治中需要注意的关系：处理好古村落与周边环境的关系，重点建筑街道改造与一般建筑改造的关系，建筑改造与基础设施改造之间的关系；政府主导的集中突击式整治和村民组织的自觉、经常地进行环境整治。（4）整改方法是按照保护规划要求，对西递、宏村进行深入细致排查，确定整改目标，制定整改方案。需要整治的部分拍照留存，再拍一张照片与整治前的照片进行比较。每个修复对象的施工进度都有特定的时间要求，由精通古建筑技术的施工队伍进行施工。最后，邀请国家建设部、文物局以及联合国教科文组织中国委员会的专家对环境整治效果进行先期检查验收，并针对少数缺陷立即采取行动。[1]

（三）在旅游中保护底色、发展特色、传承本色

自 2000 年皖南古村落申遗成功 20 多年来，历届县委、县政府接续努力，黟县旅游产业昂首走在了黄山市的前列。黟县"在保护中发展、在发展中保护，在传承中利用、在利用中传承"的理念深入人心，从以下三方面实施全面系统的遗产保护，做到古民居保护与传承利用良性循环，可持续发展。第一，保护"底色"。筑牢绿色生态屏障，实现山泉长流、水清河净，划定西递、宏村等田园风光保护核心区，西递村入选"中国十大最美乡村"。第二，发展

"特色"。出台了设立世界文化遗产保护管理委员会和设立西递宏村保护基金的《西递宏村世界文化遗产保护管理办法》。作为全市三大片区之一，全县传统村落世界文化遗产片区被列入国家财政部、住建部 2020 年中国传统村落集中连片保护利用示范试点。全县已有 507 处历史建筑挂牌，实施区域性整体保护和创新性开发保护不可移动文物 1 684 处。三是传承"本色"。大力发展非物质文化遗产，依托文化旅游业，保护传承徽州彩绘壁画、徽州三雕等非遗技艺，让非遗换发崭新活力①。

三、海南黎族传统聚落文化保护可借鉴的经验

基于皖南古村落的文化保护措施与上述经验总结，海南黎族传统聚落可从中获得几点借鉴。

（一）保护主体分区分层明确职责，划分遗产区、缓冲区与发展区

西递宏村保留下来的明清古民居，依据《安徽省皖南古民居保护条例》被划分为文物保护单位，归国家所有。这些古民居除可设置博物馆、保管所或辟为参观场所外，如需另作他用，必须经过核定公布该文物保护单位的人民政府文物行政管理部门征得上一级人民政府文物行政管理部门核准后，再报核定公布该文物保护单位的人民政府批准。未核定为文物保护单位的古民居，如果需要将其用于其他用途，应当报告县（市、区）人民政府文物行政管理部门。

---

① 风华正茂再出发！西递宏村成功申遗 20 周年. 黟县人民政府网［EB/OL］.［2020-11-30］. https://www.yixian.gov.cn/zwzx/jryx/8920526.html.

如果非国家所有的古民居文物保护单位或文物保护对象需要改变用途，应根据其级别报相应的人民政府文物行政管理部门备案。如果这些古民居是由当地人民政府出资帮助修缮的，则需要报相应的文物行政管理部门批准。

因此西递宏村的民居保护与旅游开发是依照不同级别分层管理，发挥不同的功能，实现保护修复与旅游开发的平衡。在保护主体分级分层上也需要厘清申遗工作的主体及其对应的保护方向。目前根据调研情况，海南省旅游文化厅、民族宗教事务委员会、海南省林业局、提名地村落村委会、文物保护单位之间的管理体系与职能分配还有待完善。

此外，海南传统的黎族聚居地目前存在的问题是，聚居地内的建筑基本丧失了居住功能，四个重点村落的居民现有的生活在空间上与原有的旧居、聚落产生了分割，也失去了一定的情感联系，即便要盘活文化底蕴，也需要先让当地村民回归到原有的居住环境中去，通过提供就业岗位、增加收入等方式，鼓励村民参与保护修复、旅游开发等过程。这个问题可以通过借鉴皖南古村落与开平碉楼的分区规划，兼顾文化遗产的"活态性"与居民的生活需求，形成完整的生态区。皖南古村落将目标区域划分为遗产区和缓冲区，开平碉楼项目则是以遗产区、缓冲区和发展区标准进行划分。海南黎族传统聚落可根据经验适当划分，遗产区主要为传统聚落格局和建筑，其中可包含活态展示非物质文化遗产，也就是上文所说的非遗项目传习所；缓冲区以聚落周边自然环境及居民农业、种植业用地为主，展现自然景观与田园风情；发展区则包含新村及观光入口等，三区结合形成海南黎族传统聚居地完整的项目保护区。

（二）完善基础设施与防灾准备，做好特色化村落旅游发展规划

相较于海南黎族传统聚落的船型屋与金字型屋，皖南西递宏村很早就进行了保护修复与旅游开发工作，所使用的材料和技术严格与古建筑相同，且民居建筑目前仍保留着居住功能；还通过基础设施的改善改变居民使用传统木材燃料的习惯，保护周边自然状况；同时根据村落的现存状况与可能遭到的破坏风险进行预防，设置消防栓，严禁汽车进入村落，最大化减小各类灾害带来的破坏。

在此基础上，宏村现存居民多半为外来人口，不乏网红咖啡店、高端酒店民宿、酒吧茶馆等消费场所。在西递更多的是原住居民及其后代，伴随这种原生态村落环境的则是农户自家开的土菜馆等。

这对于海南黎族传统聚落的修复和未来规划具有一定的借鉴意义。海南黎族传统聚落在修复过程中需要保证遗产区船型屋、金字型屋使用原材料与船型屋营造技艺完成复原工作，聚落内需有现代化的基础设施建设，保证文物保护工作、旅游发展、公共活动可以有效进行。根据科研结果做好自然与人为灾害预防措施，特别是针对船型屋易燃风险与当地台风天气进行防护设备配置。

而在发展区与缓冲区，需要结合四个提名地村落的现状与已有的旅游项目进行保护和规划。例如，对于交通环境良好、发展情况较好、村民参与程度较高的白查村，可鼓励村民参与建设民宿、网红咖啡店、酒吧茶馆等都市化、现代化娱乐设施，利用优秀的宣传基础，打造兼具文化意义与旅游价值的"打卡地"。而交通基础较差的洪水村可在目前的文化旅游项目基础上，采取以村委会为中心的旅游区与原生态村落农家乐相结合的发展方向。

（三）与中小学、高校教育课程接轨，打造黎族文化教育基地

皖南古村落力图将其打造成为年轻人对中国文化感到自豪的教育基地，通过开设中小学古建筑保护教育课程、普及保护古村落的地方性法规、加强旅游宣传和导游培训等方式提升民众保护意识。海南黎族传统聚落可借鉴其经验，将"双世遗"项目与中小学素质教育课程接轨。几个主要的传统村落可以作为各市县中小学的世界文化遗产教育基地与黎族文化教育基地。针对高中阶段与大学阶段学生，可借助寒暑假等公共假期社会实践组织学生进行非遗研学游。一方面做好文化教育，通过年轻学生"反哺"家庭，实现海南黎族传统聚落物质遗产与非物质文化遗产知识普及；另一方面，可就公共教育基础延伸，吸引社会公益组织与高校公益组织参与文化遗产的保护与宣传工作。

由此可见，海南黎族传统聚落可以注重以下方面的保护与规划工作：

第一，落实不同层级保护主体的职责，同时进行科学分区规划，将海南黎族地区划分为以传统聚落格局和建筑为主的活态传承遗产区、以聚落周边自然环境和居民种植区为主的缓冲区和以居民生活居住和旅游建设为主的发展区，按照不同标准与方向进行建设，形成完整的海南黎族传统聚落项目保护区。

第二，基于洪水村、白查村、俄查村与初保村现有的保护状况和文旅项目，完善基础设施建设和防灾准备，做好特色化村落旅游发展规划。

第三，与中学、高校教育课程接轨，打造黎族文化教育基地。不仅要重视海南学校中的非物质文化遗产课程教育，该基地还可作为中学、高校及党团组织社会实践的教育基地，达到保护与传承推广的目的。

第三节　中国福建省土楼与村落

福建土楼的历史最早可追溯至宋元时期，逐渐发展成熟于明末、清代及民国时期。2008 年，"福建土楼"被列入世界遗产名录，范围包括福建省永定、南靖、华安三县的"六群四楼"，即永定区初溪土楼群、洪坑土楼群、高北土楼群与衍香楼、振福楼，南靖县田螺坑土楼群、河坑土楼群与怀远楼、和贵楼，以及华安县大地土楼群，共 46 座土楼。

一、福建土楼与村落基本情况和文化价值

福建土楼多分布于闽西南一带，建成并发展成熟于 15—20 世纪，留存至今。其形状变化多端，基本为圆、方、椭圆、弧形等。福建永定客家人的先祖为躲避北方战乱进入永定地区。他们在唐宋之际来到福建南部，至宋末元初，客家人在永安一带居住，后来又

大量迁往永定方向。这些移民由德高望重的士绅、族主带头，集中其亲族，集体外迁。在新区域的垦殖场活动中，仍经常采取聚居的办法，克服各方面的困难，如生产、生活、安全等。因为特殊的环境，只有聚族而居，才有利于生产上的互帮互助，生活上的相互照应，安全上的集体自卫，因此土楼这种有利于发挥这种优势的居住形式，被从北方移民原有的坞堡建筑经验中挖掘出来。

如今，除了少数自然退化的建筑和很久以前被破坏的木质结构外，96%以上与周围环境融为一体的福建土楼建筑都保留了其原有状态。文物的描述和历史记录表明，入选的土楼建筑及其周围传统环境的完整性和真实性得到了保持，没有受到人为和自然灾害的破坏和改变。山区美丽的土楼民居建筑位于村庄的中心部位，周围是青山、碧水、绿树和芬芳的稻田，这种赏心悦目、经久不衰的景象没有被改变，依然完整。当地的传统文化、农民的生活方式和传统的社会关系模式，以及土楼建筑的独特特点都得到了充分的保留，没有被改变。虽然社会形态不断变化，土楼的防贼功能逐渐消失，楼内居民人数越来越少，但福建土楼并没有受到影响，继续正常使用。原有的设施、家具、传统农具等文件和其他日常使用的物品，至今仍保存完好。被提名的遗产自建成以来从未进行过大规模的维修或改建，其整体风格、原创性和时代精神在全世界都是独一无二的。

福建土楼不仅见证了社会历史变迁，展现了人与自然和谐共生的艺术感，还在建筑技法、防御设施上具有科学价值。

（一）历史价值

福建土楼在保留儒家文化传统的同时，也是中国历史上几次民族大迁徙的重要见证。这种融客家特色民俗文化于一体的建筑，见证了社会历史变迁，堪称历史活化石。客家人为凸显中原传统文化身份而建土楼，聚居于此。土楼以血缘关系为基础，显示出向心性、匀称、前低后高、聚族而居的特点。在永定一带，各土楼男性居民仅有一姓，且均为同宗同族，血缘较近。这种家族血缘关系的内聚力，其理论基础是儒家思想。这种思想中的和谐的等级观念，勤俭、耕读、互助的理想社会成为其家族集体的精神基础。

（二）艺术价值

福建土楼将人与自然和谐共生的艺术感充分展现出来，无论是单体还是整体布局。土楼强调天、地、人的阴阳调和，形态工整，依托永定青山绿水的自然环境，错落排列，富有韵律。在建筑单体上，与青石地面相呼应、高墙生土、极具艺术价值的精雕细琢，更显古代雕刻艺术的老练。福建土楼建筑依山势而建，布局遵循"风水"理念，并与群居居住、群防要求相适应。福建土楼巧妙地利用了山间狭小的平地和当地的生土、木材、鹅卵石等建筑材料，建筑风格古朴粗犷，形式优美奇特，尺度适宜，功能齐全实用，与田园风光相得益彰，具有节约、坚固、防御的特点，同时又极富美感，是一种自成体系的生土高层建筑风格。福建土楼文化底蕴深厚，对客家历史文化和客家传统宗族观念进行了全方位的展示。土楼内琳琅满目的楹联题字，集中体现了客家文化，内容丰富，有伦理道德，有婚丧嫁娶，有饮食起居等。这些对联和题刻充分展现了客家人的智慧，从材料选择、结构设计到各种细节，都体现了客家人独特的审美和工艺。它们是展现客家人团结互助、和睦相处的精神风貌的"大家庭、小社会和谐相处典范"的完美体现。

(三) 科学价值

在建筑技法上，福建土楼承重墙体全部采用生土，由夹墙板夯筑而成，内部以木构架为主，注重建筑的牢固性，以及居住的舒适感。在布局上，依山、就势、傍水，因地制宜，合理安排整个村落的建筑布局和单体建筑的空间环境，实现民居建筑与科学、艺术的巧妙结合。从功能上讲，除了聚族居住的功能外，土楼在设计上也有一定的讲究，如安全防御、防风抗震、防火防涝、通风采光、冬暖夏凉等。每座土楼在生产生活、家族议事、祭祀敬祖方面的设施完备，如同一个小型社会。

福建土楼的结构设置巧妙、科学合理，能均匀地承受各种荷载，其外墙厚度在一到两米的范围内，底部最厚，越往上越薄，越往里斜。地震产生裂纹后，墙体会自动愈合。如今，这些防御设施仍然具有科学研究价值。

二、福建土楼文化保护

福建土楼承载着厚重的传统文化，凝结了当地居民的智慧和习俗，是当地传统物质文明和精神文明的缩影。福建土楼的物质文化遗产有土楼建筑艺术种类，非物质文化遗产有土楼营造技艺、传统音乐、民俗风情等。

物质文化遗产方面，福建土楼是汉族传统五大风格民居之一，现存各种土楼三十余种，有圆楼、八角楼、纱帽楼等。为抵御外敌，主要建筑材料选用适宜固守的土、木、石、竹等，组成坚固耐用的土楼外墙、神秘的洞口防卫，神秘的传声筒与地方通道。

福建土楼是东南山区土楼中最具代表性和保存最完好的范例，其突出的价值表现在建筑传统和功能的典范性上，反映了公共生活和防御组织的一种特定类型，以及人类生活与自然环境的和谐。这些大型的、技术先进的、引人注目的土质防御建筑，位于肥沃的但充满潜在危险的山间谷地，反映了长期以来持续存在的社区定居生活。土楼以及与之相关的大量文献档案，反映了七个世纪以来一种杰出的土建艺术的出现、创新和发展。精心设计的隔间，表面上的高度装饰，既满足了社区的物质和精神需求，又以一种特殊的方式反映了在一个敌对环境中的复杂社会的发展。巨大的建筑与景观的关系体现了风水原则和景观美与和谐的理念。

在非物质文化遗产方面，福建土楼的建筑营造技艺、客家人传统音乐、民俗等方面体现出鲜明特色。

福建土楼营造技艺，2006 年入选国家非物质文化遗产名录。土楼结构千姿百态，内部空间层次丰富，错落有致，装修工艺考究精良。土楼营造技艺包含了天人合一的思想，把安全防御和生产生活需要、聚居和崇文重教的意识融为一体。土楼的建筑工艺传承了中原大地古老的生土建筑技艺，在古建技艺的研究中，保留了大量作为活化石的优秀建筑案例。

福建客家山歌入选《福建省非物质文化遗产名录》。以南靖县土楼山歌为例，除劳动歌、劝世歌、行业歌、仪式歌、谜语歌和猜调、小调外，抒情情歌居多。土楼山歌歌词结构严谨，又注重形象化、口语化，使山歌通俗易懂，运用的修辞手法也十分多样，常用赋、比、兴，重章叠句，尤以双关见长，故山歌显得欢快活泼。①

　　闽西客家十分重视春耕，形成不少有关春耕的民间习俗，且被列入了福建省非物质文化遗产名录项目。比较有代表性的习俗有：至今各家各户仍保留的"立春"习俗，长汀濯田一带的"二月二保苗节"（又称"百壶宴"），连城朋口、新泉等地的"立春"前后的"犁春牛"，连城芷溪正月的"闹花灯"，长汀童坊一带的"甩春泥"，长汀四都的"打菩萨"等，可谓丰富多彩，各具特色。②

　　福建土楼的文化遗产保护体系较为完备，包括法律法规政策制定、建筑修复等，持续促进福建土楼发展。

（一）以政府为主导出台文化遗产保护管理办法

　　在修复工作中，根据《威尼斯宪章》中的"最小干预"原则，福建土楼使用土楼建筑的传统技术和材料，对屋顶上的少数瓦片进行了修复，并对附属部分的少量腐朽木结构进行了更换。在进行日常维护保护的同时，十分重视《文物保护法》中关于"不改变文化遗产"的原则，以及《威尼斯宪章》和"奈良文件"中关于真实性的要求，委托专业设计和建筑公司组织专家，仅采用传统工艺进行干预，对其进行保护。由于使用了证明可行的相同材料和现代保护技术，确保了土楼建筑的保护和真实性的延续。

　　在法律法规政策上，福建土楼通过调研出台《福建省"福建土楼"文化遗产保护管理办法》，保护主体包括了政府行政机构和当地

---

① 文明风. 南靖土楼山歌：期待永不绝唱［EB/OL］.（2009－05－06）［2023－08－01］. http://wmf.fjsen.com/wmcl/2009-05/06/content_1746536.htm.

② 龙岩学院闽台客家研究院. 闽西客家春耕习俗［EB/OL］.（2015－10－13）［2023－08－01］. https://mtkj.lyun.edu.cn/info/1080/1441.htm#:~:text=.

社区两个层级，并强调对当地农业和林业传统的景观可持续发展的尊重和保护，总体管理制度较为全面。针对每座土楼和土楼群的住户，制定了相关的保护条例，并通过多种地方条例，做到应保尽保。[①]

此外，为了更好地传承福建土楼的文化底蕴，使其更全面地延续至下一代。从中央到地方，各级政府分别批准圆形、方形、府第式等近百处著名的传统风格的土楼为全国主要文物保护单位或省、县（市）级文物保护单位，土楼尤为集中的南靖田螺坑村、被列为国家历史文化名村，永定湖坑镇被列为福建省历史文化名镇。

（二）科技手段助力文旅融合

自 2008 年起，永定区把世界文化遗产土楼保护工作纳入重点工作，明确贯彻"保护为主，抢救第一，合理利用，加强管理"的工作方针，陆续制定了《福建（永定）土楼保护管理规定》《关于加强土楼世界文化遗产安全工作的意见》等政策文件，通过一系列扶持政策，让土楼保护有章可循。

为了保证作为世界文化遗产的土楼的完整性，永定区持续加大了对土楼的维护力度，从国家到地方已经投入了土楼维护和环境整治资金约 8 亿元。目前，一批文物保护工程已经完工，其中包括五云楼、震城楼和承启楼等。此外，为推动土楼的有效保护，在永定区成立了区级文物局和永定区福建土楼保护与利用管理委员会，建立了区、乡（镇）、村三级管理机制，对土楼进行有效保护。

永定打造文旅融合，实施"文化进土楼"工程，按照"一楼

---

① 联合国教科文组织世界遗产中心. 福建土楼［EB/OL］.［2022-10-26］. https：//whc. unesco.org/en/list/1113.

一景、一楼一特色、一楼一主题"的理念，对福建土楼博物馆、建筑文化陈列馆、客家家训馆、客家家风楼、客家婚庆馆等展馆进行建设和改造，投入约2亿元，吸引更多游客领略永定非遗的独特魅力。洪坑景区的"一河两岸"夜景提升、风情街氛围营造工程也是当地大力推进的文旅项目，当地创新推出初溪景区的梯田花海和创意网红打卡景点，打造南江景区的红色小延安、观光小火车、鲤鱼园休闲体验等新项目，不断丰富游客体验。2021年6月，以打造文化旅游夜场消费沉浸式体验场景为重点，启动了"土楼夜会土楼王"暨"夜间文旅提升计划"，在永定区推出土楼极光秀、夜市美食展示等活动。此外，以赎买、租赁、托管、合作经营等形式成立"土楼文化银行"，对全区土楼资源统一管理运营，开发高端民宿和特色民宿，着力打造土楼文化特色民宿集群。

永定区坚持用科技创新展示世界遗产风采。随着大型文化和旅游题材VR纪录片《世界遗产看中国——福建土楼》上线，网友可通过VR全景画面，360度全方位欣赏永定土楼的多样外貌、建造技艺、风土人情等，充分领略永定土楼的前世今生。早在10年前，永定土楼就启动建设了旅游产业运行监测平台及指挥调度中心，并在各大景区设置了高清监控，实现对永定土楼景区运行状态的全面监控和突发事件的及时预警，确保土楼保护安全、可控。永定地区积极参与世界文化遗产福建土楼监测预警系统建设，筹建监测中心办公楼，聘请设计单位编制《福建省土楼五云楼结构专项监测设计方案》，推动世界文化遗产可持续发展。另外，永定土楼对景区门票系统也进行了全面升级，游客"刷脸"即可进入景区，方便快捷的验票流程提升了游客体验。在各方共同努力下，福建土楼永定景区走出了一条世界文化遗产保护带动旅游业发展及当地村民增收致富的路子。①

三、海南黎族传统聚落文化保护可借鉴的经验

基于福建土楼的文化保护措施与上述经验总结，海南黎族传统聚落可从中获得几点借鉴。

（一）打造一省多市文化共同体

福建土楼世界遗产本体建筑"六群四楼"共有 46 座土楼，分布在龙岩市的永定、漳州市的南靖、华安三县，形成永定、南靖、华安三个龙岩市风景名胜区。其中，永定景区是 5A 级旅游景区，拥有"三群二楼"共 23 个世界遗产本体建筑。福建土楼所涉及的行政区域比较特殊，分有两市三县，为海南黎族传统聚落文化的保护提供借鉴。福建省政府在实施工作过程中，决定以"福建土楼"的名义整合土楼资源，尽可能避免因行政区划不同而带来的不利因素。

对于海南而言，"海南黎族传统聚落"涵盖三市，可以借鉴福建土楼，将白查村、俄查村、洪水村与初保村设立成共同体，市县负责人参与文化保护的具体事宜之中。工作小组与办公室内信息共享、智慧共享、经验共享，同时避免四处村落规划同质化，或缺乏一体化的核心价值体现。建议对海南省三市相关负责人与工作人

---

① 中国旅游新闻网. 福建土楼在活态传承中走向世界 [EB/OL]. (2021 - 08 - 12) [2023 - 08 - 01]. http://www.ctnews.com.cn/news/content/2021-08/12/content_109893.html.

员，进行统一的文化保护培训工作，定期在各黎族传统聚落召开工作汇报会、问题讨论会等，高效推进文化保护工作。

（二）合理利用旅游开发盘活文化价值

土楼的独特之处在于它是"活"的世界遗产。仅龙岩市永定地区就有土楼 23 000 多栋，其中 3 层以上大型土楼近 5 000 座、圆楼 360 多座。土楼里居住着数以万计的村民，永定 23 座世界遗产本体楼共居住 1 600 多人。因此，土楼具有文物保护单位、私有房产民居、旅游景点三重属性。而土楼本身如同海南黎族船型屋与金字型屋一样，需要有人的居住才能被更好地保存，只有有人居住才能随时发现这种土筑房屋发生的问题，及时进行修补，长期无人居住则会容易坍塌，但显然作为福建省重要旅游资源的土楼比海南省的船型屋与金字型屋更拥有天然的保护修复优势。因此，通过旅游开发的方式，也可以盘活海南黎族传统聚落的文化价值。

然而，土楼也曾面临传统文化与过度商业化、过度旅游的矛盾，而后，福建相关部门明确提出，对土楼景观的建设、电力、通讯、农田水利、种植、养殖等设施和从事其他生产生活活动都不得危及土楼安全和影响土楼环境风貌。同时控制游客数量，采取的措施包括严格控制游客一次性上楼的人数、游客禁入楼内等。

在具体修复保护层面，南靖、华安两县先后投入 1 亿多元对境内土楼周边不协调建筑进行拆除改造，"五线下地"实施，周边绿化、公厕、果皮箱等配套设施建设，对缓冲区内各村环境卫生综合整治以及道路、水系改造项目投入大量资金。福建各级各部门也提出各种保护土楼的具体措施。土楼结构稳定性如何、屋顶是否渗漏、是否有蛀虫侵蚀等可能对土楼造成危害的问题，都成了监测的重点。各县财政还决定每月给予一定经济补助，将木匠、泥水匠的技术进行传帮带，让传统技术不致失传，让技术人员在土楼保护维修方面发挥作用。

福建土楼管理和保护机制健全，体现为政府多级联动、全体村民参与。对于土楼的管理，也有村民自发成立了土楼保护管理小组，每个土楼都设置了楼长、安全员、卫生员，调动居民主动参与保护土楼、修复土楼的积极性。

因此，海南如果要通过旅游开发的方式盘活传统聚落的文化价值，也应当尽量避免过度商业化和开发对传统聚落和雨林环境产生的破坏。为了对传统聚落建筑和周边环境进行系统性规划，针对目前的情况，可以以旅游业与保护基础较为良好的白查村为试验点，并对聚落保护较差的俄查村提供示范与帮扶作用，两村可在旅游业规划中形成规模效应。由政府部门出资主导修复保护工作，并鼓励村民积极参与，发挥好各市县乡村非遗传承人的功能。

由此可见，海南可从福建土楼这一世界文化遗产中借鉴的文化保护经验主要包含两方面。其一是应尽快打造海南一省三市（东方、昌江、五指山）文化共同体，加快对其中文物保护单位的认证、完善法规与当地乡约的制定与落实。搭建省级与各市县参与单位负责人组成的工作小组与办公室分工合作的文化保护管理体系。其二是适度合理利用旅游产业，形成政府多级联动，村民与非遗传承人人人参与的保护和管理机制。

第四节　匈牙利霍洛克古村落

位于匈牙利东北部诺哥拉德省的霍洛克古村是一个小村庄，1987 年被列入世界文化遗产，保留了匈牙利乡村在建筑、民俗和艺术等方面的原始风貌。霍洛克也是全球首个被列入世界文化遗产的古村落。

一、霍洛克古村落基本概况与文化价值

霍洛克古村落是匈牙利面积最大、保存最完整的历史遗迹，占地 145 公顷，由 55 座住宅楼、农场建筑和教堂组成，这些建筑形式和使用的材料与周围的自然环境构成了一个和谐的单元，是一座集旅游与文化保护为一身的民俗村。村庄中的房屋都是遵循中世纪的构造而保留下来的，这种采用传统木结构建筑法的房屋被称作"帕洛克样式"，特征是把泥土和稻草混合起来构筑墙壁，然后在上面涂上石灰，外观呈白色。每座房屋的山墙顶封檐板图案以及开头字母各不相同，具有门牌和排烟烟囱的作用。村落中的民居屋顶不是用普通的建筑材料建成，而是覆盖大约半米厚的一种茅草。据说用这种茅草当屋顶的房子冬暖夏凉。使用木材和茅草进行建筑的村子时常受到火灾的摧残，最后一次火灾可以追溯到 1909 年。在那之后，房屋的重建主要是按照当地建筑的传统技术进行的：半木结构房屋被建在石头地基上，粗糙地浇铸白墙，用高高的木制廊柱加

固走廊和临街的阳台，阳台由悬空的门廊屋顶保护。因此村落中现存房屋看上去还比较新。即便如此，其中的大多数房屋也已经具有很悠久的历史。

村庄格局是将房屋建在唯一一条街道的两侧，后辈便将房屋建在自家祖辈房屋的后面，逐渐扩大了霍洛克的占地面积。根据当地习俗，人们把谷仓建在农场旁边，也就是村庄的外围。而村庄里民居干净整洁，并辅以装饰。屋面以雕花木栏为装饰，前门上方常悬挂马蹄、红辣椒等编成的圆圈，玉米棒或圣画。在 21 世纪的今天，霍洛克古村落仍然坚持保留着 15 世纪匈牙利农村的最原始风貌。而那些带有明显乡村风格的哥德式以及白色围墙的迷你教堂，更成为匈牙利的代表建筑。该遗产还包括位于村子上方山上的中世纪城堡遗址，这座城堡在曾经的封建战争中发挥了决定性的作用，保护了这座村庄。

霍洛克古村落还有独特的文化特色，例如民族服饰、音乐、刺绣、木雕等传统艺术。这里常年都有许多民族传统节日和活动，在复活节，当地居民以传统的仪式向姑娘们泼水，以示欢庆。7 月的树莓节、复活节歌舞会以及 8 月在城堡中举行的霍洛克集市，集市期间会举行比赛和庆祝游行。村民一般穿黑色的裤子或色彩鲜艳的裙子，终日为生计而忙碌，种植葡萄、蔬菜、玉米、向日葵等，也会在牧场养羊群。妇女喜欢戴绣花的白色头巾，穿颜色鲜艳的印花套裙，生活中保留着欧洲古典的屈膝礼等礼节。

霍洛克古村落因其悠久的历史，独具特色的建筑，传统生活方式和民族习俗的留存而具有较强的历文化价值。

（一）历史价值

霍洛克有着非常悠久的历史，从中世纪开始就有人定居，霍洛克村村民是土耳其系库曼人后裔，在中世纪时为了躲避蒙古人而从里海周边地区逃亡到这里，他们后来被称为"帕洛克人"，至今他们仍然用帕洛克语进行交流。这里的民族服装、音乐和刺绣等传统艺术也早已形成特有的文化特色，全年有很多保存下来的民族传统节庆及活动。霍洛克古村落不仅代表了匈牙利民族中的帕洛克这一分支文化，而且是整个中欧传统农村生活形式的见证。不过，这些农村生活形式经过 20 世纪的农业革命在大多数地方已被普遍废除。

（二）科学价值

霍洛克古村落是研究匈牙利历史、文化和社会科学的重要场所，具有重要的科学价值。这里的文化遗产提供了宝贵的信息，可以帮助了解匈牙利的农业、气候、人口和社会制度的历史演变。通过对这些历史遗迹和文化景观的研究，可以更深入地了解霍洛克古村落的历史和文化背景。霍洛克古村落的自然生态环境修复符合历史情境。在 1983 年的"自然保护区"项目框架内，这个村庄土地被恢复为原来的条状结构，与传统的家庭农地占有制度有很大关系。葡萄园、果园和菜园均被重新搭建，生态平衡被恢复，甚至森林环境也有所改善。

（三）艺术价值

霍洛克古村落是匈牙利一处具有独特艺术价值的文化遗产，其艺术价值体现在村庄的建筑、装饰等方面。

霍洛克古村落的建筑艺术风格鲜明，许多房屋的墙壁上都装饰有精美的壁画和木雕，这些装饰都是传统的匈牙利农村建筑的特色。村庄中心的教堂即是一个典型的哥特式建筑，其壁画和木雕装饰展现了霍洛克古村落的历史和文化积淀。村庄建筑风格还受到了其他民族文化的影响，如一些房屋的曲线和窗户的形状体现出土耳其传统建筑特色。霍洛克古村的装饰艺术也具有重要的艺术价值。壁画、木雕、陶瓷和金属工艺等，都是传统的匈牙利农村装饰艺术的体现。村庄里的陶瓷和金属工艺品，都是当地工匠的杰作，展现了霍洛克古村落的艺术传统和工艺水平。

二、霍洛克古村落的文化遗产保护

霍洛克古村落根据准则中的标准（Ⅴ）被列入世界遗产名录，即可作为传统的人类居住地或使用地的杰出案例，能够代表一种（或几种）文化，特别是在无法逆转的变化影响下变得容易受损。该村落以"修复"方式进行的文化遗产的保护策略大体分为两个方面。

第一，霍洛克古村落保护注重还原其真实性，并调动村民广泛参与文化遗产保护。该村落不仅代表了匈牙利民族中的帕洛克这一分支文化，而且是整个中欧传统农村生活形式的见证，而这些形式早在20世纪的农业革命中被普遍废除。经过修复的霍洛克古村落不是一个没有任何传统活动的博物馆村庄，而是一个活生生的社区，其保护工作不仅包括了农耕活动，还要确保其农耕活动的成功。现在大多霍洛克村民居住在新村庄，他们保护和照料老村庄及其受保护的房屋，这为他们提供了社区和宗教生活的空间以及就业机会，同时保护和展示了他们的文化传统。

第二，霍洛克古村落通过大型节庆活动实现民俗文化的有机传承。在非物质文化遗产方面，霍洛克村民保护继承传统的社交活动和宗教活动，大型节庆日是他们展示传统文化的机会。每逢节日，他们都穿着特制的手工编织、刺绣的民族服装。男子穿黑色紧身裤和靴子，身穿白色亚麻衬衫，腰系腰带，头戴帽檐上翘的圆顶帽。妇女们在美丽的丝绸或羊绒裙子下穿上多达 15 至 20 件熨烫过的衬裙，并在裙边系上一条绣花丰富的围裙。她们穿着蕾丝衬衫，披肩上饰有华丽的流苏。节日服装还包括一件绣花背心。帕洛克女孩最引人注目的配饰是帽子，已婚妇女在帽子上佩戴流苏丝巾。

霍洛克古村落的文化遗产保护是尊重自然和传统的乡村生活方式的鲜活例子。真实地保存历史样貌也使得霍洛克古村落成为匈牙利国家最有价值的文化宝藏之一。

三、海南黎族传统聚落文化保护可借鉴的经验

基于霍洛克古村落的文化保护措施与上述经验总结，海南黎族传统聚落文化的保护可从中获得借鉴经验。借鉴的经验主要分为两方面。

一方面，应重点突出老村传统建筑的原真性和非遗技艺的核心传统价值。霍洛克古村的修复过程注重的是完整性和原真性。就其完整性来说，该遗产包括村庄和周围景观最重要的组成部分：传统聚落、耕地，更广阔的景观和自然环境，这些部分在其视觉外观上形成了一个和谐而完整的实体。而在真实性问题上，该村庄主要发

展于 18 和 19 世纪，并在 20 世纪初毁灭性的火灾后以同一种方式重建，重建的过程保留了其原本独具特色的文化遗产元素和历史传统。重建过程采用传统的建筑工艺和建筑材料，并完全按照原有的建筑形式，以及原有的葡萄园、果园、菜园等经济生产模式和森林生态环境，对历史沿革中形成的单街村寨结构进行了恢复。

霍洛克古村还建立了自己的村落博物馆，由旧民居改建而成，并还原传统的内部装饰风格。这个博物馆的主要入口通往起居室，房间里摆放了餐桌和长凳。厨房位于起居室的后面，左侧是供父母和孩子睡觉的卧室。相对而言，右侧的起居室更加宽敞明亮，通常留给祖父祖母使用，这里存放着农具、木柴以及为寒冷季节储备的粮食，这些物品都堆放在一个角落里。瓷器或铅锡合金制的盘子，色彩鲜艳的毯子，或红或绿的席子，手工制作的陶瓷花瓶，都能在室内一览无余，使整个屋子显得光彩照人。

目前，海南黎族传统聚落申遗的四个地点所拥有的优势在于很多村落周围的自然景观变化不大，对整体环境的恢复和塑造压力较小。但是，参照霍洛克古村落的成功案例，为增大申遗成功的概率，海南黎族传统聚落的修复保护也应当在建筑修复的过程中尽量使用传统材料和传统技艺，并适度还原或保留传统村落结构，例如初保村就有依山而建的排房结构。另外，初保村老村现存的部分金字型屋不符合原真性原则，应该尽快采取相应的措施进行调整。如，部分金字型屋的屋顶为了节省费用，从而使用了铁皮。这些铁皮应该尽量替换为原生的茅草。

非物质文化遗产方面，霍洛克古村落除了定期举办大型传统节

庆活动，也在日常中为游客打造了多样化的文化体验方式。在村道
上，随处可见挂在墙上的工艺品，游客不仅可以在主人的带领下观
看制作工艺，还能走进屋内亲身体验，对这些工艺品的制作工艺有
一个深入的了解。比如，在陶艺馆内，参观者体验传统烧制陶器的
技术；在谷仓花园里，游客可以体验制作蔬菜布偶、点缀姜饼，以
及立式编织架等各式各样的编织手工。海南黎族传统聚落也可以借
鉴此举措，在村落内开设不同的文化体验馆，让游客更为鲜活直观
地接触、了解非物质文化遗产。

　　另一方面，政府应鼓励村民承担老村文化遗产保护的讲解员、
宣传员、文创店店员等工作，并为积极参与者提供财政支持。霍洛
克不是一个没有任何传统活动的博物馆村，而是一个包括农业活动
在内的有生命的社区。霍洛克社区的大多数人今天生活在新村，他
们保护和照顾老村及其受保护的房屋，这为他们提供了社区和宗教
生活的空间以及工作机会，并有可能更好地维护和展示他们当地的
文化传统。

　　霍洛克古村这种新村与传统村落的分离也是海南黎族传统聚落
面对的现状，因而在做好了老村物质遗产的保护修复之后，海南也
可以通过招募工作人员的方式使村民融入老村的保护修复工作和旅
游开发。目前，洪水村大致已有这种形式的雏形，但还不够系统和
日常化，仅在有特殊活动时才会有非遗传承人等进行展示活动。举
一个具体的案例。除旅游开发外，海南也应积极思考多样化的方式
增加老村的就业机会，焕发老村活力。

　　由此可见，海南从霍洛克古村落申遗成功的案例中，主要可以

借鉴两方面的经验。一方面是在建筑的修复保护过程当中，应尽可能地使用传统材料和传统建造技艺，最大限度地真实还原传统村落的面貌；另一方面是可以通过招募工作人员等的方式，使村民融入老村的保护修复工作当中去，使老村从形式上的"博物馆村"转变为一个充满生命力的生活空间。

第五节　波兰华沙历史中心

位于波兰的华沙历史中心是在二战中彻底被摧毁后完全重建而成的，而在强调文化遗产"原真性"的世界遗产名录中，重建项目是极少数的存在。波兰人民出色地完成了复杂细致的重建工程，获得国际社会的高度赞赏，展现了独特的历史、艺术、科学价值与人类智慧。

一、华沙历史中心基本情况与文化价值

位于波兰中部平原维斯瓦河东西两岸的华沙历史中心，是欧洲著名的古城。这一历史文化遗迹东邻维斯瓦河，南至皇家城堡广场（包括城堡），西到波德瓦莱、德乌加和博尼弗拉泰尔斯卡大街，北靠孔维托尔斯卡和桑古什墓大街，分为老城和新城。

第二次世界大战期间，华沙历史中心超过85%的建筑物被纳粹军队摧毁。1945年以来，波兰人民以精准的战前测绘图纸和照片资

料为基础，原样复建了这座城市的面貌。在这座城市中具有历史意义的 900 多座建筑几乎都得到了重建和修缮。老城建筑的外形原样复建，内部则根据新的功能需求进行改造和设计。重建后的华沙历史中心，既保留了中世纪老城的外观风貌，又以超过战前的建造水平和规模，建立了新的市区。因此，华沙历史中心的重建是 13—20 世纪建筑史上不可磨灭的一部分。

老城的重建工作随着王家城堡的重建而完成。为了适应当时的社会规范和要求，个别建筑及其周边的重建采用了住宅的形式，以使其具有文化和科学的公共功能和服务功能。此外，为了突出防御墙和从维斯瓦上看到的城市全景，一些建筑的重建被故意放弃了。建筑物和住宅单位的内部布局也进行了修订，以满足当时的标准。

然而，在许多打算供公众使用的建筑中，无论是历史的房间平面图还是室内设计都被重新创造了。一个备受推崇的特点是由著名艺术家团队进行的外部立面装饰，他们部分借鉴了两次世界大战期间的设计，彩绘装饰使用了传统的技术。尽管经过了改造，但从维斯瓦可以看到，该遗址和城市全景展现了城市最古老部分的连贯画面。将现存的特征与老城区的部分改造相结合，创造了一个在物质维度（城市最古老部分的形式）、功能维度（作为重要历史、社会和精神事件的居住区和场所）和象征维度（一个不可战胜的城市）都十分独特的城市空间①。

华沙历史中心因其丰富的历史、建筑遗产及其在塑造波兰人民

① UNESCO. Historic Centre of Warsaw[EB/OL]. [2023 - 08 - 29]. https://whc.unesco.org/en/list/30.

精神与身份认同方面具有重要的文化价值。它见证了波兰首都华沙市的韧性与重生，其重塑象征着波兰人民保护其遗产和历史文化的决心。此外，历史中心的建筑也体现了多种风格的融合，展示了中世纪以来建筑趋势的演变，提供了对这一城市不同时期的历史观察视角。华沙历史中心的布局，具有中世纪的街道格局和中央集市广场设置特点，反映出华沙作为贸易和文化中心的历史发展。

（一）历史价值

欧洲有上百个古城，但华沙历史文化中心的独特之处在于，它是以城市 14 世纪至 18 世纪的样貌为参照，尽可能使用原有材料和传统技术重建修复的古城。在这里能够看到 14 世纪的哥特式建筑，17 世纪的巴洛克式教堂，老城中上半部分布满弹孔的残石、下半部分重建平整的石头门拱，城区中的残垣断壁，等等。华沙历史中心曾在二战中遭受沉重打击，但在战后，人们付出了巨大的努力进行了精心的重建。这一过程不仅仅是对城市景观的修复，更是人类意志和毅力的象征。这个地区见证了波兰国王和贵族的居所、市民的日常生活，以及一系列政治和社会活动。因此，华沙历史中心是波兰国家认同的象征，体现了波兰人民团结一致、勇敢抗争的精神，也是波兰民族历史的见证。

（二）艺术价值

在艺术方面，华沙历史中心的建筑风格极为多样，融合了巴洛克、文艺复兴、哥特式和新古典主义等多种风格。这些建筑物共同创造了一个独特的城市景观，反映了历史的演变和不同文化影响的交融。这里的雕塑、广场和建筑都代表了波兰历史和艺术的重要组成部分，被视为宝贵的文化遗产。其现存的建筑风格涵盖了多个历史时期，从中世纪的哥特式风格到文艺复兴时期和巴洛克时期建筑风格，这些建筑既是城市历史的见证，又是各种艺术风格和文化风貌的集合。每座建筑物的细节、立面和构造都反映了当时的审美趣味，成为建筑艺术的珍贵遗产。

华沙历史中心在绘画和文化表达方面也占据重要地位。历史中心的街道、广场和建筑物一直是艺术家们创作的灵感来源。无论是传统的油画、壁画还是现代的街头艺术，都在这个地区找到了表达的平台。这种文化表达使历史中心成为一个充满创意和艺术活力的地方。华沙历史中心不仅在建筑领域具有显著的艺术价值，还在雕塑、音乐、绘画和文化表达等多个方面展现了丰富多样的艺术传统。这个地区的艺术价值不仅仅是个体作品的呈现，更是一个整体文化环境的体现，为人们提供了深入了解波兰历史与文化的窗口。

(三) 科学价值

华沙历史中心的重建，深刻影响着欧洲大部分国家城市化发展的理念，在城市规划、景观设计和古城保护方面提供了诸多价值。通过研究这一地区的城市规划，可以了解城市如何平衡历史与现代，如何平衡文化遗产保护与现代化需求，以及如何在面临重建和保护文化遗产的挑战时采取有效措施。此外，它还为其他受到类似问题困扰的城市提供了有价值的经验和教训。

波兰政府有意将华沙打造成战后重建之初的"绿色现代都会"。市内既有森林和绿地尽可能得以保留和融入，外围森林区域也在大规模重建中得以完好保护。为了减少城市工业污染，工厂被迁出或设立在市中心地带以外并远离住宅区。城内屋舍外观轻盈淡雅，美丽的维斯瓦河自南向北流过，两旁绿树成荫，草木葱茏，风景怡人。

二、华沙历史中心文化保护

在华沙历史中心的文化保护过程中，从重建到保护都受到了自上而下的政府系统引导，与自下而上的民众持续支持，两者结合造就了华沙古城的重建以及时至今日的辉煌。

在政府指导层面，波兰在第二次世界大战后设立了首都重建办公室，并由华沙市长兼任负责人，负责华沙在重建时期的空间开发、规划设计、城市和建筑修复等工作，并对现存建筑产权进行控制。这一机构在华沙历史中心的重建中发挥了不可忽视的作用，它在政策制定、资金支持、所有权协调等方面的努力使得重建工程高效有力运作[①]。

在华沙历史中心重建阶段，首都重建办公室发挥了协调统筹的整体性作用。而在保护阶段，波兰政府成立了文化遗产相关的行政机构，实现长效、可持续的保护与问责机制。这个机构主要分三个层次：第一个层次是文化遗产的保护和管理总监，文化遗产的任何变化和修复工作最后都要经其认定；第二层级则由遗产所在城市的市长负责，例如华沙历史中心便由市长在市政厅通过行使文化遗产保护条例或法案实现对华沙历史中心的管理；第三级是对文化遗产实施具体保护工作的机构，如华沙公共用地管理委员会、市政道路

---

① 蔡忠原，李晶. 来自华沙的历史文化遗产保护经验 [J]. 建筑与文化，2015 (11)：24-25.

管理委员会、供水、电信、供热等市政设施管理所负责管理，多层级、法规化、具体化的管理制度为落实华沙历史中心的保护提供了有力的保障①。

除了对历史古迹进行核查和修复外，华沙历史中心的重建工作还对城市的整体发展规划、土地布局、设施更新和居住条件改善等事关城市可持续发展的内容进行了统筹考虑和综合规划。例如重建时，抬高老城区的广场，将穿越城区的轨道交通置于老城地下，既解决出行交通问题，也保障了老城历史风貌的完整性②。

在民众支持层面，当地群众始终在重建过程中保持高度的热情和参与度。波兰政府还定期公开向公众征求意见，邀请相关单位参与规划，并通过听证会和网络公布规划草案，保证群众可以通过多种渠道及反馈意见。在二战前，奥斯卡·斯诺帕德雷夫斯基（Oscar Snowpaderewski）教授为教学与研究，对波兰华沙市当时的历史建筑进行实地调查。这些研究成果在战后成为华沙历史中心重建的重要依据。此外，在重建工作开始时，由于战争导致波兰国家人口锐减，相关技术人员出现短缺。普通群众便在高校专家和专业人士的带领下参加建筑修复技术培训，并在特定岗位发挥作用，保证重建质量③。华沙民众也争相向承担修复工作的相关机构提供资料，以推动建筑原样修复工作。所提交的材料包括战前拍摄的老照片、根据老人对建筑的详细回忆形成的图纸、画册刊物、已发行

---

① 蔡忠原，李晶. 来自华沙的历史文化遗产保护经验［J］. 建筑与文化，2015（11）：24 - 25.

② 杨涛. 华沙历史中心重建对我国古城保护与更新的启示［J］. 国际城市规划，2015，30（03）：124 - 128.

③ 蔡忠原，李晶. 来自华沙的历史文化遗产保护经验［J］. 建筑与文化，2015（11）：24 - 25.

的明信片等，总重量达数百吨①。华沙历史中心的重建是全社会共同努力修复家园的卓越成果。

三、海南黎族传统聚落文化保护可借鉴的经验

华沙的重建代表了波兰人民的"民族意志"，是波兰文明在经历磨难后得以延续的重要载体，也体现了 20 世纪下半叶修复技术的有效性。华沙的真实性在于其 1945—1966 年间的重建行为本身，而不在于其所还原的那座古城②。基于此理念，海南黎族传统聚落能够从华沙历史中心的文化遗产保护中借鉴的经验可从三个方面进行分析。

（一）丰富海南黎族传统聚落文化遗产保护信息平台与资料库

华沙历史中心在被摧毁前已有详细的测绘资料，并为历史建筑的修复提供了可靠依据，这一前提条件对实现华沙历史中心的重建工作至关重要，在二战后大部分欧洲古城的重建中相当罕见。复原后的华沙历史中心也因为这些翔实资料的存在而得以成为世界文化遗产。

在评估华沙历史中心的文化遗产修复情况时，世界遗产委员会引用了圣约翰教堂的例子。他们指出，不仅教堂外观得到了精确复原，打造出哥特式的形式，而且包括宗教艺术品、墓葬、雕塑、绘画等在内的内部装饰也实现了复原重建。这反映出在华沙历史中心

---

① 杨涛. 华沙历史中心重建对我国古城保护与更新的启示［J］. 国际城市规划，2015，30（03）：124 - 128.

② 崔金泽. 破题——刍议中国文物古迹的物质性再造问题［J］. 中国文化遗产，2017（02）：16 - 27.

的重建过程中对原貌的认真考证，从建筑外观、内部结构和布局、装饰元素到使用的材料和施工方式等各个方面都经过了深入研究。

目前，海南黎族传统聚落文化保护已有一定的历史研究与实物考证成果，但对相关重要概念仍然缺乏统一、规范的界定，比如"船型屋"的名称、历史变迁、特征与内部布局等。同时各地方实物考据内容虽然十分丰富，但缺乏一体化、系统化的线上信息整合平台。在突发灾害性事件对文化遗产造成严重损害的情况下，遗址修复若无精确翔实的数据和资料作为参照，就难以做到真正意义上的还原。此外，资料的缺乏与研究成果不互通也会对历史文化遗产的信息化展示和管理工作造成阻碍。

（二）激发黎族人民民族动力，引入常态化公众参与模式

在保护黎族传统聚居地文化的过程中，需要激发黎族民族动力。1944 年 8 月，纳粹特别部队在华沙人民反纳粹起义失败后，对华沙市内的古建筑进行爆破。战后，华沙人民经历了漫长而艰苦的努力实现家园的重建，数以十万计的人参与了修复工作，义务劳动总量达到数十万工时。华沙历史中心的成功重建离不开华沙人民的明确分工和团结协作，其背后体现的是华沙人民的民族凝聚力。此外，根据华沙历史中心的申遗工作，这一古迹之所以能够被列入世界遗产名录，其重要原因就在于波兰人民将华沙历史中心视为民族精神和文化认同的象征，而华沙历史中心体现着波兰人民对历史的敬畏和对文化遗产的珍视。黎族传统聚落的重建与修复同样离不开黎族人民的共同努力，因此应当培养黎族人的民族认同感，凝聚民族的内在动力。

目前海南黎族传统聚落的文化保护工作主要由政府部门负责，尽管在政策引导下民众参与了非物质文化遗产等技艺传承的工作，但整体仍处于被动参与的位置。因此一是要培养黎族人民的民族认同感与文化保护意识；二是要搭建类似的常态化公众参与机制，形成定期征集民众意见，邀请相关利益主体参与规划工作与举办公众听证会，开辟规划草案反馈渠道，组织文化遗产相关大型活动等模式激发民众主体性意识。

（三）实现物质、功能、象征全方位重建与文化保护工作

华沙历史中心的复原和重建是波兰为实现国家复兴、鼓舞国内民众、缓解当时住房紧张等目的而做出的重要举措。因此应当理解华沙历史中心重建的历史背景与特殊性，比照海南黎族传统聚落的具体情况与背景，避免对文化遗产进行盲目重建工作。

首先，华沙历史中心在重建过程中保证了外形、建筑材料的复原与传统修筑技艺的使用。重建项目利用了 14 世纪至 18 世纪之间任何现存的、未受损的结构，以及中世纪晚期的街道网络、广场、主要市场广场以及城墙。该项目遵循了两个指导原则：一是尽可能地使用可靠的档案文件。二是旨在重现这座 18 世纪晚期历史城市的外观。后者是由该时期详细的影像资料和文献历史记录的可用性所决定的。但这并不意味着华沙战前的城市风貌要完全恢复，重建计划的制定更像是一份表达波兰人民对未来态度的、基于历史保护的发展计划①。

---

① 杨涛. 华沙历史中心重建对我国古城保护与更新的启示［J］. 国际城市规划，2015，30（03）：124-128.

在重建过程中，建筑内部进行了一定的现代化改造，从而为战后城市发展和居民生活提供保障，建筑外部在战前如有加建的情况也会被整治。以此为鉴，在保证完整复原传统聚落风貌的前提下，黎族传统聚落可以适当有选择性地复原。复原黎族传统聚落的目的在于呈现出某一时期黎族人生产生活的真实面貌。因此，须保证复原后的聚落能够系统全面地展示过去某个时期，比如20世纪80年代黎族人的真实居住环境、生产生活方式以及民族特色文化。在确保真实的、系统的、还原历史事实的前提下，海南可以适当地舍弃修复难度过大或者不符合现代规范的一些部分。

同时要注重从物质、功能、象征三个维度全方位地重建黎族传统聚落，保护黎族传统聚落文化。华沙的改造不是简单的恢复工作，而是要解决功能应用问题，更要立足于老城的可持续发展。因此，在对黎族船型屋与传统聚落的修复过程中，不仅要注重在物质形式上最大限度的还原历史面貌，还要还原其在历史某一阶段中为黎族人生产生活提供的功能属性。此外，在修复和重建黎族传统村落的过程中，融入黎的文化符号、体现黎族人的民族精神，也是重建工作中必不可少的一部分。

由此可见，海南黎族传统聚落可以注重以下方面的保护与规划工作：

第一，丰富考据资料并搭建海南省一体化、系统化文化保护线上信息整合平台。黎族传统聚落研究应当建立详细的调研记录并进行实物、实地测绘，为复原传统建筑、展现聚落原貌提供依据。

第二，建立激发民众认同和动力的常态化民众参与机制。在黎族传统聚落文化保护中，培养民族认同感，建立常态化的民众参与机制，有助于凝聚集体智慧，推动保护工作。

第三，从功能、物质、象征三方面重视传统聚落修复与保护工作，有选择性地进行物质和文化重建，保留黎族文化特色。

第六节　琉球王国时期遗迹

琉球王国时期的历史遗址和建筑群展示了该王国自公元 12 世纪至 17 世纪长达五百多年的历史。这些壮丽的城堡遗址反映了琉球王国社会结构的特点，而岛上的宗教圣地则默默传承了古代宗教的形式。在这五个世纪的历史中，琉球王国广泛地与外界进行了经济和文化的交流，塑造了这一独特的文化遗产。

一、琉球王国时期遗迹基本情况

琉球王国遗址由两座石碑、五座城堡、两个文化景观遗址和考古遗址组成，分散分布在冲绳岛各地，总占地面积为 54.9 公顷，而周围的缓冲区总面积达到 559.7 公顷。在 10 世纪至 12 世纪期间，琉球的农耕社区开始采用简单的石墙围绕村庄以自我保护。从 12 世纪起，被称为"阿吉"的强大团体开始崭露头角，他们扩展了定居点的防御工事，将其改造成城堡。这些城堡被形容为"古苏库"，它们位于壮丽的高地，是当时社会结构的有力证据。此外，这个时期琉球群岛之间的广泛经济和文化交流，孕育了一种独特的文化①。

琉球王国留下了极其丰富的文化遗产，包括两个方面：物质遗产和非物质遗产。物质遗产中，琉球王国的建筑是其中之一，包括了谷富士和环礁上巍峨的城墙、宫殿沿池畔的建筑、居舍、城壁和城门等，它们都是琉球历史的见证。此外，琉球还以制作瓷器、织锦、纸张、武器等技艺而著名，这些制作技术和设计风格展示了琉球独特的文化特点。

琉球王国的非物质遗产同样丰富多彩，包括舞蹈、音乐、语言、烹饪和传统手工艺等。在这些传统手工艺中，首里的织物制作、红型染织、漆器制作、壶屋陶瓷和玻璃工艺等都是独具特色的。其中，"红型"指的并非仅仅是红色，而是包括了各种颜色的精美花纹。制作过程采用了当地的自然材料，如芭蕉和苎麻，经过复杂的工序从植物中提取纤维，再纺成线并织成布料，后来还引进了棉花和蚕丝等原料。由于琉球深受中国文化的影响，在造型、纹饰、色彩等方面，琉球的漆器、染织物、陶瓷等传统工艺都受到了中国工艺的启发。在首里和那霸，可以参观传统工艺博物馆，了解相关的工艺和展品的制作过程。此外，琉球还拥有独特的传统剧场，包括那霸和首里的森林剧场以及平民剧场中的"泡盛之中"，这些都是琉球王国极为重要的文化遗产之一。

---

① Gusuku Sites and Related Properties of the Kingdom of Ryukyu. https://whc.unesco.org/en/list/972.

二、琉球王国时期遗迹的文化价值

位于中日两国之间的琉球群岛，曾经是一个拥有自己独特文化和传统的独立王国。随后，琉球王国的文化吸收了来自中国、日本、东南亚等地的文化元素，并发展出了自己独特而丰富的文化特色，因其独特性和多元性而被称为"亚洲文化的交汇点"。

(一) 历史价值

琉球王国的遗址废墟，坐落于琉球群岛的制高点，承载着古代琉球王国社会结构的历史见证。与此同时，岛上的宗教建筑至今保存完好，为古代宗教传统的延续提供了坚实证据。琉球群岛独特文化的形成是源于古代琉球王国与其他地区和国家广泛的经济和文化交流。

琉球在 12 世纪开始出现国家实体，最终统一为琉球王国。琉球王国的文化将中日两国以及本土的文化元素混合在一起，形成了一种独特的文化面貌。其中，最具代表性的就是琉球式城堡。这些城堡既保留了农村聚落的特点，又具备城堡所需的防御功能。此外，还有位于世界遗产范围内的御岳。御岳是琉球独有的宗教设施，用于祭祀当地神话中的神灵和祖先。琉球王国作为古代中国、朝鲜和东南亚各国之间的贸易中心，在 14—16 世纪达到了繁荣的巅峰。这段时期的国际贸易促进了物质和文化的交流，塑造了琉球独特而多元化的文化，因此具有重要的历史价值。

(二) 艺术价值

在艺术方面，琉球王国拥有独特的传统，包括语言、服饰、音乐、舞蹈和建筑等方面。琉球语是一种在琉球群岛上使用的，完全不同于日语和中文，具有独立语音、语法和词汇体系的语言。琉球王国的服饰也别具特色，如袍子和白衫，反映了琉球传统文化的特点。此外，琉球王国还拥有丰富多彩的音乐和舞蹈文化，包括冲绳歌谣、三味线、笛子等乐器，以及"龙舞""狮舞"等多种形式的舞蹈，都是琉球王国传统文化中不可忽视的一部分。琉球王国的建筑风格也独具特色，以红瓦和青石为主要材料，展现出独特的美学价值。

（三）科学价值

尽管整个琉球王国在第二次世界大战期间受到了相当大的破坏，但许多遗址都经过了精心的重建工作。在日本，已经形成了一套严格的建筑修复规范，确保了遗址每个部分的形式和材料的高度真实性。由于没有将遗址的任何组成部分从原始位置移动，通过考古发掘发现的建筑痕迹都被保留在地下，确保了位置的真实性。此外，在工匠的技艺方面，传统的建造技术被广泛应用于所有修复、重建和保护项目中，以维持高水平的真实性。①

三、琉球王国时期遗迹文化保护

琉球王国时期的遗迹文化独具特色，主要体现在以下四个方面。第一，数个世纪以来，琉球群岛一直是东南亚、中国、朝鲜和日本之间经济和文化交流的重要中心，这一事实在现存的古迹中得

---

① Gusuku Sites and Related Properties of the Kingdom of Ryukyu. https://whc.unesco.org/en/list/972.

到了鲜明的展示。第二，琉球文化是在特殊的政治经济环境中孕育和繁荣的，因此拥有独特的文化品质。第三，琉球的圣地是本土祖先崇拜的独特范例，这种宗教形式一直完整地传承至今。第四，琉球王国时期遗迹的修复工作严格确保了它们的真实性和完整性。①因此，对于琉球王国文化遗产的保护是非常重要的。

（一）传统习俗和艺术形式的传承

近年来，媒体广泛讨论了琉球王国文化保护和传承的议题。为了延续琉球传统文化，人们已经着手恢复当地的传统习俗和艺术形式，包括音乐、舞蹈和剧场的持续演出。为了传承琉球王国的音乐、舞蹈和剧场传统，琉球当地涌现了许多音乐团体，例如琉球奏乐团、琉球管弦乐团和琉球民族唱跳团等。这些音乐和舞蹈表演项目常常在琉球的招待会、法事、神社祭典等特殊场合上演。此外，学校教育也积极融入琉球王国的文化，许多学校将琉球的文化元素纳入教学课程中，同时还提供体验活动，帮助学生更好地了解和体验琉球文化遗产。

（二）使用原材料，保留原技术

为了保护琉球王国的建筑遗产，当地政府积极进行了修缮和重建工程。他们努力采用本地原材料，保留传统建造技术，以还原这些建筑的原始面貌，使其得以展示。琉球王国在第二次世界大战中遭受了严重破坏，尤其是首里城，其中的正殿受损尤为严重。战后，根据相关法律法规和当地居民的期望，日本政府积极进行了修

① Gusuku Sites and Related Properties of the Kingdom of Ryukyu. https://whc.unesco.org/en/list/972.

复工作。其中，修复首里城正殿的工程是最大的一项。目前，这些文化遗产都在日本政府团队的努力下完成修复工作，得以保留和传承。

（三）严格规则下的修复和重建

琉球王国的每个部分都在高度严格的规范下进行修复和重建，确保了设计和物质的真实性。为了保持位置的真实性，没有将任何组成部分从原始位置移走，并且通过考古发掘发现的建筑遗迹都被保留在地下。此外，政府采取了广泛的措施来明确区分原始材料和用于修复的材料，确保在材料选择过程中充分审慎。尽管曾经出现过一些使用不当材料的情况，但已采取措施将其替换为适当的材料，或者建立了明确的区分标准来区分适当和不当的材料。整个琉球王国修复和重建过程都建立在详细的调查和研究基础之上。

四、海南黎族传统聚落文化保护可借鉴的经验

对于海南黎族传统聚落文化保护，能够从琉球王国时期遗迹的保护和修复中借鉴的经验可以从三个方面进行分析。

第一，传承传统聚落中的黎族特色文化元素。黎族人民信奉的大力神贯穿了黎族的发展历史。因此，作为黎族人民思想观念上不可或缺的元素，在艺术表演、体验活动中可以多融入大力神、甘工鸟等文化符号。

第二，在重建的过程中采用传统的建造方法。为了保证重建后的黎族传统聚落能够体现原真性，采取传统技艺进行重建至关重要。此外，传承千百年的船型屋营造技艺的背后，本就体现着黎族

人民传统的生活方式，因而采用传统技艺更能够保证修复的完整性与真实性。

第三，制定严格的、体系化的修复标准。琉球王国时期的遗迹修复之所以能够很好的体现真实性，很大程度上是因为严格的修复标准。黎族传统聚落的修复也应该针对形式、材料和环境制定出严格的标准。形式上，不同聚落的建筑形式体现着黎族民居发展的不同阶段，因此应该严格地核实其具体形态，不能一律修复成为船型屋的形式。材料上，应保证与历史上所使用的材料一致，凸显黎族传统民居的原真性，即使成本较高，也应使用真茅草。环境上，尽量保证修复后的村落与旧的村落处在相同的地理位置，最大限度地还原村落在历史上所处的真实自然环境。

第六章

海南黎族传统聚落文化
遗产保护

　　海南热带雨林是中国生物多样性分布最集中、保存最完好、连片面积最大的雨林生态系统，是全球生物多样性分布热点地区之一，也是重点鸟区集中地和零灭绝联盟保护地。黎族传统聚落的村落形态及建筑，反映出黎族人民不断适应自然环境条件，并与自身生产生活的需要相融合的特点。黎族人民传统的土地利用方式，形成了山、林、草、田镶嵌的多样化生态环境，为一些特有物种提供了独一无二的栖息地，形成了海南岛传统人居环境下特殊的生命共同体。海南岛先民在这片雨林中留下一行行文明进步的足迹，从择洞穴巢居，到棰木皮为衣、制土陶为器，再到用茅草、木头、泥土搭建船型屋、金字型屋……黎族传统聚落所反映的人地互动关系、生活习俗特征和村落物质遗存，充分体现了当地人民与自然环境相互适应的生态智慧，是热带地区岛屿性部族聚落的典型代表，具有全球代表性。保护海南黎族传统聚落文化遗产具有重要意义。

　　鉴于当前海南黎族传统聚落文化遗产保护现状，参考我国其他地区村落类文化遗产保护经验，海南黎族传统聚落文化遗产保护工作应主要围绕以下两个层次展开：一是要挖掘好黎族传统聚落文化的独特内涵与价值，保护好黎族传统聚落历史与文化在物质文化层面和非物质文化层面的见证和载体；二是要挖掘好黎族传统聚落与热带雨林之间的人地关系，从黎族传统聚落及其建筑物的发展变迁、黎族传统生产生活方式中彰显人与自然和谐共生关系，阐释好黎族人民的生态理念与生态智慧。具体而言，保护工作应重点从以下四个方面突破，一是切实做好黎族传统聚落修复和保护工作，为黎族传统聚落文化传承及文化遗产保护培育基础性的物理空间和物质载体环境；二是有重点地做好黎族传统聚落文化遗产的传承和保护工作，彰显黎族传统聚落文化价值，积淀黎族传统聚落文旅资源；三是加强自然遗产同文化遗产的结合与联动，深化黎族传统聚落文化内涵，突出黎族传统聚落文化遗产的在地性和独特性；四是有序推进黎族传统聚落旅游产业发展，以发展吸附资源，以发展可持续带动保护可持续。

第一节　切实做好黎族传统聚落修复和保护工作

　　聚落是黎族人民生产生活的基本单位，是黎族文化的重要见证。修复和保护好黎族传统聚落是保护黎族传统聚落文化及文化遗产的基础性工作。考虑到黎族传统聚落修复工作周期较长、人财物消耗较大，从黎族传统聚落文化遗产保护工作全局来看，应当把这项工作当作首要工作、重点工作来抓。

一、制定并出台传统聚落保护条例

多地成功经验表明，制定地方性的、有针对性的文化遗产保护条例，能够有效促进并规范文化遗产保护工作，为文化遗产修复以及后续的文化遗产保护、开发和利用提供必要且关键的制度保障。

目前，海南省已出台《海南省非物质文化遗产规定》[①] 和《海南省传统村落与历史文化街区保护与活化利用"十四五"专项规划》[②]。其中，《海南省非物质文化遗产规定》结合海南本土实际和前期经验，从完善非遗保护体系、加强非遗传承传播、促进非遗的合理利用等方面作出规定，旨在推动解决包括黎族船型屋营造技艺等在内的非遗保护存在的实际困难和问题。《海南省传统村落与历史文化街区保护与活化利用"十四五"专项规划》旨在加强海南省传统村落和历史文化街区保护和利用，基于现状基础和发展形势，从发展目标、总体要求、主要任务、保障措施等方面作出规划，其中"焕发黎苗文化区魅力，塑造山水人文融合发展典范"被视为主要任务之一。

---

① 海南省人民政府. 海南省非物质文化遗产规定 [EB/OL]. (2022−05−31) [2023−03−20]. https://www.hainan.gov.cn/hainan/dfxfg/202206/24b85d67e10a44d3a329742956a6701d.shtml.
② 海南省自然资源和规划厅. 海南省传统村落与历史文化街区保护与活化利用"十四五"专项规划 [EB/OL]. (2022−03−22) [2023−03−20]. http://lr.hainan.gov.cn/xxgk_317/0200/0202/202204/t20220402_3168600.html.

在此基础上，为进一步加强黎族传统聚落保护工作的针对性和指导性，建议在上位法的制度框架下，结合黎族传统聚落保护工作实际，进一步完善黎族传统聚落保护工作体系。建议加快制定、出台《海南省黎族传统聚落保护发展规划》《海南省黎族传统聚落保护条例》《海南省黎族传统聚落修复标准和规范》等政策、规制文件（文件名仅供参考），让势在必行的黎族传统聚落修复和保护工作有法可依、有章可循。

其中，《海南省黎族传统聚落保护发展规划》为政策性文件，旨在对黎族传统聚落保护和发展给予顶层设计，规划内容包括但不限于总体要求、预期目标、重点任务、时间规划、保障措施等方面。《海南省黎族传统聚落保护条例》为规制性文件，旨在从实操层面明确黎族传统聚落保护工作的内容和要求，包括但不限于明确保护对象、责任主体、职责分工、工作目标及原则、工作内容及方式、违禁行为活动认定及处罚、评估督察机制、配套保障机制、应急管理机制等方面。《海南省黎族传统聚落修复标准和规范》为规范性文件，旨在规范黎族传统聚落修复的目标样式（修复成什么样）和工作方式（如何修复），应制定形成黎族传统聚落修复技术规范，对传统聚落内建筑物的高度、体量、外形、色彩等建筑风貌提出基本样式标准，同时该标准和规范应兼顾整体性和在地性，充分体察各聚落及其建筑物的实际保护和发展情况，充分尊重各聚落可能不尽相同的历史沿袭、技艺手法、文化习俗，留出一定的灵活性，具体标准和规范应由专业人士（民族文化专家、营造技艺传承人等）协商制定。

　　三份文件相辅相成，共同形成黎族传统聚落修复和保护工作制度体系，能够从政策、规制、标准三个方面对修复和保护工作予以制度性督促、约束、规范和保障。

二、根据各村实际落实保护修复行动

　　各黎族聚居村庄是黎族传统聚落修复和保护的一线执行单位。各地自然环境、传统聚落遗存情况、社会关系结构、文化习俗以及行政组织调度能力不尽相同，要求各地根据自身实际情况及地方特色，精准施策，制定差异化的黎族传统聚落修复保护行动方案。比如，昌江黎族自治县洪水村的方案重点可放在大力推进黎族船型屋营造技艺的保护和传承工作上；东方市白查村的保护修建方向可放在积极探索当地"船型屋"的活态传承之路上；东方市俄查村的保护方案则可侧重于加快推进船型屋的重建工作；五指山市初保村的近期目标是尽快提升村民修复现有船型屋、维护船型屋传统形态的积极性。在实操层面，应对当地遗存和在建的传统聚落进行名单化管理，明确修复对象、修复任务及其责任人，确保责任到户、到人，及时更新修复动态，列出工作时间规划表、进度表，更好地把握工作进度、及时查摆问题。

　　同时，有必要为黎族传统聚落修复及保护工作注入更多的行政力量，切实加强工作执行力度、提升监督效力。海南省旅游和文化广电体育厅作为文化遗产申报工作责任主体，应同海南省住房和城乡建设厅、海南省林业局、海南省民宗委等相关部门成立黎族传统聚落修复及保护联合工作小组，提升黎族传统聚落修复及保护工作的行政优先级，并为该工作的系统性、复杂性打通部门壁垒，保证内部沟通和资源流通顺畅，形成跨部门工作合力。相应地，除了省级的联合工作组，市县级也应在条件允许的情况下成立对应的联合工作组，实现省级与地方的高效对接，有效协调地方资源，将基层工作落到实处。针对内驱力不强的问题，可考虑通过部门绩效挂钩、定期召开跨部门跨区域联席会议、定期开展调研评估整治专项行动等方式，适当加压，形成府际良性竞争。

此外，各村可以根据地方实际，整合当地多种资源，创新修复工作管理方式，进一步确保责任到人。比如，可以仿效广东开平碉楼申遗工作中的"托管"与"认养"方案，做好民意沟通工作，对于无力或无暇参与修复工作的村民，可将其房屋转交政府代为管理，产权不变，并予以适当经济补贴；政府也可将其"托管"的房屋以"认养"的方式交由爱心慈善人士或机构、地方杰出代表、企业家等协助完成修复工作，充分发挥地方资源优势，减轻管理和财政压力。又如，仿效福建土楼申遗工作中形成的政府五级联动、村民人人参与的管理和保护机制，引导村民组建黎族传统聚落保护管理小组，赋予村民一定的职责分工，调动村民的主体意识，促使其主动参与传统聚落修复和保护工作。

目前，在"船型屋"保护和修复工作方面，东方市进展相对突出。江边乡已开展的修缮保护工作，涉及对俄查村老村原有破旧茅草船型屋的勘察、设计、拆除、重建，以及对白查村18间船型屋大门的修复。其下一步计划是将传统船型屋建筑群同周边的旅游资源进行文旅融合，打造黎族特色品牌。针对船型屋营造技艺，当地自2021

年开办培训班后，黎族船型屋营造技艺的传承人已从最初的 4 人增加至 10 人。船型屋营造技艺传承人培训活动后续将持续开展。①

三、完善传统聚落基础设施建设及配套支持

黎族传统聚落修复技艺主要掌握在当地村民手中，传统聚落修复及后期维护自然需要依靠当地村民完成。落实黎族传统聚落修复和保护工作，保障当地村民切身利益、给予充足的配套支持是关键。仅就短期修复工作而言，保障工作应至少包含以下两个方面：

一是加强黎族传统聚落营造及修复技艺传承和培训，建立激励机制。适当提升国家级、省级、市级、县级非遗传承人的补助费用，鼓励当地村民申报非遗传承人，抓住关键人，让专业人干专业事，充分发挥专业技术人员业务骨干和传帮带作用，推动船型屋营造技艺等的保护传承工作，并全方位开展船型屋营造技艺专题调查工作，建立船型屋营造技艺数据库，切实保障黎族传统聚落文化遗产修复工作的人才资源储备。同时，应向积极参与船型屋建造、修复工作的村民支付一定的劳务费，为村民创收拓展来源，广泛调动村民的工作积极性。

二是做好基础资源配套支撑，完善基础设施建设。首先，划定特定区域对茅草（"船型屋"的主要原材料）、蓝靛植物（黎族织锦染料）等原材料进行科学生产和加工，对参与原材料种植和加工

---

① 海南省旅游和文化广电体育厅. 东方启动修缮保护船型屋　挖掘周边旅游资源推动文旅融合［EB/OL］.（2022 - 05 - 10）［2023 - 03 - 20］. http://lwt.hainan.gov.cn/ywdt/whww/202205/t20220510_ 3188185.html.

的村民予以一定的经济补贴，并成立原材料种植实验室或建立原材料种植生产基地，缓解船型屋原材料和织锦染料的供应问题。其次，下大力气建设、完善黎族传统聚落基础设施，包括黎族传统聚落旅游公路、水系工程、公厕公用垃圾桶等公共卫生设施、消防设施等。最后，加大力度整治黎族传统聚落基础环境，包括区域建筑整体性规划和改造（拆迁、改造不协调建筑）、环境卫生治理、建筑质量风险监测及整治等，从根本上解决黎族传统聚落进入性较差、旅游体验欠佳的问题。

第二节　有重点地做好黎族文化遗产的传承工作

黎族传统聚落及其船型屋、金字型屋建筑群作为物质文化，黎族船型屋营造技艺、黎族干栏建筑技艺作为非物质文化，既是黎族传统聚落文化的重要载体，也是海南申报世界文化遗产的重要资源。黎族传统聚落文化遗产种类丰富，但实际传承与发展情况参差不齐且因地而异。依据《海南省非物质文化遗产规定》的"分类保护"保护原则，黎族传统聚落文化遗产保护工作应综合考虑文化遗产本身的代表性及其保护与传承的时效性要求、文化遗产保护在工作执行层面的可行性和可操作性，做到有的放矢，分阶段、有重点地推进黎族传统聚落文化遗产保护与传承，提升黎族传统聚落文化遗产保护与传承的系统性和科学性。

一、明确文化遗产重点发展清单

表 6-1 列出了海南黎族传统聚落文化的主要表现形式。经实地调研，结合文化遗产的实际传承情况、文化价值及政策导向，建议将船型屋、金字型屋、黎族船型屋营造技艺、黎族干栏建筑技艺、黎族织锦、黎族传统纺染织绣技艺列为现阶段（"十四五"阶段）黎族传统聚落文化遗产重点发展对象。

表 6-1   海南黎族传统聚落文化表现形式总览表

类别	名称	是否入选文化遗产目录（省级及以上）	入选时间	建议重点挖掘
建筑	黎族船型屋	否	无	√
	黎族金字型屋	否	无	√
纺织	黎族织锦	否	无	√
	黎族龙被	否	无	
技艺	黎族船型屋营造技艺	第二批国家级非物质文化遗产名录	2008	√
	黎族干栏建筑技艺	海南省省级非物质文化遗产代表性项目名录	2012	√
	黎族传统纺染织绣技艺	联合国教科文组织"急需保护的非物质文化遗产名录"	2009	√
		第一批国家级非物质文化遗产名录	2006	
	黎族原始制陶技艺	第一批国家级非物质文化遗产名录	2006	
习俗	黎族文身	第一批海南省级非物质文化遗产名录	2005	
音乐	黎族竹木器乐	第二批国家级非物质文化遗产名录	2008	
	黎族民歌	第二批国家级非物质文化遗产名录	2008	

船型屋代表了海南黎族传统聚落原始的建筑风格,是海南黎族传统聚落的优秀文化遗产,不仅是海南黎族传统聚落漫长历史的文化见证,更是海南黎族人与热带雨林和谐共生的生态产物。通过船型屋(金字型屋),我们可以了解海南黎族传统聚落的社会组织、文化传统与生产水平,还可以认识热带雨林以及黎族人崇尚自然、敬畏自然的生态观。同时,相比音乐、节日类的其他文化表现形式,船型屋(金字型屋)更具独特性,是海南地区黎族人民独有的传统文化表现形态,与其他地区黎族或其他民族的相似性较低。

黎族船型屋营造技艺与黎族传统聚落及传统民居建筑群相承接,呈现了黎族人民精妙的建筑技巧,彰显了黎族文化独特的审美价值,体现了黎族人民尊重自然环境、与热带雨林和谐共生的生态智慧,更为黎族传统聚落及建筑物修复保护的可行性和可持续性做支撑。在可行性上,目前船型屋(金字型屋)物质性遗存情况以及船型屋营造技艺传承情况相较其他文化遗产而言均更好。

考虑到黎族有语言无文字的特殊文化情况,黎族织锦中的图形符号更适合作为黎族文化的见证。加上"黎族传统纺染织绣技艺"在2009年便已被联合国教科文组织列入首批急需保护的非物质文化遗产名录,2024年底已转入人类非物质文化遗产代表性名录。在可行性上,黎族织锦的物质性遗存情况以及黎族传统纺染织绣技艺的传承情况均相对理想。因此,建议将黎族织锦、黎族传统纺染织绣技艺列为现阶段黎族传统聚落文化遗产重点发展对象,同时建议将传统船型屋周边的现代建筑及停车场、卫生间、文创店等基础设施同黎族织锦的图案进行有机融合，使建筑符号与图案符号在凸显黎族传统聚落独特的历史意涵、审美旨趣与文化价值等方面形成合力。

　　将黎族特色建筑船型屋、黎族船型屋营造技艺同黎族织锦、黎族传统纺染织绣技艺一道列入黎族传统聚落文化遗产的重点发展清单，有利于集中力量，落实好黎族传统聚落文化遗产的挖掘、传承与展示工作，避免不必要的资源浪费，以点带面，凸显黎族传统聚落文化特色。

二、打造跨区域跨聚落的协同传承格局

　　海南黎族传统聚落文化遗产分布相对不均，各村文化遗产资源留存、保护、传承情况不同，各有侧重、各有特点，在文化遗产传承和保护工作上也各有所长、各有门道。为此，有必要加强各村之间的交流互鉴，树牢共同体意识。多地成功经验表明，文化遗产保护与传承工作不能仅仅依靠自上而下的推动，更要调动自下而上的创新活力。打造跨区域、跨聚落的传承共同体，有利于强化各村落的主体意识，促进资源流通和经验共享，提升各村落文化遗产保护与传承工作实效，激发基层创新活力，也体现了热带雨林万物互联共生的生态文化内涵。

　　目前，海南省初步选定的四个重点黎族传统聚落（东方市白查村和俄查村、昌江洪水村、五指山初保村），重点呈现的是"船型屋"这一独特建筑形式以及黎族船型屋营造技艺。鉴于黎族织锦的普及性及其在非物质文化遗产中的代表性，建议适当扩大黎族传统

聚落选址范围，将五指山市番茅村、东方市西方村等织锦村纳入其中，形成黎族传统聚落文化遗产保护传承共同体。

在此基础上，各村之间加强联动、互相帮扶。比如，鉴于《海南省传统村落与历史文化街区保护与活化利用"十四五"专项规划》计划将东方白查村打造为黎苗非物质文化遗产传承基地，可以发挥白查村的示范效应和辐射带动效应，比如组织其他各村到白查村考察、见习，参与白查村开办的非物质文化遗产传承与研习工作坊等；针对各村黎族织锦传承情况差异，可考虑采取"生态博物馆"模式，将织锦等非遗文化展演活动搬到洪水村、初保村等非遗传承较弱村落，实现织锦"活态传承"；针对各村文化遗产修复和保护工作进展差距，可通过定期举办通气会、座谈会、分享会以及定点帮扶等方式，形成常态化的沟通与协作机制，推介好的经验做法，商议解决共性问题、重点难点，提升文化遗产修复和保护工作的整体成效。后续还可以逐步考虑扩大村落共同体范围，进一步辐射带动其他村落，持续为黎族传统聚落文化增添色彩与活力，最终实现"大黎族"聚落生态与文化生态。

三、开展多元化的黎族文化培育工作

村民是黎族传统聚落文化传承与弘扬最基本的行动主体，既要让村民"能"传承，又要让村民"想"传承。《海南省非物质文化遗产规定》明确指出，对具有生产性技艺和社会需求，能够借助生产、流通、销售等手段转化为文化产品和服务的代表性项目，应当采取扶持生产性保护示范基地建设、扩大传承人队伍、支持提高

产品设计制作水平和品质、协助宣传、展示、推介产品和服务等
措施，实行生产性保护。一方面，应进一步加强黎族船型屋营造
技艺、干黎族传统纺染织绣技艺等传统技艺培训（如由东方市文
化馆举办的船型屋营造技艺培训班），与相关配套支持、激励机制
相结合，既要"授之以鱼"更要"授之以渔"，逐步扩大培训规
模，并通过提供必要的场所、保护补助费用和支持代表性传承人参
与社会性公益活动、支持代表性传承人申报专业技术职称、人才认
定等方式予以扶持。另一方面，应切实增强黎族村民对本民族文化
的认同感和"自珍"意识，加强黎族文化特别是黎族传统聚落文化
培育和宣传贯彻，切实做好黎族传统聚落文化遗产相关知识产权保
护工作，为广泛动员黎族村民传承、弘扬黎族传统聚落文化维系最
基本的文化源动力。

　　文化培育工作不仅要着眼于村里，还应扩散到村外。海南省
应尽快启动黎族文化教材建设工程，鼓励并支持申遗重点保护市
县联合编制黎族历史文化教材，编写黎族文化通识教育读本或普
及读物。如《黎族船型屋营造技艺普查资料汇编》《黎族民俗文
化普查资料汇编》等。制定黎族船型屋营造技艺、黎族传统纺染
织绣技艺等非物质文化遗产进校园、进课堂、进教材工作实施方
案，创新增设黎族非遗传承实践课，从青少年抓起，提升其对黎族
文化的认同感。从短期来看，可以考虑以黎族传统节日为契机，通
过制定节假日放假安排、举办集体庆祝活动、举办展览等方式，
强化黎族人民对本民族文化的认识和感受，增进民族认同和文化
自珍。

第三节　加强自然遗产同文化遗产的结合与联动

黎族传统聚落文化由海南热带雨林自然环境孕育而生，是人地和谐关系、海南黎族人民生态智慧的集中体现。《海南省传统村落与历史文化街区保护与活化利用"十四五"专项规划》明确指出在"黎苗文化区"必须突出"黎苗非物质文化和中部绿水青山的融合发展"，打造"山水人文融合创新发展典范"，营造"浓厚的文化生态氛围"。因此，在保护传承和发展黎族传统聚落文化遗产过程中，应重视对热带雨林自然环境的体察，加强热带雨林自然遗产同黎族传统聚落文化遗产的结合与联动，体现黎族人民与热带雨林和谐共生的人地关系，彰显黎族人民悠久而又超前的生态理念和生态智慧。为此，应至少做到"三个结合"，即文化结合、管理结合、风貌结合。

一、做好黎族传统聚落生态文化阐释和宣传贯彻

文化具有教化和引领的先导性作用。黎族传统聚落文化之所以独特，首先在于其鲜明的在地性，即孕育于海南热带雨林自然环境中、创生于人地互动关系间。加强自然遗产同文化遗产的结合与联动，基础性的工作便是要做好黎族传统聚落文化阐释工作，重点加强对黎族生态理念和生态智慧的提炼、阐释和宣传。

黎族人的生态智慧受黎族先民万物有灵观念的深刻影响，至今

仍保有敬畏自然，善待万物，人与自然和谐共生，不过度捕捞、砍伐、采摘等优良传统。这些优良传统使得早期黎族社会形态及聚落特征得以保存至今，形成了人与自然完美适应的传统生活方式，保护了热带雨林中的物种多样性，使得黎族传统聚落成为热带地区岛屿型部族聚落的典型代表。在此基础上，提炼形成"黎族传统聚落生态文化体系"，明确其文化内涵（人与自然和谐共生）、文化价值（热带岛屿聚落代表性）、文化载体（传统聚落及建筑物、生产生活方式及其遗存、非物质文化遗产、古遗址等），丰富黎族传统聚落文化内涵。

以黎族传统聚落生态文化为指导思想，重点加强对黎族传统聚落文化价值的凝练。以海南黎族传统聚落（船型屋、金字型屋）为例，建议采用国际通用方式，以"历史的、艺术的和科学的价值"作为价值定位依据，参考、贴合申遗标准（iii）和标准（v），从历史价值、艺术价值、科学价值三个方面提炼黎族传统聚落文化价值，并可作为黎族传统聚落修复保护工作的方向性原则，统摄黎族传统聚落修复保护工作的标准、规范及要求。对黎族传统聚落文化价值的提炼可参考表 6-2。

表 6-2　传统村落类文化遗产的文化价值

村落名称	核心关键词	历史价值	艺术价值	科学价值
海南黎族传统聚落	黎族传统聚落文化	人类社会文明发展从原始社会向农业社会过渡阶段的物质见证	动静结合之美，人与自然和谐共生的理念	冬暖夏凉，防潮、隔热，经济适用

二、加强海南省旅文厅与海南省林业局的沟通与协作

　　加强自然遗产同文化遗产的结合，要求自然遗产主管单位和文化遗产主管单位加强沟通与协作。在联合工作组的基础上，应重点针对自然遗产与文化遗产结合这一工作重点，建立、畅通海南省旅文厅与海南省林业局的专项工作沟通与协作机制，并推动专项工作沟通与协作机制下沉，解决基层单位沟通协作难的问题。可仿效广东开平碉楼申遗工作中对当地村落的保护措施，通过创新区域管理模式（即设立文化生态保护区）实现自然遗产与文化遗产相互促进、共同发展。

　　海南省可采用项目组或工作小组制，打破行政职能壁垒，整合相关行政资源，在提名地设立若干文化生态保护实验区，目的是以问题为导向，集中力量解决重点难点问题，对区域内的热带雨林生态环境、黎族传统聚落、黎族传统聚落物质文化遗产和非物质文化遗产予以整体性保护，适应文化遗产保护工作的系统性和复杂性，将黎族传统聚落及其文化遗产保护工作与热带雨林保护工作相联通，将黎族生态理念和生态智慧贯穿于自然遗产与文化遗产保护工作的始终。

三、巧用数字可视手段展现黎族传统聚落特色文化符号

　　在文化结合的基础上，要将黎族传统聚落生态文化转化为看得见、摸得着的符号和形象，使得视觉体系与文化体系相呼应，更有利于增强黎族传统聚落生态文化的表现力、说服力与传播力。作为

海南热带雨林古人类活动踪迹的考古见证，应继续做好对钱铁洞、皇帝洞等古遗址的保护和考古挖掘工作，加大对区域内古遗址、古文物的宣传和科普力度，将其纳入黎族传统聚落生态文化体系及旅游体系，增强黎族传统聚落生态文化的历史厚重感，丰富黎族传统聚落生态文化的表现形态与阐释路径。

在修复黎族传统聚落的同时，还应加强对黎族传统生产生活景象的复原和展示，实景展示与多媒体展示相结合，利用 AR、VR 等新技术设计沉浸式体验项目，将黎族人民的生态智慧外显于行。此外，区域内公共服务设施建设也应充分体现黎族文化特色，如在建筑上呈现刨隆扣（大力神）、甘工鸟、黎族织锦中的人形纹、动物纹、植物纹等黎族特有文化符号，营造浓郁的黎族文化氛围。

第四节　有序推进黎族传统聚落旅游产业发展

文化遗产保护工作是一项长期性工作，文化遗产修复后将面临严峻的持续运营问题。增添旅游功能、适度发展旅游业是既有多地文化遗产保护成功经验中的常见做法。对于海南而言，有序推进黎族传统聚落旅游产业发展，能够有效激活黎族传统聚落的造血能力，为当地村民提供就业和创业机会、扩展收入来源，为实现黎族传统聚落修复和保护的可持续性带去经济激励，有效解决新村、老村割裂等现实问题。

一、规划"雨林-黎寨"特色旅游带

遵循自然遗产与文化遗产相结合的指导思想，在保护热带雨林生态环境的前提下，建议在申遗提名地区域内规划"热带雨林-黎族村寨"特色综合旅游带，对区域内热带雨林国家公园、黎族传统聚落、钱铁洞皇帝洞等古遗址等旅游资源加以整合、串联，形成海南岛中部热带雨林特色旅游路线，形成中部"热带雨林-黎族文化"大文旅格局。重点突出"雨林风光""黎族风情""纳凉圣地"等文旅特色，加强整体性文旅品牌设计与宣传，打造成为海南岛新的"旅游名片"。

旅游带内应做好资源衔接，促进自然旅游资源和文化旅游资源有机融合。比如，按照国家林业和草原局《国家公园管理暂行办法》中关于国家公园管理机构应当组织开展文化传承、支持和传承传统文化等的要求，借鉴《武夷山国家公园文化遗产资源保护和利用暂行规定》《黄山风景区文化遗产保护利用三年行动计划》等先进经验，可在热带雨林国家公园的一般控制区域和周边区域适当引入黎族传统聚落文化传承与展示活动。

旅游带内还应完善公路、通信网络、水电、公共卫生等基础设施以及住宿、餐饮等配套设施。其中，由于黎族传统聚落位置较为偏僻，公路建设问题最为棘手。《海南省传统村落与历史文化街区保护与活化利用"十四五"专项规划》特别指出，要提升偏远传统村落的通达条件。加强昌江王下乡洪水村与外部西线高速公路的连接，兼顾生态保护需要，在现有道路基础上升级改造，结合实际进行局部改道，整体提高道路的舒适性、观赏性和通行能力。可借鉴山西省高质量推进黄河、长城、太行三个一号旅游公路建设工作的方案，构建全域旅游一张网格局模式，在环岛旅游公路和环热带雨林国家公园旅游公路建设基础上，规划建设黎族文化旅游公路，拓展环岛旅游公路和环热带雨林国家公园旅游公路辐射范围，连通黎族文化乡村旅游点，彻底解决黎族特色村寨道路进入性较差的问题。

在旅游带外，还应充分利用海南全岛业已成熟的文旅体系，加强"雨林-黎寨"特色旅游带与岛内其他知名旅游景点之间的联动，实现"借船出海"。比如，在岛内已经相对知名、成熟的旅游景点，加强对"雨林-黎寨"特色旅游带的帮扶宣传、引流，开辟点对点直达式旅游线路和旅游服务；结合国际旅游消费中心建设，推动黎族传统聚落非物质文化遗产及相关产品融入景区、度假区、公园、酒店、商场等。

二、打造具有"烟火味"的特色黎寨

《海南省非物质文化遗产规定》明确指出，对代表性项目集中、特色鲜明、形式和内涵保持完整的特定区域，可以设立文化生态保护区，建设非物质文化遗产特色村镇、街区，或者结合热带雨林国家公园、传统村落、少数民族特色村寨、历史文化名城名镇名村保护，对代表性项目及其所依存的自然和人文生态环境实行区域性整体保护，在政策、资金等方面予以扶持。

具体到黎族传统聚落的旅游资源开发和运营，可借鉴霍洛克古村落（古村落可持续保护和运营）、乌镇、喜洲古镇、沙溪古镇（带动地方就业、激活地方造血能力）等地的经验，打造集风景观光、休闲娱乐、知识科普、文化传承、民族交融等功能于一体的特色黎寨，孵化特色商品、特色餐饮、特色民宿、民族文化体验等业态，为当地村民提供就业机会和创业平台，并为招商引资开辟出口。鼓励、引导当地村民回到黎寨工作，让村民发挥民族文化先天优势，利用民族传统技艺，实现创收增收，获得实实在在的利益。

利用市场机制，激励黎族传统聚落文化精品孵化与创新。深入挖掘黎族传统聚落文化内涵，利用船型屋（金字型屋）、黎锦等有形具象，创新打造特色文创产品；利用黎族音乐、舞蹈、礼俗、节日、服装等，打造体现黎族传统聚落风情的文艺作品，推出黎族传统聚落文化实景演出节目等；利用黎锦、剪纸、竹木乐器等传统技艺，培育特色文创产业基地。加强特色黎寨及其文化产品的宣传推广。加大新媒体运营和投放力度，灵活运用短视频、网络直播、网红大 V"种草"等形式，打造海南特色黎寨 IP；借助纪录片拍摄、综艺节目制作、影视剧创作、文化艺术品创意创作等方式，推动特色黎寨"出圈"（如电视剧《去有风的地方》对云南沙溪古镇的宣传作用）。

善用市场力量，完善黎寨文旅上下游产业链，实现对黎族传统聚落文化遗产的活态保护。比如，在规划原材料生产与加工基地的基础上，可尝试将黎族织锦的原始纺染织绣技艺同现代工艺相结合，开发时装产品、旅游纪念品和文创产品；借助电子商务平台拓展销路，打造黎族特色文旅"网红产品"，让黎族织锦得到更好的传承与推广；充分利用海南自由贸易港贸易自由便利等政策优势，拓展国际市场，开展非物质文化遗产相关产品和服务跨境贸易。

三、平衡好旅游开发与文化遗产保护之间的关系

发展黎族传统聚落旅游产业，不能以破坏热带雨林生态环境为代价。要明确旅游开发的目的，形成"开发旅游是为了更好地保护自然遗产与文化遗产"的共识，平衡好旅游开发与遗产保护之间的关系。

为此，有必要确保政府在黎族传统聚落旅游产业发展中的主导地位，成立黎寨开发运营统筹协调小组，发挥统筹协调职能，保障方向一致，开发管理有序，防止盲目追求商业利益而破坏自然文化生态环境；统筹协调小组有必要做好规划和引导，制定周期相对长、内容足够细致的工作方案，推动黎族传统聚落向旅游型黎寨平稳转型；利用好地方政府、村委会的指导和沟通职能，利用好黎族传统聚落申遗共同体的组织工作机制，避免黎寨内、黎寨间形成同质化竞争、恶性竞争，对当地资源和环境造成破坏；成立村民自治小组，发挥村民的主人翁意识和自觉意识，让村民参与黎寨开发运营和保护，形成自下而上的自主保护格局。此外，还应通过制度建设、开展专项整治行动等方式，对破坏环境、危害遗产保护的行为予以监督和处罚，对热带雨林生态环境和黎族传统聚落文化遗产形成有力保护。

结　论

海南黎族传统聚落文化调查与保护探索

黎族传统聚落文化是中国文化宝库中一颗璀璨的明珠，蕴含着丰富的历史、文化、生态智慧和人地关系理念。这种文化是黎族人民在与热带雨林的长期互动中创造出来的，是他们与自然和谐共生的生活方式的结晶。热带雨林为黎族人民的聚落生活提供了独特的背景，深刻地影响了黎族传统聚落文化的形成。黎族传统聚落文化凝聚着数千年的历史和文化积淀。从建筑到纺织，从技艺到习俗，从音乐到节日，这些文化表达方式都成为传统聚落文化的重要载体，承载了黎族先民对自然的认知及原始的审美观念。

在热带雨林的滋养下，黎族人民创造了独特的居住形态——船型屋。这种建筑不仅能够适应独特的地理环境，还彰显了他们对生态平衡的关注。此外，黎族传统的纺织工艺也是其文化的重要组成部分，用手工编织的锦缎和精致的纺织品，见证了黎族人民的技艺传承与创新。这些文化元素中蕴含着丰富的民族情感和审美理念，是中华民族宝贵的物质财产和精神财富。

保护黎族传统聚落文化不仅是为了保存一个民族的历史记忆，更是为了维护人类多样性和文化传承的宝贵资源。这一文化承载了人与自然和谐相处的智慧，呼唤着人类与环境共生共存的理念。热带雨林环境为黎族人民的生活方式和文化价值观提供了独特的背景，保护这一文化就是在保护一种特殊的生态思维和人地关系观念。此外，黎族传统聚落文化的保护，还有助于弘扬中华民族的优秀文化传统，促进社会和谐。通过传承和弘扬黎族传统聚落文化，可以激发人们对自然、传统价值的认知，增强社会的文化认同感和凝聚力，尤其在当今日益严重的环境问题下，黎族传统聚落文化对于推动人类与自然的和谐共处具有积极意义。此外，保护黎族传统聚落文化还有助于促进当地旅游业的可持续发展，增加地方经济收入。

本书从文化调查和保护探索两个方面展开，旨在深入了解黎族传统聚落文化的内涵、保护现状以及未来发展，以推动该文化的传承和保护工作。首先，本书通过对黎族传统聚落及其文化进行历史脉络与演变梳理，全面深入地揭示了这一特色文化的价值与意义。其次，为了了解黎族传统聚落文化的保护现状，基于在四个代表性黎族村落（白查村、俄查村、洪水村、初保村）的实地调查，详细考察了黎族传统聚落在物质和非物质方面的保护现状。这些聚落面临着现代化发展、人口流失等问题，使得许多传统文化遗产面临危机。通过深入调查，本书准确地展示了文化保护的紧迫性和挑战性。同时，调查还揭示了一些保护工作的成功经验，如传统技艺的传承、非遗项目的挖掘等，这为未来的保护工作提供了借鉴。最后，结合其他地方传统文化遗产保护的成功经验，本书重点在文化保护方面提出了一系列对策和建议。一方面，要挖掘好黎族传统聚落文化的独特内涵与价值，保护好黎族传统聚落历史与文化在物质文化层面和非物质文化层面的见证和载体；另一方面，要挖掘好黎族传统聚落与热带雨林之间的人地关系，从黎族传统聚落及其建筑物的发展变迁、黎族传统生产生活方式中彰显人与自然和谐共生关系，阐释好黎族人民的生态理念与生态智慧。具体包括了加强保护意识和宣传教育、制定保护政策与法规、加强传承和培训、加强跨区域跨聚落协同合作、加强自然遗产与文化遗产结合、有序推进旅游产业发展等措施。

总体来说，可以看到，黎族传统聚落文化在现代社会面临着严重的挑战。随着现代化进程的加速，传统聚落遭受着前所未有的冲击。城市化、现代建筑、人口流失等因素导致许多传统聚落濒临消失。在文化传承方面，由于年轻一代的流失和社会变迁，许多传统技艺和习俗也面临着失传的危险。然而，保护工作也在积极进行。有关部门采取了一系列措施，对一些重要的传统聚落进行了保护和修复工作，以保留其独特的历史价值。同时，一些非遗项目的传承也得到了关注，通过传统手艺人的培养和传承，一些技艺得以延续。然而，仍然有很多传统聚落和技艺面临着挑战，需要更加有力的保护和支持。

本书为黎族传统聚落文化的保护和传承提供了重要的参考。通过全面了解文化的内涵和现状，本书为制定科学的保护策略提供了实证基础，也为未来的保护工作提供了具体的方向。黎族传统聚落文化的保护与发展是一项长期的工作，需要社会各界的共同努力。在未来，我们可以预见，随着保护意识的提高，黎族传统聚落文化将得到更加广泛的认可和尊重。通过合理的保护与开发，这一文化将不断焕发出新的生命力，在当代社会继续发挥其独特的价值。同时，国际社会对于文化保护的重视也将为黎族传统聚落文化的保护提供更多的支持。多国合作、文化交流，将有助于汇聚更多的智慧和力量，推动保护工作取得更大的成果。最后，黎族传统聚落文化的保护与发展，不仅是为了维护一个少数民族的传统，更是为了捍卫人类文化多样性的宝贵财富，让这一文化在时间的长河中继续闪耀光芒，为人类的共同未来贡献智慧与启迪。

后　记

　　海南岛中南部，这里有中国分布最集中、类型最多样、保存最完好、连片面积最大的大陆性岛屿型热带雨林，是诸多濒危物种的栖息地和庇护所，具有极高的生态、环境和科学价值。这里也是海南岛黎族人民世代定居生活的家园，雨林中分布的黎族传统聚落具有极高价值的文化遗产资源。2021 年"海南热带雨林和黎族传统聚落"申报世界双遗产项目正式启动。在海南省委、省政府的大力推动下，在海南省旅游和文化广电体育厅、海南省林业局等的多方努力与协作下，申遗工作取得了一定的进展，但同时也面临着黎族传统聚落文化遗产内涵、价值与特色挖掘不足的挑战。

　　为更好传承和发展海南黎族传统聚落文化遗产、助力海南世界"双遗产"申报工作，海南省博物馆委托北京大学新媒体研究院的研究团队开展"海南黎族传统聚落文化遗产调研项目"。该项目于2022 年 7 月正式启动，在海南省博物馆的资助和支持下，研究团队历时一年多对海南黎族传统聚落及其文化遗产的历史变迁和保存现状进行了梳理和调研，挖掘黎族传统聚落文化的内涵和特色，探索黎族传统聚落文化的保护方法和未来发展路径。本书即为该项目的研究成果之一。

2022 年 11 月，在海南省博物馆的组织和协调下，研究团队在海南开展了实地调研。调研覆盖了海南黎族不同方言的传统村落，重点探访了遗产提名地白查村、俄查村、初保村、洪水村等村落以及部分考古遗址，对当地负责文化遗产传承和保护的工作人员、各村落的村长、村支书、村民等进行了深度访谈，充分了解当地对黎族传统聚落及其文化遗产的保护和传承情况，深度挖掘海南黎族传统聚落文化遗产的鲜明特色和突出价值。

本书的研究和撰写工作离不开海南各方的帮助。海南省博物馆为本书的研究和撰写提供了大力支持，多次组织专家研讨、专家咨询，为书稿撰写提供了诸多宝贵意见建议，并寄送了相关书籍和图像资料，极大丰富了研究和写作素材；副馆长王辉山全程负责项目的筹划、组织、协调、对接等工作，为项目顺利开展提供了重要帮助和有力保障；在实地调研期间，王静、吴慧老师全程陪同照顾研究团队，在此向他们表示衷心感谢。此外，还要感谢海南省民族事务委员会给予的指导；感谢海口市、东方市、五指山市、昌江县、乐东县、保亭县旅游和文化广电体育局等在调研期间给予的支持和帮助；感谢海南黎族传统聚落文化遗产保护相关工作人员、非遗传承人以及村民们的支持和配合；感谢海南师范大学教授王献军为本书提供的宝贵意见建议。

本书对于海南黎族传统聚落文化的记述十分小心谨慎，力求做到严谨、准确，但海南黎族传统聚落文化形态多元、内涵丰富，难免有不足或疏漏之处，恳请各位读者批评指正。

　　海南黎族传统聚落文化承载着黎族人民的智慧和情感，凝结了漫长历史演进中黎族人民的文化结晶，彰显了在与自然和谐共生中黎族人民的生态智慧。随着现代社会的发展，黎族传统聚落和传统文化不断面临着新的挑战和变化。但我们始终相信，在海南省委、省政府的大力推动下，在当地工作人员和村民的积极配合下，海南黎族传统聚落及其文化遗产在现代化进程中不仅依然熠熠生辉，而且定能够永续传承。

编　者

2023 年 8 月